La diaspora italiana in Canada: vecchie e nuove prospettive

A CURA DI
Anthony Julian Tamburri e Silvana Mangione

JOHN D. CALANDRA ITALIAN AMERICAN INSTITUTE
QUEENS COLLEGE, CITY UNIVERSITY OF NEW YORK

STUDIES IN ITALIAN AMERICANA
VOLUME 16

John D. Calandra Italian American Institute
Queens College, CUNY
25 West 43rd Street, 17th floor
New York, NY 10036

ISBN 978-1-939323-13-2
Library of Congress Control Number: 2022937190

INDICE

7 febbraio 2022

In Canada risiede la sesta più grande comunità di origine italiana al mondo, una collettività vasta e radicata, che vanta le sue origini nel lontano XV secolo quando Giovanni Caboto approdò lungo la costa dell'attuale Terranova. Ma è soprattutto a partire dall'inizio del XX secolo che è iniziata la vera e propria emigrazione italiana in Canada, in un susseguirsi di ondate migratorie che hanno costruito nel tempo una comunità ricca di storia, una presenza non sempre scevra da difficoltà, ma composta da traiettorie straordinarie. Molti sono gli italiani che hanno percorso in questi decenni strade di successo, attirati dal Nuovo Mondo e cogliendone il potenziale che questo ha offerto loro.

Sono oggi circa 1,6 milioni gli italocanadesi italiani residenti in Canada, dai primi emigranti ai discendenti fino alla più recente mobilità, che comprendono tra gli altri ricercatori e studenti, esponenti politici, artisti di fama e imprenditori. Numerosi professionisti che, integrati nel tessuto sociale canadese, restituiscono in molteplici forme quanto hanno ricevuto dal Paese di accoglienza con eccezionali contributi al progresso del Canada.

La collettività italocanadese rappresenta inoltre una risorsa inestimabile nelle relazioni tra il Canada e l'Italia, una fonte di orgoglio per l'Italia e un fondamentale anello di congiunzione tra i due Paesi, capace di favorire svariate forme di collaborazione grazie ad una capillare presenza a tutti i livelli in molti settori. Si tratta della grande forza, il cui valido apporto sarà coronato quest'anno dal compimento di 75 anni di eccellenti relazioni bilaterali tra i due Paesi.

Desidero ringraziare il Consiglio Generale degli Italiani all'Estero e il John D. Calandra Italian American Institute per questa meritevole iniziativa, che mette in luce la ricca storia e importante ruolo dell'emigrazione italiana in Canada, testimonianza di un'italianità creativa che oltrepassa le frontiere.

Andrea Ferrari

CONSIGLIO GENERALE DEGLI ITALIANI ALL'ESTERO

Segretario Generale

Il sogno americano e la casetta in Canada degli italiani

Nei momenti più cupi della diffusione pandemica della SARS-2 il Consiglio Generale degli Italiani all'Estero ha chiamato a raccolta le rappresentanze istituzionali, associative e i numerosi enti italiani presenti nel mondo, chiedendo loro un impegno straordinario. Le risposte e lo spirito con cui in tutti i continenti si è dipanata una straordinaria catena di solidarietà sono stati encomiabili. Come è sempre successo in passato in occasione di cataclismi e di tragedie nazionali, gli italiani all'estero hanno risposto con generosità mettendo in piedi iniziative di grande rilevanza immediata e a lungo termine. Quel forte sentimento di appartenenza e quel legame mai sopito nonostante le distanze reali, materiali, generazionali e culturali, hanno spinto il Consiglio Generale degli Italiani all'Estero ad avviare una ricerca storiografica per aggiornare la storia della diaspora italiana al tempo di una nuova ripresa del fenomeno migratorio nazionale. Questo rientra semplicemente tra le funzioni istitutive del nostro organismo di rappresentanza, al quale sono demandate le facoltà cognitive, propositive, programmatorie e consultive dei vari livelli istituzionali italiani. Speriamo che i risultati della ricerca possano diventare strumento di consultazione e di orientamento per chi si occupa di emigrazione o per chi desidera approfondire le ragioni storiche e i motivi legati ai successi o alle ingiustizie subite dagli italiani nel mondo.

Queste sono la genesi e le finalità del progetto di ricerca storiografico suddiviso in una trilogia rappresentativa dell'Emigrazione italiana in quattro Paesi anglofoni extra europei, in America latina e in Europa. Le pubblicazioni comprendono complessivamente dieci volumi. I quattro volumi dedicati alle storie dei nostri connazionali negli Stati Uniti d'America, in Canada, in Australia e nella Repubblica del Sudafrica sono curati dall'Istituto di ricerca "John D. Calandra Italian American Institute" della City University di New York, diretto dal Professor Anthony Tamburri, che ringraziamo, assieme alle sue collaboratrici e ai suoi collaboratori, per il sostegno alla ricerca e per la diffusione dell'opera che il Calandra garantirà nella rete universitaria americana, italiana e internazionale.

Le analisi sul Canada danno lustro a un'ampia narrazione della nostra Comunità e alle genti che popolano questo grande paese, nel quale le diverse culture, le lingue e i tratti distintivi e sociali rappresentano un'incommensurabile ricchezza diventata leva di progresso e di modernità. Quelle terre sterminate, che si estendono per sei fusi orari e diverse condizioni climatiche da St. John's nella provincia di Terranova (Newfoundland) a Vancouver nella Columbia britannica, dal Mare Artico e dall'Oceano Atlantico a quello Pacifico, hanno rappresentato nel passato per numerosi nostri connazionali il luogo di approdo alla ricerca di un riscatto sociale e civile che, pur nelle oggettive difficoltà presenti all'arrivo, li ha accolti con benevolenza e, ancora oggi, continua ad offrire accoglienza e integrazione.

Il contributo dei nostri connazionali alla storia e alla crescita del Canada è percepibile ovunque nel paese, è intrinseco nella socialità e nelle forme espressive, artistiche — e ultimamente anche sportive — traslate nelle consuetudini assorbite dalla quotidianità nei vari settori, grazie anche all'offerta culturale e dei servizi, che con gli anni si sono affermati con la diffusione del sistema commerciale italiano. La riprova di queste storie di successo è manifesta e si esprime in tutto il Paese anche con il riconoscimento dell'Italian Heritage, quale appuntamento celebrativo annuale nel mese di giugno, durante il quale si organizzano eventi e si svolgono attività diversificate con un ampio richiamo all'Italia.

Il filo del racconto in questa collettanea disegna il lungo percorso compiuto dalle nostre genti, ricche di resilienza e di coraggio, lungo straordinarie vicissitudini che, se pur comuni ad altri contesti, trovano nelle province canadesi la loro quintessenza, Questo è il riscatto esistenziale, che riempie di contenuti valoriali le pagine dell'emigrazione italiana, e che il Consiglio Generale degli Italiani all'Estero ha deciso di far conoscere e di diffondere al grande pubblico, soprattutto in Italia, nelle scuole, nelle istituzioni, nei luoghi pubblici e negli organismi di rappresentanza.

L'Italia è stata ed è ancora un paese d'emigrazione, un paese dal quale, purtroppo, nel 2022 si continua a partire per necessità. Oggi oltre il dieci per cento del popolo italiano vive forzatamente altrove; ha il diritto di condividere, nelle gioie e nei dolori, il destino che accomuna il proprio territorio d'origine e, perciò, aspira a ritornare a casa propria. Il trait d'union delle storie d'emigrazione italiana ha un senso e una radice comune, che trova viva espressione e si afferma ne *L'alba è nuova, è nuova*, una delle più belle liriche di Rocco Scotellaro: "*Ma nei sentieri non si torna indietro. Altre ali fuggi-*

ranno dalle paglie della cova, perché lungo il perire dei tempi l'alba è nuova, è nuova".

Numerosa è la presenza dei nostri connazionali in Canada, presente è anche il legame alla nostra cultura e il desiderio di condividerla con gli abitanti di quel paese, intrepida è la volontà a mantenere viva la nostra lingua e la nostra storia nazionale, enorme lo slancio a rappresentare il nostro stile di vita e il bello, che esprime il nostro modo di essere e di porci come Comunità dal carattere gioioso e simpatico. Queste caratteristiche vivono e sono orgogliosamente espresse dalle nostre rappresentanze locali, dalle scuole, dalle associazioni, dalle organizzazioni e dai media in lingua italiana, che fanno sistema e rendono un impareggiabile servizio all'Italia.

Siamo un'Italia fuori dall'Italia sempre attenti e vigili, solidali e collaborativi, qualità che trovano bei momenti emblematici e slancio umanitario in Canada, nei nostri connazionali lì residenti, ai quali è dedicata questa ricerca. Il Consiglio Generale degli Italiani all'Estero esprime loro profonda gratitudine e riconoscenza per i loro sacrifici e per il protagonismo che emerge nei saggi pubblicati nel presente volume, di cui siamo fieri.

Michele Schiavone

Introduzione

ANTHONY JULIAN TAMBURRI E SILVANA MANGIONE

> *Individui che immaginano che la storia li lusinghi (come in effetti fa, giacché l'hanno scritta loro) sono impalati sulla loro storia come una farfalla su uno spillo e diventano incapaci di vedere o cambiare se stessi, o il mondo.*
> — JAMES BALDWIN

Pure questo secondo libro di una serie di quattro nasce all'inizio del terzo decennio del ventunesimo secolo dal desiderio di ri-considerare e, al tempo stesso, di ri-valutare le diaspore italiane in quattro zone anglofone fuori dall'Europa: gli Stati Uniti, il Canada, l'Australia, e la Repubblica del Sudafrica, su impulso del Consiglio Generale degli Italiani all'Estero.

Come si è già detto nel primo volume, nel ristudiare le varie diaspore italiane rimane alquanto importante tener presente che "l'etnicità è qualcosa di reinventato e di reinterpretato in ciascuna generazione da ciascun individuo" (Fischer, 195), cioè, è anche un modo di "trovare un'espressione o uno stile che non violi *le molteplici componenti di identità di un individuo*" (Fischer, 195; enfasi aggiunta): tali componenti costituiscono le caratteriche di ogni soggetto. L'etnicità pertanto (e in questo caso particolare l'italianità[1]) viene ridefinita e reinterpretata sulla base del tempo e del luogo di ogni individuo e perciò è sempre nuova e diversa rispetto alle sue specificità storiche vis-à-vis la cultura dominante. Tali nozioni, che abbiamo già articolato per il nostro primo volume, valgono anche per gli italiani del Canada. Tant'è vero, è proprio questo fenomeno di una certa comunanza fra gli italiani fuori d'Italia che ci permette oggigiorno di usare il binomio "diaspora italiana", termine che non è più limitato a descrivere i genocidi storici quali la schiavitù, l'olocausto o il massacro armeno. Detto questo, e come punto di partenza, adoperiamo allora la definizione di diaspora data da John Armstrong nel 1976 come "any ethnic collectivity which lacks a territorial base within a given polity, i.e., is a relatively small minority throughout all portions of the polity" (393: "qualsiasi collettività etnica che manca di una base territoriale all'interno di una data polis, cioè, è una minoranza relativamente piccola in tutte le sezioni della polis" (393).

Per gli italiani in Canada possiamo identificare un paio di particolarità insite nell'esperienza dei nostri amici al Nord. Innanzitutto, come sostiene la nostra collega Daniela Sanzone nel suo saggio che apre questo volume, è solo dopo il 1951 che il Canada è divenuto una destinazione privilegiata per l'immigrazione di massa" (3) anche se si constata che intorno al 1900 c'erano già più di 10.000 italiani. Una seconda specificità riguarda il concetto di triangolazione, termine polivalente in quanto ha un riferimento da un lato linguistico e un secondo, d'altro canto, geo-culturale. Vale a dire, Canada gode — c'è chi direbbe soffre — di una caratteristica linguistica diversa dalle altre zone italoanglofone che stiamo esaminando con questo progetto di quattro libri. Come illustra Antonio D'Alfonso nel suo saggio, qui incluso, gli scrittori italocanadesi hanno una sfida in più: "cercano di costruire ponti multidirezionali: migliaia di pagine in italiano, francese e inglese sono dedicate alla consapevolezza di essere diversi. Alcuni lo etichettano triangolazione delle culture" (53), "italiana, francese e inglese" (69). Ma si tratta anche di definire la propria identità: italiana, francese, inglese, mista, multi- o pluri-culturale?

Questo aspetto linguistico triangolare mette in evidenza la problematica dell'esperienza migratoria. Vale a dire, mentre è già una sfida socio-culturale lo spostamento da una nazione a un'altra per tutte le ragioni ovvie, la questione linguistica *triangolata* diviene, in modo non indifferente, alquanto più complicata del solito. Non si tratta più di un bilinguismo che potrebbe essere in partenza difficoltoso di per sé, ma, con una terza lingua in gioco, le problematicità dell'espressione dell'individuo si triplicano e i risulti possono a loro volta creare degli ostacoli di acculturazione se non addirittura di assimilazione.

L'altra faccia della medaglia di questa particolarità di triangolazione è quella geo-culturale. Sarà forse un aspetto particolare dell'esperienza italodiscendente di chi si trova in certe zone geografiche? Sarà a tal proposito una delle particolarità dovute alla geo-specificità Canada-Stati Uniti? Forse possiamo arrivare a una risposta per il momento provvisoria riferendoci a quanto raccontava Luisa Del Giudice in un'altra sede. Parlando per l'appunto di questa esperienza Italia-Canada-USA diversi anni or sono in un panel al convegno annuale della Italian American

Studies Association intitolato "Academics in the Canada-Italy-US Borderlands", sosteneva:

> We … represented a Canadian geographic (provincial) spectrum: from Verdicchio's Pacific-rim Vancouver (British Columbia) affiliation on the West coast, to my Anglophone Toronto (Ontario) and Del Negro's Francophone Montreal (Québec) in central Canada. To this Canadian profile, American regional identities were added: two southern Californians (Los Angeles for me, San Diego for Verdicchio), and one then-Texan (College Station for Del Negro — who has since returned to Canada (Newfoundland), and teaches at St. John's University. […] Between us, we covered a good deal of geographic and cultural ground. (vii)[2]

Da notare subito è la variegata e, diciamo pure, complessa esperienza di questi tre studiosi italocanadesi. Intrecciati in questa specie di nodo gordiano non sono soltanto gli aspetti geografici — British Columbia, Ontario, Québec — ma c'è anche la summenzionata specificità linguistica di cui parla Antonio D'Alfonso. Le ragioni per cui loro stessi e altri avranno deciso di avviarsi verso gli Stati Uniti saranno anche diverse e non necessariamente inscrutabili: motivi di lavoro, ragioni familiari e strada facendo. Daniela Sanzone, a sua volta, diceva a proposito dell'unicità climatica del Canada settentrionale — cioè il freddo — che i canadesi sono per lo più insediati vicino al confine con gli Stati Uniti a causa della rigidità delle temperature nelle zone più a Nord. Senza alcun dubbio la vicinanza Canada-USA facilita se non addirittura incoraggia in qualche modo questo flusso di individui che attraversano la frontiera candese-statunitense.

Siamo ormai nel 2022, a quasi 150 anni dall'esodo di massa dall'Italia. Negli anni, specialmente verso la fine del ventesimo secolo, siamo stati testimoni di un periodo di transizione e successivi cambiamenti per quanto riguarda la nozione di globalizzazione in tutte le sue sfaccettature, come abbiamo visto sopra a proposito del fenomeno della triangolazione canadese. Inoltre, oggigiorno si tende ad affermare che qualsiasi cultura nazionale e i suoi rapporti con altri paradigmi culturali — *interni o esterni* che siano — dovrebbero essere presi in considerazione dando a essi maggior rilievo socioculturale come valido argomento di discussione. Per *altri* paradigmi interni si intendono concetti di regionalismo, razza, etnia, e, come si dice in inglese, *gender*; e per *altri* paradigmi esterni si intendono non solo costrutti geo-politici differenti, ma pure quegli schemi socioculturali che potremmo addirittura considerare italofoni. Si includono qui non solo quei prodotti culturali italiani che possiamo classificare regionali, se non etnici, ma pure quelle articolazioni letterarie, artistiche, se non anche quelle che si possono associare alla cultura materiale, che si producono al di là dei confini politici italiani.

Come abbiamo già sottolineato nel primo volume, stiamo portando avanti qui, giacché in termini generali, una lente analitica che ha alla base nozioni analoghe al multi-culturalismo; vale a dire, quella "teoria (seppur vaga) delle *fondamenta* di una cultura piuttosto che una pratica che abbracci idee culturali" (Harrison, 128) e — specialmente dentro un discorso più ampio di una cultura statunitense più vasta con tutte le sue componenti culturali, nazionali, etniche e razziali — questa lente multi-culturalista si figura intanto fenomeno socio-culturale — con gli Stati Uniti in qualità di intertesto storico — per una comprensione più approfondita di ciò che si potrebbe definire in termini generali il fenomeno socio-culturale statunitense.

Inoltre, per la costruzione di qualsiasi discorso di questo tipo, la specificità storica è di primaria importanza, come ci rammenta pure Stuart Hall (12). Tale specificità di ogni configurazione e schema culturale, allora, potrebbe essere esaminata e/o interrogata con nuovi strumenti interpretativi per un'eventuale riconciliazione dello specifico gruppo sotto questione con peculiarità storico-culturali degli altri gruppi che costituiscono il più vasto mosaico poli-culturale statunitense.

Con le suddette nozioni alla base dell'idea di questo progetto, i nostri autori hanno ri-visitato, per così dire, vari argomenti e materie culturali, proprio perché, come sostiene sopra Fischer, l'etnicità, ovvero il concetto di tale fenomeno socioculturale, si trasforma con il tempo e con chi la ri-considera.

•

Come istituzione di ricerca, il "John D. Calandra Italian American Institute" è ben posizionato, sia come casa editrice che addirittura come sede ospitante di tale ricerca, come pochi altri. Fondato nel 1979, l'Istituto è dedicato alla promozione e allo studio degli americani di origine italiana. Si ricordi, allo stesso tempo, che questi rappresentano il più grande gruppo di origine europea sia nello Stato che nella città di New York. In quest'ambito, l'Istituto funge da centro intellettuale e culturale, una specie di *think tank* senza uguali, in due modi: (a) stimola lo studio delle realtà degli italiani e degli italodiscendenti attraverso la ricerca, le borse di studio, programmi aperti al pubblico, i media, i servizi di consulenza, lo studio all'estero, e (b) riunisce una comunità di studiosi in grado di focalizzare e valorizzare l'esperienza italiano/americana sia all'interno che all'esterno della comunità italiano/americana.[3] Questa missione si realizza attraverso le principali attività in cui studiosi e staff si impegnano quotidianamente al Calandra.[4] Inoltre, l'Istituto organizza ogni anno a Roma un seminario di alta formazione per dottorandi e professori sulla diaspora italiana: "Italian Diaspora Studies Summer Seminar", in collaborazione con l'Università degli Studi Roma Tre.

La City University of New York, a sua volta, è il più grande complesso universitario urbano degli Stati Uniti con una popolazione totale di circa 500.000 studenti dei quali 300.000 frequentano i corsi a tempo pieno. La missione dell'Università nel XXI secolo rimane fedele ai principi originari di 170 anni fa, di eccellenza accademica, borse di studio, e opportunità per tutti. Tra i suoi *alumni*, la CUNY vanta tredici premi Nobel. La tradizione di alti risultati accademici continua con studenti che vincono prestigiose borse di studio. Negli ultimi anni, l'Università ha formato: settanta studiosi Fulbright, settanta borsisti della National Science Foundation, dieci vincitori della Harry S. Truman Scholarship e sette Rhodes Scholars.

Il Consiglio Generale degli Italiani all'Estero (CGIE), a sua volta, è "*l'organismo di rappresentanza delle comunità italiane all'estero presso tutti gli organismi che pongono in essere politiche che interessano le comunità all'estero*" (Art. 1bis della legge 18.6.1998, n. 198) con facoltà cognitive, propositive e programmatorie, nonché consultive del Governo, del Parlamento e delle Regioni d'Italia sui grandi temi che interessano le comunità all'estero. Esso rappresenta un importante passo nel processo di sviluppo della "partecipazione" attiva alla vita socio-politica del Paese da parte delle collettività italiane nel mondo e allo stesso tempo costituisce l'organismo essenziale per il loro collegamento permanente con l'Italia e le sue istituzioni.

Tale accoppiamento di un istituto di ricerca che è, senza dubbio, il più grande dedicato alla ricerca sulla diaspora italiana e l'organo rappresentativo degli italiani espatriati che ha come una delle sue diverse funzioni cognitive quella di promuovere studi e ricerche su materie riguardanti le comunità italiane e di origine italiana nel mondo, costituisce un'ideale collaborazione per un progetto culturale quale il nostro.

Ringraziamo innanzitutto le due istituzioni che hanno deciso di sponsorizzare il progetto. Inoltre, porgiamo un caloroso ringraziamento ad alcuni individui—colleghi e amici—che ci hanno aiutato in modo significativo a portare a buon temine il nostro piano di lavoro: Nicholas Grosso, Rosaria Musco, e Carmine Pizzirusso.

Note

[1] Per maggiori informazioni sull'italianità, vedi Tamburri, Giordano, Gardaphé, "Introduction", *From the Margin: Writings in Italian Americana.*

[2] Traduzione: "Noi ... rappresentavamo uno spectrum geografico (provinciale) canadese: dall'appartenenza al Pacifico di Verdicchio a Vancouver (British Columbia) sulla costa occidentale, alla mia Toronto (Ontario) anglofona e alla Montreal (Québec) francofona di Del Negro nel Canada centrale. A questo profilo canadese si sono aggiunte le identità regionali americane: due californiani del sud (Los Angeles per me, San Diego per Verdicchio), e una texana di allora (College Station per Del Negro, che da allora è tornata in Canada (Terranova) e insegna alla St. John's University. [...] Tra di noi, abbiamo coperto una buona quantità di terreno geografico e culturale".

[3] A proposito del binomio "italiano/americano" anziché "italo-americano" se non "italoamericano", vedi Tamburri (1991).

[4] Il Calandra possiede e mette a disposizione degli studiosi una biblioteca specializzata che conta 21.500 volumi, DVD, e microfilm del giornale *il Progresso Italo-Americano.*

Opere citate

Armstrong, John A. 1976. "Mobilized and Proletarian Diasporas." *The American Political Science Review* 70.2 (June): 393-408.

Del Giudice, Luisa. 2020. *Triangulations within the Italy-Canada-USA Borderlands.* A cura di Luisa Del Giudice. New York: Bordighera Press.

Fischer, Michael M. J. 1986. "Ethnicity and the Post-Modern Arts of Memory." In *Writing Culture. The Poetics and Politics of Ethnography*, a cura di James Clifford e George E. Marcus. Berkeley. University of California Press.

Hall, Stuart. 1992. "Race, Culture, and Communications: Looking Backward and Forward at Cultural Studies." *Rethinking Marxism* 5.1: 10-18.

Harrison, Martin. 1985. "On a Poem of Gun Gencer's." In *Multicultural Australia*, a cura di J. Delaruelle e Karakostas-Seda. Sidney, AU: Australia Council for the Literature Board.

Tamburri, Anthony Julian, Paolo Giordano, e Fred Gardaphé. 2000 [1991]. "Introduction." In *From the Margin: Writings in Italian Americana*, a cura di Anthony Julian Tamburri, Paolo Giordano, e Fred Gardaphé. West Lafayette, IN: Purdue University Press.

Tamburri, Anthony Julian. 1991. *To Hyphenate or Not to Hyphenate: The Italian/American Writer: Or, An Other American*, Montréal, Guernica. In italiano, *Scrittori Italiano[-]Americani: trattino sì trattino no.* Poggio Rusco (MN): MNM Print Edizioni, 2018.

Gli italiani in Canada. Dall'immigrazione di massa ai colletti bianchi

Daniela Sanzone

La storia dell'emigrazione italiana in Canada è stata raccontata da numerosi studiosi. Le migrazioni negli ultimi decenni, però, hanno subito profonde modifiche, seguite alle rivoluzioni tecnologiche, e hanno ancora bisogno di essere documentate e investigate. Questo capitolo narra brevemente la storia dell'emigrazione italiana in Canada e ne analizza le trasformazioni avvenute negli ultimi trent'anni, argomentando che, anche se non si rapportano strettamente con le precedenti generazioni di immigrati e hanno caratteristiche diverse dai loro predecessori, gli italiani global-digitali giunti in Canada durante o dopo gli anni Novanta hanno anch'essi ricreato angoli di italianità dove sentirsi a casa. Si tratta non più di organizzazioni familiari basate sui paesi e le città di origine, come in passato, ma sempre di luoghi dove esprimere la propria italianità, naturale manifestazione di un'identità già delineata nel paese di origine. Le identità degli individui e dei gruppi appartenenti a specifiche diaspore, come ha notato Karim Karim (1998), sono, infatti, formate da complesse dinamiche storiche, sociali e culturali che ne determinano le caratteristiche all'interno di una comunità e nei rapporti con gli altri gruppi. Queste dinamiche sono rappresentate dal mantenimento dei costumi, della lingua e della religione ancestrali, dai modelli di vita matrimoniali dei propri membri e, in particolare, da una via di comunicazione più semplice e diretta tra le varie parti all'interno del gruppo.

Secondo i più recenti dati ufficiali disponibili, quelli del censimento 2016, quasi 1,6 milioni di residenti in Canada sono di origine italiana, pari al 4,6% della popolazione. Questo dato rappresenta un incremento di circa il 6 percento rispetto a quello del censimento del 2011. La percentuale poi aumenta sensibilmente se si considera soltanto la provincia dell'Ontario e in particolare città come Toronto (6,8 percento) e Vaughan, cittadina subito a nord (31,1 percento). Sempre secondo i dati del 2016, il 5,3 percento della popolazione di Toronto parla italiano. Sono numeri importanti, anche se inferiori rispetto agli ultimi decenni del Novecento.[1]

L'esodo italiano in Canada ha avuto il suo picco nel 1966. Prima del 1991 arrivavano in decine di migliaia; agli inizi del Duemila, il numero si è assottigliato notevolmente, superando di poco le 2.200 unità, anche in seguito all'inasprimento delle leggi canadesi sull'immigrazione, per aumentare di nuovo dopo il 2011. Ma l'emigrazione non è cambiata soltanto nei numeri e nelle statistiche. A partire dagli anni Novanta, si è modificato lo status economico, sociale e culturale delle persone che hanno deciso di vivere in un Paese diverso da quello in cui sono nati. Grazie alle rivoluzioni tecnologiche e alle nuove forme di comunicazione, gli italiani, come altri immigrati, hanno potuto rimanere in maggiore contatto con le famiglie oltreoceano, mantenendo anche un facile e rapido accesso alle informazioni relative al proprio Paese di origine.

Questa trasformazione ne ha comportata un'altra, relativa alla percezione dell'identità collettiva. L'idea di "comunità italiana" descritta da John E. Zucchi (1988) in riferimento agli immigrati giunti in Canada dall'Italia tra la fine del XIX e l'inizio del XX secolo si è modificata profondamente. Da un gruppo numeroso di giovani operai e contadini, lavoratori intraprendenti e volenterosi, emigrati in cerca di un lavoro dopo la Seconda guerra mondiale fino agli anni Settanta, che parlavano prevalentemente i dialetti regionali, fortemente legati al loro credo religioso e con un livello di istruzione piuttosto basso, si è passati a emigrati che potremmo definire "politici", in fuga dal terrorismo e dagli anni di piombo, negli anni Settanta e Ottanta. Dalla fine degli anni Novanta, la nuova immigrazione è soprattutto costituita da immigrati "globali e digitali", cosiddetti colletti bianchi, con un livello di istruzione medio alto, che parlano un italiano standard, in costante contatto con l'Italia e nello stesso tempo capaci di integrarsi nel tessuto sociale, culturale e politico canadese. Quest'ultimo gruppo non si è integrato quasi per nulla con gli immigrati delle generazioni precedenti, prendendone in molti casi deliberatamente le distanze. Se i gruppi precedenti si sono adattati al nuovo Paese grazie a un contesto sociale centrato sulle organizzazioni familiari e comunitarie, sui rapporti di parentela e sulla provenienza dai paesi e dalle città di origine (Ramirez 1989) e sul credo religioso, gli immigrati più recenti hanno creato gruppi e organizzazioni basate sullo stato economico e socio-culturale, con incontri incentrati su manifestazioni culturali, sul cinema, sulla moda e sul lifestyle. Gli appuntamenti, come nel passato, ruotano ancora attorno a occasioni gastronomiche. Il valore aggregante del buon cibo è rimasto, infatti, una costante all'interno della cultura italiana.

GLI INIZI

Le trasmigrazioni degli italiani nel resto del mondo avvengono da secoli. Nell'introduzione del suo libro sugli immigrati italiani nella Toronto del dopoguerra, *Such hardworking people*, Franca Iacovetta (1992) ha scritto che tra il 1876 e il 1976 più di ventisei milioni di italiani, due quinti dei quali nati nel Sud Italia, hanno lasciato il loro paese, temporaneamente o definitivamente. Fin dall'inizio, le mete preferite di questa emigrazione erano l'Europa e gli Stati Uniti. È solo dopo il 1951 che il Canada è divenuto una destinazione privilegiata per l'immigrazione di massa.

Tuttavia, come riferisce Madeline Richard (1992) nelle sue ricerche sui gruppi etnici e le scelte matrimoniali tra il 1871 e il 1971, in Canada nel 1871 risiedevano 1.035 italiani, nel 1901 erano 10.000 e sette anni dopo sono aumentati a 50.000; la prima ondata di immigrati italiani (1900-1914) di circa 120.000 persone si è concentrata a Montreal (59).

Frank Sturino (2019), nell'Enciclopedia Canadese online, riporta che in Canada gli italiani sono tra i primi europei ad aver visitato ed essersi stabiliti nel paese, pur confermando che le ondate migratorie più costanti si sono verificate nei secoli XIX e XX. Sturino racconta che gli italocanadesi hanno avuto un ruolo di primo piano nelle organizzazioni sindacali e nelle associazioni imprenditoriali. Come gruppo, sono stati definiti quali "nemici alieni", in quanto appartenenti, nella Seconda guerra mondiale, all'alleanza che si contrapponeva al Canada e ai suoi alleati e sono stati stereotipati come mafiosi a causa delle diffuse rappresentazioni di criminalità organizzata. Tuttavia, la comunità nel suo insieme ha in generale prosperato in Canada e gli italiani hanno svolto un ruolo importante nello sviluppo socio-economico e nella promozione del multiculturalismo.

Il primo contatto italiano con il Canada, scrive ancora Sturino, risale al 1497, quando Giovanni Caboto (John Cabot), un navigatore italiano di Venezia, esplorò e rivendicò le coste del Terranova (la provincia del Newfoundland) per l'Inghilterra. Nel 1524, un altro italiano, Giovanni Verrazzano, esplorò parte del Canada Atlantico per la Francia. Sotto il regime francese, nel 1640, Francesco Giuseppe Bressani fece parte dell'avanzata missionaria gesuita nel paese degli Huron e in seguito pubblicò un simpatico resoconto sulla vita nelle riserve di lingua irochese come parte delle Relazioni (o rapporti) dei Gesuiti. Enrico di Tonti (Henri de Tonty) agì come luogotenente di René-Robert Cavelier de La Salle nella prima spedizione per raggiungere la foce del fiume Mississippi nel 1682. Gli italiani prestarono servizio nelle forze armate della Nuova Francia (ad esempio, nel reggimento Carignano-Salières), in cui molti si sono distinti come ufficiali. Diverse centinaia di italiani servirono anche con i reggimenti mercenari svizzeri de Meurons e de Watteville incorporati nell'esercito britannico durante la guerra del 1812. Seguendo l'esempio degli ex soldati italiani nella Nuova Francia che si stabilirono in Canada alla fine del XVII secolo, circa duecento mercenari occuparono i lotti concessi dalla Gran Bretagna nei villaggi orientali del Québec e nell'Ontario meridionale.

All'inizio del XIX secolo, riporta Sturino, un numero considerevole di italiani, molti operanti nel settore alberghiero, risiedeva a Montréal. Nel corso del secolo, emigrarono in Canada artigiani, artisti, musicisti e insegnanti, principalmente provenienti dal Nord Italia. I musicisti di strada italiani erano particolarmente apprezzati dai canadesi e nel 1881 quasi duemila persone di origine italiana vivevano in Canada, in particolare a Montreal e Toronto. Nel 1897, Mackenzie King, che allora lavorava come giornalista, descrisse il primo artista di strada vissuto a Toronto intorno al 1880. Questo primo immigrato italiano, scrisse King, aveva consumato cinque pianoforti da strada e guadagnava una media di 15 dollari al giorno nei suoi primi anni in città. Alcuni dei musicisti erranti alla fine si stabilirono in città e paesi per insegnare musica o per organizzare bande e orchestre.

Secondo Sturino, oltre il 75 percento degli immigrati italiani in Canada proviene dal sud rurale italiano, in particolare dalle regioni Calabria, Abruzzo, Molise e Sicilia. Circa tre quarti di questi immigrati erano piccoli agricoltori o contadini. A differenza dell'Italia settentrionale, che ha dominato il neonato stato italiano (1861-1870) e ha continuato a industrializzarsi, l'Italia meridionale è rimasta rurale e tradizionale. La sovrappopolazione, la frammentazione delle fattorie contadine, la povertà, le cattive condizioni sanitarie e di istruzione, la pesante tassazione e l'insoddisfazione politica hanno agito come spinta verso l'emigrazione. Fra i fattori che attiravano gli italiani in Canada possiamo ricordare le crescenti aspettative, il basso costo dei viaggi oceanici, l'esempio di parenti e amici che avevano avuto successo nel Nuovo Mondo e i salari significativamente più alti. Le devastazioni della Seconda guerra mondiale, che provocò penuria di cibo, carburante, vestiti e altre necessità, esacerbò le condizioni di povertà preesistenti in Italia. Dopo la guerra, la parte nord-orientale dell'Italia contribuì all'esodo con una maggiore componente di rifugiati (a causa della perdita dell'Istria concessa alla Jugoslavia comunista). Il Friuli, che aveva già una lunga tradizione di emigrazione in Canada, si unì alle regioni meridionali come una delle principali fonti di immigrati.

Se l'immigrazione italiana è rallentata notevolmente durante le due guerre mondiali, è poi ripresa con proporzioni maggiori nel dopoguerra. Questa migrazione ha dato luogo a una massiccia diaspora che ha visto sette milioni di persone lasciare l'Italia verso paesi europei, le Americhe e altrove durante i trent'anni seguiti alla Seconda guerra mondiale (Iacovetta). Una delle più grandi ondate di emigrazione italiana in Canada, infatti, si è verificata tra il 1950 e il 1970, con un picco nel 1966 (Census Canada, 1971). Più di 400mila italiani sono arrivati nel Paese degli aceri tra il 1951 e il 1961 e si sono stabiliti principalmente a Toronto. Nel 1971 sono giunti oltre 460mila italiani, di cui tre su cinque hanno scelto come meta l'Ontario.

Prima del 1991, gli italiani rappresentavano la più alta percentuale di immigrati in Canada. Ma questa tendenza si è invertita e gli immigrati provenienti da altre parti del mondo, come la Cina, hanno ormai superato gli immigrati italiani (vedi Appendice, Grafico 1).[2]

I DIALETTI E IL SENSO DI ITALIANITÀ

Come sottolinea Bruno Ramirez (1989), fin dalla prima importante ondata di immigrazione, all'inizio del XX secolo, i nuovi arrivati dall'Italia si riunirono in sottogruppi facenti capo ai dialetti regionali. La maggior parte non parlava l'italiano standard. Diedero vita a associazioni, "colonie", feste patronali e parrocchie per ogni città o anche villaggio del loro paese d'origine (Ramirez, 9). Gli italiani si concentrarono nelle stesse aree urbane per tenere vicine famiglie e concittadini (Venditti 1976). Nicholas Harney (1998) ha evidenziato che l'Italia, come d'altra parte il Canada, storicamente è stata sempre frammentata e gli italiani hanno conservato e ricostruito questa frammentazione in Canada, dando vita a molteplici forme di identità, basate su elementi culturali locali. In Canada sono state, infatti, mantenute e ricostruite le realtà culturali e sociali di singole città, paesi o regioni italiane. Anche John Zucchi (1988) ha notato che tra la fine del XIX e l'inizio del XX secolo, gli immigrati dall'Italia "si identificavano fortemente con le loro città o paesi d'origine", ma nello stesso tempo a Toronto si sono anche riconosciuti come appartenenti a una "comunità italiana" (5).

> "Sebbene in quegli anni gli immigrati italiani di Toronto provenissero da una miriade di città e villaggi, alcune città erano rappresentate più di altre. Ciascun Gruppo, proveniente da una città diversa, ha creato la propria struttura socioeconomica per fornire lavoro, letti, potenziali mogli e mariti e una cerchia di amici per i propri immigrati. Questa dimensione funzionale ha contribuito a preservare una forma di lealtà dell'immigrato nei confronti dei suoi concittadini". Tuttavia, l'esperienza urbana in un nuovo mondo "ha aiutato i cittadini ad acquisire un'identità nazionale italiana". (Zucchi, 20)

Anche gli italiani giunti nel dopoguerra, fino agli anni Settanta, parlavano dialetti locali e si organizzavano in sottogruppi basati sulle città di origine.

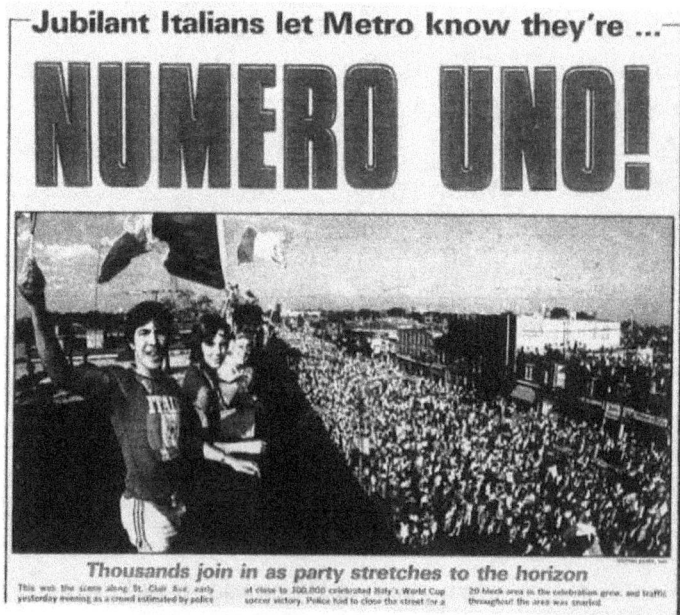

Fotografia di Michael Peake. Prima pagina del *Toronto Sun*, 12 luglio 1982.
(https://torontoist.com/2014/06/historicist-taking-it-to-the-streets/)

Nell'identità collettiva, la vittoria ai mondiali di calcio nel 1982 è stata l'evento che ha cambiato il corso della storia dell'immigrazione italiana in Canada. In quella che all'epoca fu definita dai giornali locali come una festa spontanea, centinaia di migliaia di cittadini di origine italiana affluirono con la bandiera tricolore nelle strade tra St. Clair Avenue West e Dufferin Street, zona che ancora oggi ha una discreta densità di popolazione di origine italiana, anche se molto inferiore agli anni passati, tanto che è stata anche battezzata Corso Italia. Gli stessi italiani rimasero stupiti da quanto fossero numerosi e orgogliosi delle proprie origini.

Questo evento ha contribuito a creare una nuova percezione dell'italianità. Siciliani, calabresi, veneti, friulani, molisani, campani, laziali, abruzzesi, pugliesi e così via, tutti si sono sentiti italiani. Nel 2006, alla nuova vittoria dell'Italia ai mondiali di calcio, ancora una volta centinaia di migliaia di italiani hanno riempito di bandiere tricolori strade, balconi e tetti delle case nella stessa zona e in più nella cittadina di Vaughan, ma questa volta non è stata una sorpresa.

D'altra parte, come scrive Harney, "l'identità etnica non emerge da una cultura monolitica e condivisa, ma si struttura in un tessuto sociale complesso e diversificato che forma uno spazio sociale al suo interno con numerosi interessi in competizione e in conflitto per l'espressione e la distribuzione di significati sia all'interno della comunità sia nell'ambito culturale *tout court* (3). Harney (1998) esorta i canadesi a guardare oltre gli stereotipi che dipingono gli italiani solo come operai edili e contadini, membri della criminalità organizzata e fanatici del calcio per poter veramente apprezzare la diversità della vita italiana a Toronto. Infatti, gli italocanadesi di seconda generazione, esposti al mondo della moda, dello sport e del design italiani, hanno nuove icone con cui confrontarsi. Nell'economia globale di oggi, idee e prodotti arrivano rapidamente dall'Italia, "mirati a persone di origine italiana e che si nutrono di italianità e spazi della vita culturale italiana" (Harney, 3).

In passato, per molti immigrati che tornavano a visitare i loro paesi di origine era scioccante notare la scomparsa della vita cui erano abituati, e spesso rimanevano disorientati dagli elevati standard di vita in cui ora vivevano i loro familiari (Zucchi).

Per gli immigrati italiani, per lo più ex contadini, l'Italia—fonte di gran parte della loro identità—aveva assunto proporzioni mitiche. L'immigrazione e la lunga lotta per una vita migliore li aveva resi estranei alla profonda trasformazione sociale e culturale avvenuta in quel paese. L'Italia del divorzio e dell'aborto legale, degli scioperi generali e della guerriglia urbana, è loro sconosciuta. Al tempo stesso, le seconde generazioni, che hanno rifiutato l'eredità dei loro genitori e hanno cercato di prendere le distanze da un universo spesso percepito come una trappola, hanno dovuto affrontare un percorso tortuoso e doloroso. (Ramirez, 21)

Su questo concetto del ricordo miticizzato si basa una delle più importanti differenze con gli immigrati più recenti, che non solo viaggiano spesso in Italia, ma ne hanno notizie continue da parenti e amici, dai social media e dai giornali e blog online.

IDENTITÀ E VALORI SOCIALI

> L'italiano, come l'irlandese, è un fascio di contraddizioni. È focoso e irascibile; eppure è di buon carattere, gentile, premuroso; è allegro, amante del divertimento, spensierato: eppure prende i doveri quotidiani della vita tanto seriamente quanto prende la religione; è generoso e tuttavia si negherebbe le necessità della vita per risparmiare denaro. Ha sangue caldo, è volubile, se confrontato con l'anglosassone, artistico nel temperamento, operoso, facilmente influenzabile nel bene e nel male, l'immigrato italiano è un'aggiunta interessante alla nostra popolazione.
>
> (*The Manitoba Free Press*, 18 gennaio 1913)

Trasferirsi in Canada nei primi decenni del ventesimo secolo significava offrire una risposta alla necessità canadese di manodopera non qualificata. Sebbene gli italiani abbiano scelto di concentrarsi nelle grandi città, le persone arrivate intorno al 1911 e dopo la seconda guerra mondiale erano per lo più contadini, provenienti dalle zone rurali, lavoratori non qualificati o semi qualificati "sponsorizzati" dai loro parenti canadesi (Ramirez, 9). Ma la necessità di manodopera non qualificata in Canada e la difficile situazione economica in Italia non sono state le uniche ragioni di questa emigrazione. Tra il 1880 e il 1914, come abbiamo accennato, molti contadini sono fuggiti da alcuni devastanti effetti dell'Unità d'Italia, avvenuta nel 1861. In molti "furono cacciati dalle loro terre a seguito delle nuove riforme dello stato italiano" (*Citizenship and Immigration Canada* 2021). Numerosi di questi immigrati erano certamente operai e molti erano stati coltivatori in patria, ma solo pochi si impegnarono in mestieri legati all'agricoltura in Canada. La maggior parte degli immigrati italiani lavorava nelle miniere e nell'edilizia (Avery 1979). Ma se in gran parte gli immigrati italiani dei primi decenni erano relativamente ignoranti e non esperti, alcuni svolgevano lavori qualificati e qualificanti, come ad esempio i banchieri e i sarti. Erano così sovra-rappresentati nel settore delle costruzioni, tuttavia, che Woodsworth (1909) li soprannominò "la brigata piccone e pala" (Richard, 59).

Molti di questi contadini hanno fatto carriera, ottenendo un gran successo imprenditoriale proprio grazie ai loro background in agricoltura; venire a Toronto significava spesso passare dallo status di contadini a quello di proletari (Iacovetta, 24). Come ha osservato Iacovetta, migrare significava adeguarsi e adattarsi non solo a un nuovo mondo del lavoro, ma anche integrarsi con gli altri residenti della città, compresi i vecchi italiani che appartenevano alla comunità prebellica e al clero cattolico e facevano parte delle istituzioni e dell'assistenza sociale del nuovo paese. Questi immigrati per lo più venivano da paesini situati nel nord-est e nel sud d'Italia. I loro valori erano basati sulla famiglia tradizionale, "che poggiava su norme rigorose di autorità, responsabilità e onore reciproci. La famiglia era vista essenzialmente come un'impresa cooperativa" (Ramirez, 12). Specifica Ramirez che i padri erano responsabili della moralità della famiglia, mentre le madri erano per lo più confinate nell'ambiente domestico; le famiglie vivevano insieme, le nonne si occupavano dei bambini quando le madri avevano bisogno di lavorare. Come riporta Venditti, all'inizio degli anni Settanta un micro studio condotto in un'area ad altissima concentrazione di famiglie italiane rivelava che la maggior parte degli uomini erano operai edili. Se il 42 per cento dei padri erano contadini, il 18% operai edili e l'8% operai che lavoravano in fabbrica, il 30 per cento dei figli lavorava nell'edilizia, il 14 per cento erano falegnami e l'8 per cento operava nel settore commerciale. Altri occupavano posizioni ragionevolmente buone come meccanici, operai di fabbrica, macchinisti e operai generici.

> Come molti altri immigrati, gli italiani del dopoguerra erano per la maggior parte giovani, uomini e donne sani e pieni di voglia di trovare un lavoro e pronti a lavorare sodo e fare sacrifici per assicurare a sé e ai propri figli un futuro migliore. (Iacovetta, 23)

Ha osservato Richard che per questi immigrati italiani il credo religioso era molto importante ed erano quasi tutti cattolici. Come si può immaginare, preferivano i matrimoni all'interno della stessa origine etnica e dello stesso background religioso. Nel 1971, nella distribuzione percentuale dei matrimoni etnicamente endogami ed esogami tra i gruppi europei, gli italiani sono risultati nel 76,5% endogami, percentuale seconda solo ai francesi, 86,2% (*Census Canada* 1971). Nella distribuzione percentuale dei matrimoni etnicamente endogami ed esogami per selezionate origini etno-religiose, gli italiani sono risultati ancora una volta per il 79,9 per cento cattolici endogami, secondi solo ai francesi, con l'89,1 per cento. Questo schema era risultato piuttosto simile anche cento anni prima, nel 1871 (Richard, 121).

Alcuni valori degli italiani del dopoguerra, come l'attaccamento alla casa e alla terra, hanno aiutato i loro figli, cresciuti e educati in una società dei consumi, ad abbinare i valori dei loro genitori con i gusti e i modelli di consumo del Nord America (Harney 1998). Pur vivendo all'estero, infatti, come scrive Harney, gli italiani in Ontario hanno sempre mantenuto un senso di appartenenza alla loro patria natale o ancestrale. Ciò vale per la lingua (alcuni dialetti ancora parlati a Toronto non sono più così conosciuti persino in Italia), la religione, la parentela, il lavoro e il commercio, nonché per le pratiche e le aspettative culturali. Come abbiamo già notato, gli italocanadesi giunti in ondate precedenti agli anni Novanta sono rimasti spesso legati a un'Italia che non esiste più; in patria, infatti, sono cambiati alcuni valori religiosi ed etici, così come le strutture economiche e sociali. Harney, prendendo in prestito il termine delle "comunità immaginate" di Benedict Anderson, la definisce "immaginazione":

L'idea di Anderson (1983) di una "comunità immaginata" presenta l'agire umano come parte integrante della costruzione della comunità. Anderson sostiene che il suggerimento di Gellner secondo cui le persone fabbricano o inventano nazioni (Gellner 1964:169; 1983) è troppo cinico e non considera la qualità immaginativa e creativa del nazionalismo. 'Le comunità si distinguono non per la loro falsità/genuinità, ma per lo stile in cui sono immaginate' (Anderson, 15). Questa nozione di immaginazione corrisponde bene alle nuove realtà particolari delle comunità etniche transnazionali. Ci permette di vedere come le persone che sono emigrate dallo stesso paese o paesino verso diverse mete mi-

gratorie in tutto il mondo possono vedersi parte di un'unica comunità.
(Harney 1998, 8)

A metà degli anni Settanta, la rete delle associazioni etniche italiane
e delle organizzazioni comunitarie ha prodotto una configurazione istituzionale che ha contribuito in modo significativo all'immagine cosmopolita delle maggiori città canadesi. Gli italocanadesi sono stati coinvolti
nel processo di delocalizzazione urbana e, allo stesso tempo, sono stati
raggiunti anche da un'intraprendente stampa "etnica" e dalle trasmissioni radio e televisive, che a loro modo hanno contribuito a perpetuare
una "versione etnica del villaggio globale" (Ramirez, 20). Ramirez ha osservato che, se per i politici il fatto che gli italiani iniziassero a riconos-
cersi in un gruppo significava avere un "voto italiano", per alcuni os-
servatori, questo era sinonimo di "ghetto etnico". Infatti, per molti artisti
e intellettuali italiani di seconda generazione, questa appartenenza significava "una terza solitudine, accanto a quelle del Canada inglese e francese – la consapevolezza di essere una minoranza in una società in cui
l'unica via per un autentico riconoscimento era l'assimilazione" (Ramirez, 20). Ramirez sostiene che alla fine degli anni Ottanta la mancanza di
sangue nuovo ha comunque impedito il rinnovamento dei valori culturali e tradizionali che l'italiano aveva portato nelle città canadesi.

Il mantenimento ufficiale della cultura e i valori acquisiti in Italia da
parte degli italiani emigrati in Canada è anche uno degli aspetti che dif-
ferenziano gli italocanadesi dagli italoamericani, che sono stati per lo
più assimilati dal *melting pot*.[3]

La cultura e i dialetti italiani sono sopravvissuti in Canada, dunque,
anche perché gli individui hanno continuato a immaginare un'esperienza
migratoria comune e un sentimento di co-etnicità con altri di origine italiana, come ha osservato Robin Cohen (1997), anche se il grado di collegamento con l'Italia risulta diverso a seconda del periodo storico, delle
condizioni e dei territori di immigrazione.

Per contro, per molti anni l'Italia ha ignorato chi ha lasciato il proprio
paese. Solo negli ultimi vent'anni gli italiani all'estero, inclusi gli italocanadesi, sono stati riconsiderati dalle istituzioni. Tra il 2000 e il 2001 il parlamento italiano ha approvato la modifica costituzionale e la legge ordina-
ria che consentono ai cittadini italiani residenti all'estero di votare alle elezioni politiche nella circoscrizione Estero, tramite scrutinio postale, e di

eleggere i propri diretti rappresentanti. Gli italiani iscritti all'AIRE—Albo degli Italiani Residenti all'Estero—possono dunque esercitare il diritto di partecipare attivamente alla sfera di attività politica in Italia. L'allora governo Berlusconi—che voleva recuperare i voti degli italiani all'estero contando sulla loro nostalgia verso un'Italia conservatrice—fu però sconfitto per una manciata di voti e il centrosinistra vinse con un governo di minoranza proprio grazie ai voti degli italiani emigrati[4]. Alla prima elezione, nella ripartizione America Settentrionale e Centrale furono eletti due candidati di centrosinistra e uno solo di centrodestra. Bisogna considerare comunque che gli elettori italiani in Nord America sono abituati a eleggere le persone, non solo il partito che queste rappresentano; quindi, hanno scelto i candidati che sembravano più affidabili, popolari ed efficaci in quel momento. Un'altra conseguenza dell'"effetto voto estero" è stata che molte aziende in Italia hanno riscoperto gli italiani emigrati e li hanno presi di mira come consumatori. Quella che ormai è divenuta una tendenza, era già accaduta in passato. Per esempio, nell'estate del 1997 alla *Canadian National Exhibition* di Toronto, la mostra *Welcome Italia* aveva incluso la vendita di prodotti tipici provenienti da diverse regioni d'Italia, a testimonianza delle possibilità commerciali e di marketing che i governi nazionali e regionali italiani vedevano per le imprese italiane in una città come Toronto (Harney).

Questa attenzione da parte dell'Italia verso gli italiani emigrati ha creato in Canada un'interessante transizione. Oggi gli italiani in Canada sono legati all'Italia non solo dai prodotti che acquistano (moda e cibo in particolare) o dalla squadra di calcio di cui sono tifosi e che seguono attraverso i media in lingua italiana e su Internet[5], ma anche da viaggi turistici ed enogastronomici e scambi di studenti tra scuole e università. Questa connessione transnazionale, iniziata alla fine degli anni Novanta, per molti immigrati include anche l'acquisto di terreni e case nella loro terra natia per tornare un giorno o per favorire il mantenimento del rapporto con il paese di origine anche per i loro figli, come ha osservato anche Harney.

Gli italiani che sono venuti in Canada durante o dopo gli anni '80 sono più istruiti e appartengono a un gruppo sociale diverso da quello dei contadini e degli operai con poca o nessuna istruzione che sono arrivati in Canada nei primi anni del Novecento e dalla fine della Seconda guerra mondiale agli anni '70. In particolare, coloro che sono emigrati in

Canada dopo il 2000 sono lavoratori con qualifiche medio-alte, per lo più impiegati, e hanno un livello di istruzione più elevato (dati *Statistics Canada* 2010). Non sono necessariamente ferventi cattolici, anche se si dichiarano ancora per lo più credenti. Le loro famiglie non sono basate soltanto su valori patriarcali come quelle dei loro predecessori. Rivelano più facilmente il loro orientamento sessuale, qualunque esso sia. Ancora si riuniscono e creano associazioni, ma queste associazioni non sono basate sulla religione o sulle città di origine.

Un esempio è L'Altra Italia, fondata come organizzazione no-profit nel 2002 a Toronto con l'intento di mettere in luce le arti e la cultura italiane e stabilire un'interazione culturale bidirezionale tra Canada e Italia. Il nome spiega già il desiderio dei promotori di essere diversi dall'Italia di precedente immigrazione. Le loro serate "cinema e cena" sono state così apprezzate dalla comunità italiana di recente immigrazione che nel 2012 hanno aperto una filiale a Vaughan. Il periodo della pandemia di Covid-19 iniziato nel 2020 ha bruscamente seppure temporaneamente interrotto tutti gli eventi. Nel frattempo, gli organizzatori avevano però lanciato un festival del cinema italiano a Toronto, l'ICFF (Italian Contemporary Film Festival) che durante la pandemia ha continuato la programmazione allestendo dei drive-in molto apprezzati a Toronto e Vaughan[6].

Gli italiani di più recente immigrazione, rispetto alle precedenti ondate, si riconoscono come provenienti prima di tutto e piuttosto dall'Italia che dal proprio paese o città di origine, e parlano l'italiano tradizionale (con accenti leggermente diversi). Non si incontrano più solo per mangiare, ballare musica tradizionale e per celebrazioni e processioni religiose, ma anche per trascorrere insieme del tempo guardando film italiani, ascoltando poesie e musica, mangiando in ristoranti alla moda e di lusso in centro invece che nelle enormi sale per banchetti situate in periferia. Viaggiano molto spesso in Italia e si tengono in contatto con amici e parenti tramite e-mail, social media e servizi Internet, come Skype o WhatsApp. Possiamo definirli immigrati "global-digitali".

ITALIANI IN ONTARIO

> "Lo spazio è centrale nella costruzione dell'identità e della
> cultura nel mondo postcoloniale"
> Akhil Gupta, and James Ferguson (1992)

Fino al 2006, secondo il Censimento di quell'anno, gli italiani rappresentavano nella provincia dell'Ontario il 7,2% della popolazione, e nella *Greater Toronto Area* il 9,2% della popolazione. L'esempio più significativo di concentrazione di cittadini di origine italiana è la città di Vaughan, dove, secondo il censimento del 2006, gli italiani rappresentavano il 38,37% della popolazione. Nel 2016 a Toronto la percentuale è scesa al 6,8% e a Vaughan al 31,1%.

Vaughan è solo la più recente meta preferita dagli italiani. Nel 1871 il primo insediamento degli italiani arrivati dopo l'Unità d'Italia a Toronto era stato definito "il reparto", un'area tra College e Dundas Street, chiamato così perché era la zona dove si concentrano gli ospedali della città, come Toronto General, Mount Sinai e Sick Kids (Swarbrick 1971, 16).

Dopo la Prima guerra mondiale, il numero di immigrati italiani a Toronto ha registrato un notevole aumento. In uno studio sui luoghi scelti dagli immigrati italiani, Mario P. Venditti (1976) descrive come si siano lentamente trasferiti nel nord-ovest di Toronto:

> Nel 1921 gli italiani in città erano 8.217, mentre nel 1931 erano aumentati
> a 13.015. Questi immigrati andavano ad aggiungersi al già consolidato
> gruppo che si era raccolto attorno a *Trinity*. Tuttavia, a causa della
> Grande Depressione e della Seconda guerra mondiale, i flussi migratori
> italiani a Toronto si interruppero temporaneamente (...) A partire dalla
> seconda guerra mondiale, e in particolare dopo il 1947, l'adozione da
> parte del governo federale canadese di una politica nazionale consape
> vole, finalizzata all'aumento della crescita della popolazione tramite
> l'immigrazione, portò un insediamento su larga scala a Toronto. Nel ca
> so degli italiani, ci fu un aumento di cinque volte del numero di immi
> grati da 26.962 nel 1951 a 140.378 nel 1961. Un'espansione così grande in
> un periodo di tempo così breve comportò notevoli cambiamenti nel mo
> dello di insediamento italiano. Nel decennio 1940-1950, la comunità ita
> liana, originariamente centrata nella stessa zona del 1910, aveva iniziato

a spostarsi verso nord. Questa zona di stanziamento lungo il quartiere degli affari di College Street è delimitata da Palmerston e Ossington Avenue e si è evoluta fino a diventare la zona più significativa di concentrazione e insediamento italiano nell'area metropolitana di Toronto negli anni '60. (Venditti, 10-12)

Nel 1961 gli italiani hanno sorpassato gli ebrei come più grande gruppo etnico di origine non britannica a Toronto e Toronto ha sostituito Montreal come prima scelta dell'immigrazione italiana. Come scrive Richard, nel secondo dopoguerra gli italiani si sono trasferiti in massa nel capoluogo dell'Ontario, tanto da farne nel 1971 "la più grande città 'italiana' del Canada" (59). Questi italiani, prevalentemente operai, si stabilirono anche a Hamilton, Sudbury, Lakehead e Sault Ste. Marie, tutte cittadine dell'Ontario. Sempre secondo il censimento del 1971, in quegli anni, il 60 per cento della popolazione italiana viveva in Ontario. Il censimento rivela che nel 1971 le persone di origine italiana a Toronto erano 270.000. Questo rapido tasso di crescita è stato attribuito da Richmond (1972) all'immigrazione "sponsorizzata" e a un più elevato tasso di crescita naturale. Come già menzionato, e come per altri gruppi, gli italiani tendevano a vivere concentrati in una stessa zona, non solo a causa delle barriere linguistiche e della condivisione culturale, ma anche per favorire la vendita e l'acquisto di prodotti italiani, per poter esprimere il proprio credo religioso partecipando alla messa in italiano nelle Chiese e per mandare i propri figli nelle stesse scuole cattoliche. Tra la metà e la fine degli anni '60, gli italiani si sono trasferiti nell'area di Grandravine e anche nella zona di Jane e Finch Avenue. All'inizio degli anni '70 si sono spostati all'estremità settentrionale del distretto di Etobicoke lungo Keele Street e Islington Avenue. Nello stesso periodo, si stabilirono nella cittadina di Woodbridge/Vaughan lungo l'asse di Islington Avenue. "A Woodbridge gli italiani occupano le nuove e costose abitazioni" (Venditti, 18). Vaughan rimane ancora la città con la più elevata concentrazione di italiani in tutto il Canada.

Secondo i dati del 2010 di *Statistics Canada*, l'ente statistico nazionale, la maggior parte degli italiani in Ontario non possiede ancora un diploma o una laurea. Solo il 15,9 per cento ha un diploma di scuola superiore e, sorprendentemente, solo il 2,9 è laureato. I numeri comprendono tutti gli italiani immigrati, inclusi quelli giunti nel dopoguerra. Questo potrebbe spiegare perché gli italiani in passato non hanno avuto un ruolo cruciale nel campo della cultura. Anche se spesso non possedevano un titolo di studio, comunque, si sono sempre rimboccati le maniche, dimostrandosi lavoratori senza sosta che non avevano tempo se non per il lavoro duro, con l'intento di dare un futuro migliore ai propri figli e nipoti.

TRASFORMAZIONE DEI FLUSSI MIGRATORI NEGLI ANNI OTTANTA E NOVANTA

La comunità italiana in Canada è ancora oggi piuttosto numerosa, anche se il numero dei nuovi immigrati è diminuito notevolmente negli ultimi trent'anni. Sono varie le ragioni per cui, dopo gli anni '70, gli italiani sono emigrati in Canada in numero limitato. Innanzitutto, nel 1967 il governo canadese ha varato una nuova politica sull'immigrazione, "arginando il sistema delle 'sponsorizzazioni' e basando la selezione dei nuovi entranti su considerazioni legate al mercato del lavoro" (Ramirez, 9).[7]

Un altro motivo che spiega questa diminuzione è la situazione economica in Italia. Gli anni '60 sono considerati il periodo della "dolce vita". Solo nei tre anni tra il 1957 e il 1960, il settore industriale in Italia aveva registrato una crescita media della produzione del 31,4 per cento, il settore automobilistico era cresciuto dell'89 per cento, quello meccanico dell'83 per cento e l'industria tessile del 66,8 per cento. Ma il cosiddetto "miracolo economico" è stato possibile grazie al basso costo del lavoro, all'alto livello di disoccupazione e alla mancanza di potere sindacale. Inoltre, il grande boom del settore terziario è avvenuto a scapito del settore agricolo. Di conseguenza, centinaia di migliaia di persone in Italia sono emigrate dal Sud al Nord e milioni di persone hanno lasciato il Paese. Dopo questi anni, l'Italia ha registrato un boom economico che nel 1991 ha reso l'Italia il quarto Paese occidentale più sviluppato, superando anche la Gran Bretagna (Signoretti, 1991).

Poi tra gli anni '80 e gli anni 2000 l'emigrazione degli italiani è diminuita. Secondo il "Rapporto italiani nel mondo 2011"—redatto dalla Fondazione Migrantes, organizzazione cattolica romana collegata alla Conferenza Episcopale Italiana, nata per garantire assistenza religiosa ai migranti—gli anni '80 hanno segnato la fine delle migrazioni di massa, anche se migliaia di persone sono ancora rimaste a lavorare all'estero. Nonostante il flusso migratorio si fosse modificato in modo così significativo, una ricerca dell'Osservatorio politico internazionale[8] rivela che sono rimaste alcune costanti, come la quantità di risparmi inviati in patria: nel 1969 viene ad esempio superata la cifra record di un miliardo di dollari canadesi inviati in un solo anno. Chi viveva fuori dai confini, infatti, continuava a mantenere uno statuto da espatriato, a costruire relazioni più o meno dirette con l'economia e la società italiane e a spedire rimesse in Italia. Solamente nel 1984, secondo i dati dell'Ufficio italiano cambi, sono 3.864.814 milioni di lire i risparmi inviati in Italia da tutto il mondo. Dieci anni prima, nel 1974, erano 511.931 milioni.[9]

In quegli anni e negli anni immediatamente seguenti, molti sono rimpatriati in Italia. Negli anni '90 c'è stata una grande trasformazione nella popolazione italiana, non solo come conseguenza di un'immigrazione di massa verso l'Italia, che ha iniziato a cambiare il quadro demografico del Paese, ma anche perché la mobilità italiana all'estero era ancora operante. I dati statistici[10] mostrano che tra il 1990 e il 1993 le persone rimpatriate hanno superato il numero di coloro che partivano; ma tra il 1994 e il 1999 la tendenza si è invertita. In questi anni l'Europa era ancora la principale meta degli immigrati italiani. Vale la pena ricordare che nel 1992 l'Italia ha temporaneamente aperto la possibilità di riacquistare la cittadinanza a tutti coloro che l'avevano persa naturalizzandosi cittadini di un altro paese, il che potrebbe aver inciso sulle statistiche. Dal 1992 i cittadini italiani possono avere più di una cittadinanza.

LEGGI SULL'IMMIGRAZIONE IN CANADA

Il Canada è tra i principali paesi al mondo per accoglienza agli immigrati. A partire dal 2021 ha come obiettivo di accogliere oltre 400.000 nuovi immigrati all'anno. Prima della pandemia il target annuale era di 341.000 e fino al 2010 era di 200.000 (Statista, 2021).[11]

Come afferma il governo del Canada nel suo sito ufficiale[12], l'immigrazione è essenziale per lo sviluppo economico canadese e svolge un ruolo importante nel plasmarne la società. Eppure le leggi sull'immigrazione si sono rivelate spesso controverse e non sempre eque. Negli anni precedenti la Prima guerra mondiale, la politica di immigrazione del Canada favorì gli emigranti dal Nord Europa, che erano considerati del giusto "ceppo morale" (CIRreport.ca). Stan Carbone (1993), uno storico di Winnipeg, capitale della provincia del Manitoba, riporta che gli europei del sud e gli asiatici si trovavano al livello più basso sulla scala degli immigrati più desiderabili, e gli italiani erano i meno desiderabili di tutti (CIRreport.ca.). Come documentato da Carbone, Clifford Sifton, il ministro responsabile dell'immigrazione dal 1896 al 1905, addirittura inviò al suo viceministro questa nota perentoria: "Ho spiegato almeno una dozzina di volte che non voglio che si faccia nulla per facilitare l'immigrazione italiana". La situazione è cambiata negli anni '60, quando i politici canadesi hanno iniziato a pensare a modi per rendere la politica dell'immigrazione meno discriminatoria, in linea con la tendenza globale verso un trattamento più umanitario nei confronti dei rifugiati e degli immigrati.[13] L'alto tasso di disoccupazione in Canada durante i primi anni '60 aveva portato, infatti, a un forte declino dell'immigrazione. Il paese non riusciva ad attrarre abbastanza immigrati durante quegli anni, nonostante gli sforzi dei funzionari canadesi che cercavano di reclutare immigrati direttamente dalle campagne, specialmente in Italia.[14] Nel 1962, le nuove normative sull'immigrazione rimossero in gran parte la discriminazione razziale dalla politica di immigrazione del Canada. Questa nuova politica intendeva attenuare alcuni dei problemi creati dalla legge emanata nel 1952 senza rimuovere i vantaggi relativi alla sponsorizzazione presenti nella legge precedente, anche se fu ridotto il numero delle sponsorizzazioni, enfatizzando criteri come l'istruzione, la professionalità o altre qualifiche speciali, in aggiunta all'origine etnica, per ottenere l'ammissione in Canada. "I richiedenti europei avevano meno restrizioni rispetto agli immigrati asiatici; tuttavia, le regole relative agli immigrati asiatici divennero meno rigorose" (*Peopling of Canada* 1997).

Nel 1963, un *White Paper*[15] favorì il ricongiungimento familiare, consentendo a tutti gli immigrati di portare le loro famiglie in Canada. Tra il 1961 e il 1971 molti gruppi etnici aumentarono considerevolmente di numero, mentre altri diminuirono. Nel caso degli italiani ci fu un aumento di oltre il 60 per cento. La situazione si è poi invertita nel 1967, quando fu introdotto il sistema a punti per ridurre l'immigrazione sponsorizzata e per favorire gli immigrati, pur se non specializzati, almeno con qualifiche. Un'altra fase di declino dell'immigrazione italiana è iniziata con l'*Immigration Act* del 1976, che si concentrava su chi doveva essere ammesso in Canada, piuttosto che su chi doveva essere escluso. Questo atto ha dato più potere alle province nello stabilire le proprie leggi sull'immigrazione e ha definito le "classi escluse" in termini molto più ampi. Agli individui che sarebbero potuti divenire un peso per l'assistenza sociale o per i servizi sanitari veniva ora rifiutato l'ingresso.

Inoltre, furono istituite quattro nuove classi di immigrati autorizzate a venire in Canada: rifugiati, famiglie, parenti assistiti e immigrati indipendenti. Gli immigrati indipendenti dovevano essere inseriti nel sistema a punti (punti basati sulla professionalità). Alle altre classi la regola non si applicava, a meno che non riuscissero a superare i criteri penali, di sicurezza e sanitari di base.

L'*Immigration Act* del 1976 è stato sostituito dall'*Immigration and Refugee Protection Act* (IRPA) nel 2002. L'IRPA ha creato un quadro di alto livello che descrive ulteriormente gli obiettivi e le linee guida stabilite dal governo canadese. Sono stati così adottati molti criteri per venire incontro alle persone in situazioni di disagio o ai rifugiati e allo stesso tempo il governo ha affermato la necessità di garantire la salute, la sicurezza e l'incolumità dei canadesi stabilendo politiche di ammissibilità più rigorose e operando selezioni più severe dei cittadini stranieri per la residenza temporanea e permanente.

Il programma *Federal Skilled Workers* per chi richiedeva di emigrare in Canada venne sospeso temporaneamente e la riapertura fu rinviata. La stessa sorte spettò alla riapertura dell'*Immigrant Investor Program* (IIP). La nuova data di ripresa delle domande fu spostata al gennaio 2013. Il governo del Canada cominciò ad ammettere un totale di 240.000-265.000 nuovi residenti permanenti nel 2013 (van Leijen 2012). Nel 2011, fino al 2014, Ottawa smise di accettare le domande di sponsorizzazione dell'immigrazione di genitori e nonni, per ridurre un arretrato che andava aumentando col tempo (Keung 2011).

Dal 2021 si possono nuovamente sponsorizzare i propri familiari, ma i tempi di valutazione delle richieste provenienti dall'Italia non sono disponibili sul sito "Immigrazione e Cittadinanza" del governo canadese. La precedenza viene data a chi proviene da paesi poveri o in guerra.

LA LINGUA ITALIANA

L'italiano è la terza lingua parlata a Toronto, dopo l'inglese e il cinese. Secondo il Censimento del 2011, l'italiano era parlato dal 2,8 percento della popolazione. Nel 2016 i dati sono saliti al 5,3 percento.

Dal Censimento del 2016 risulta che in Canada su 36,11 milioni di abitanti complessivi[16], oltre 375.000 parlano la lingua italiana. Nel 1941, in Canada, oltre 80.000 persone conoscevano l'italiano su 11,5 milioni di abitanti (*Statistics Canada*), e il numero aumentò regolarmente fino al 1971, quando si raggiunse il picco di oltre 538.000 (un aumento di quasi sette volte in trent'anni), mentre nello stesso periodo il numero totale di coloro che parlavano una seconda lingua si è solo raddoppiato, passando da circa 11 milioni e mezzo a 21 milioni e mezzo. Nel 1981 gli individui di origine italiana solo nella provincia dell'Ontario erano oltre 480.000. Dal 1981 al 2001 l'immigrazione italiana in Canada è rallentata notevolmente, ma per quasi 470.000 immigrati l'italiano era ancora la prima lingua (Censimento 2001). Bisogna tenere presente che, come abbiamo già indicato, la maggioranza di queste persone giunte nelle precedenti ondate di immigrazione aveva mantenuto il proprio dialetto invece di parlare l'italiano standard.

Da un grafico realizzato dal *Canadian Heritage* sulle lingue parlate in Canada, risulta che le persone che parlano italiano sono diminuite notevolmente negli ultimi 50 anni, e in particolare negli ultimi 30 anni, pur con un leggero aumento tra il 2000 e il 2006 e poi di nuovo nel 2016 (vedi Appendice, Grafico 2).[17]

In questo contesto, vale la pena ricordare che, dopo la Seconda guerra mondiale, si è cominciata a formare una nuova lingua che, negli anni Ottanta, Gianrenzo Clivio, allora docente presso il Dipartimento di Italianistica dell'Università di Toronto, chiamò "italiese", definendolo linguaggio di sopravvivenza. Si tratta di un misto tra italiano e inglese, con parole italiane o dialettali miste a parole inglesi "italianizzate ". Per esempio, *cheque*, assegno, è diventato "la cecca", *roof*, tetto, "il ruffo", ho parcheggiato la macchina, in inglese *I parked the car*, è diventato: "Ho parcato il carro", e così via.

Clivio (1985) ha scritto che "tali idioletti, considerati nel loro insieme, si allineano in forma di un continuum linguistico, caratterizzato, comunque, dalla presenza di neologismi e calchi sintattici la cui consistenza numerica può assumere valori percentuali notevolmente elevati o ridursi invece all'impiego occasionale di pochi termini la cui necessità è dettata da referenti prima ignoti".[18]

Il Centro Frank Iacobucci per gli studi italocanadesi presso l'Università di Toronto ha cominciato a compilare un lessico di italiese, prima che questa interlingua scompaia del tutto, ed esiste un dizionario, disponibile online, chiamato "G.P. Clivio − Dizionario online dell'Italiese", a cura di Domenico Pietropaolo e Salvatore Bancheri.[19] Questa lingua sta in effetti scomparendo. A causa della globalizzazione e dell'omogeneizzazione linguistica, l'italiese è destinato a morire entro una o due generazioni. Come nota Kidd (2009), la sua necessità e la sua utilità, infatti, non esistono quasi più. Oggi l'italiese è ancora una lingua parlata, ma non dagli italiani di recente immigrazione, che si esprimono in un italiano standard e allo stesso tempo conoscono la lingua inglese. La seconda e la terza generazione di italiani raramente parlano la lingua italiana, anche se in alcuni casi ancora comunicano in dialetto con i genitori. Sul futuro della lingua italiana parlata in Canada gli studiosi discutono da anni e sarebbe interessante approfondire se veramente è destinata a scomparire, come molti hanno predetto in passato.

CONCLUSIONI

Sebbene una comunità etnica non possa essere considerata come una "comunità immaginata" nell'accezione di Benedict Anderson, è tuttavia immaginata (Karim 1998, 13). In altre parole, non esiste una sola comunità, ma molti gruppi diversi all'interno di uno stesso gruppo etnico. La comunità italiana in Canada, in particolare in Ontario, non è un'eccezione, è una miscela ricca e complessa composta da diverse umanità dal punto di vista sociale, politico ed economico. È composta da centinaia di migliaia di immigrati italiani, inclusi gli immigrati degli anni '60 e '70, lavoratori infaticabili che hanno permesso ai loro figli e agli immigrati recenti di integrarsi più facilmente e avere accesso a posti di lavoro migliori dei loro; e da migliaia di persone immigrate negli ultimi 20-30 anni. I nuovi immigrati e gli italocanadesi di seconda e terza generazione sono più facilmente esposti alla cultura italiana rispetto ai loro genitori. Oggi "la comunità" italiana in Canada è una collettività vivace—per quanto non necessariamente cosciente di sé—che è mutata: non è più composta soltanto da lavoratori dell'edilizia e costruttori, ma anche da professionisti istruiti. Gli italiani di prima, seconda e terza generazione sono per lo più professionisti integrati nel tessuto socio-economico e culturale canadese, sono politici, medici, avvocati, giornalisti, scrittori, banchieri, professori, accademici, attori, registi, artisti, direttori di musei e responsabili di manifestazioni culturali.

L'italiano è ancora la terza lingua parlata a Toronto, grazie alle precedenti ondate di immigrazione ma—come alcuni hanno previsto—potrebbe non essere così nel prossimo futuro, con l'invecchiamento della popolazione e la scarsa immigrazione recente, dovuta anche al cambiamento di rotta della legislazione canadese che regola l'immigrazione. Tuttavia, negli ultimi cinque anni si stanno già verificando nuove ondate di immigrazione dall'Italia. Gli immigrati più recenti, che possiamo definire "global-digitali", arrivano in Canada spesso per conseguire titoli di studio accademici o con permessi di lavoro qualificato e non si identificano con gli italocanadesi arrivati prima di loro. In effetti, il più delle volte sembrano voler creare una distinzione tra loro e i connazionali già residenti da anni e da quelli di seconda generazione. Ciò è dovuto principalmente al fatto che questi recenti immigrati sono arrivati nell'era digitale. Viaggiano spesso in Italia e si tengono in contatto costante con le loro famiglie e amici, grazie alle moderne tecnologie e ai social media. Parlano un italiano standard e sono abbastanza istruiti, sono più impiegati che operai, molto raramente contadini. Sono ancora interessati alla politica italiana come i loro predecessori[20], ma ora sono anche attivi in comitati e rappresentanze elettive come i Com.It.Es. (Comitati degli italiani all'estero) e il CGIE (Consiglio Generale degli Italiani all'Estero) istituiti da leggi italiane, hanno rappresentanti politici in Italia e si riuniscono in gruppi di varia estrazione politica.

In molti ancora pensano spesso di rientrare in Italia e quando possono ci tornano, ma non sono nostalgici nei confronti della madrepatria, perché non è più la mitica terra dei sogni, ma una "casa" lasciata temporaneamente e facilmente accessibile.[21]

APPENDICE

GRAFICO 1

Grafico 1 - Immigrazione in Canada Census 2006	Prima del 1991	1991-2000	1991-1995	1996-2000	2001-2006
Italia	289,815	4,760	2,540	2,220	2,275
Città del Vaticano	10	0	0	0	0
Portogallo	136,945	10,495	7,790	2,695	2,955
Germania	149,020	14,750	6,155	8,595	7,635
Francia	44,685	17,680	7,820	9,860	17,185
Repubblica popolare cinese	133,910	177,925	69,635	108,290	155,105
Cina e regioni amministrative speciali	244,965	280,590	137,835	142,750	162,820

GRAFICO 2

Numero di immigrati secondo la lingua materna, durante diversi periodi di immigrazione, Canada, 2006; Fonti: *Canadian Heritage – Statistics Canada*, Censimento della popolazione 2006.

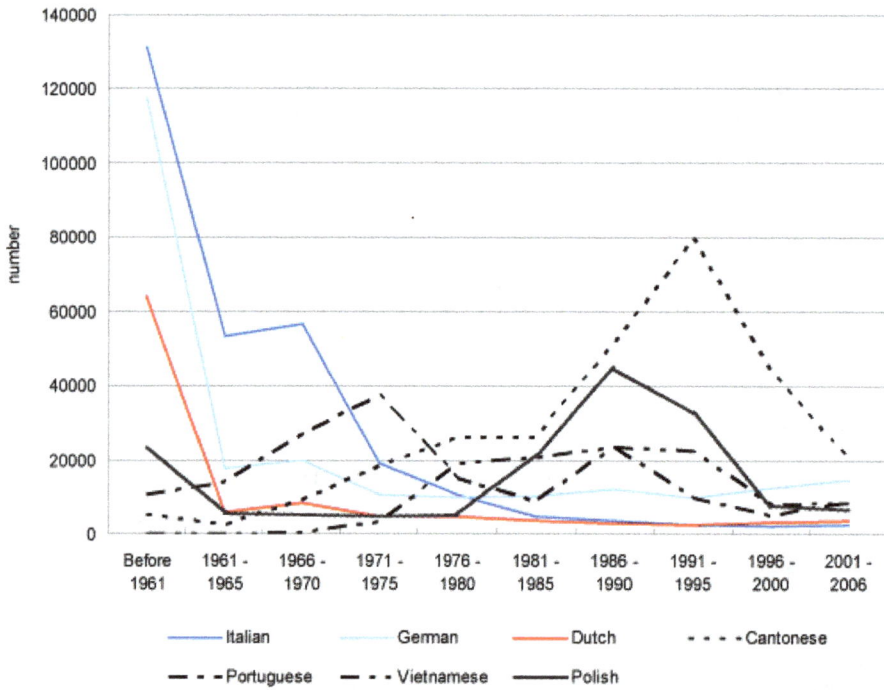

Note

[1] I dati più recenti sono quelli del censimento del 2016. Quelli del 2021 al momento in cui questo capitolo è scritto non sono ancora disponibili.

[2] I dati di questo grafico sono aggiornati al Censimento del 2006.

[3] Tuttavia, studi più recenti negli Stati Uniti hanno mostrato che il *melting pot* non è più così radicato come una volta; al contrario, negli Stati Uniti un forte senso di comunità e parentela si è sviluppato tra gli immigrati sia nuovi che più anziani (Viswanath e Arora, 2000.)

[4] Per quasi mezzo secolo dopo la Seconda guerra mondiale, il sistema elettorale italiano si è basato sul sistema di rappresentanza proporzionale, in cui i seggi in un organo eletto venivano assegnati ai partiti politici in base alla proporzione del voto totale che ricevevano. L'attuale sistema elettorale, approvato nel 2005, si basa sulla rappresentanza di liste di partito, con una serie di soglie per incoraggiare i partiti a formare coalizioni. Gli elettori hanno scelto il partito e non il candidato. Nella circoscrizione Estero invece si sono sempre eletti direttamente dei candidati, anche se sostenuti dai partiti.

[5] Nel 2021 c'è stata una sorta di rivolta popolare perché Rai Italia, visibile in Canada dal 2005 e all'inizio con il nome di Rai International, non ha acquistato i diritti per le partite del campionato di calcio italiano, con grande disappunto di molti cittadini italocanadesi.

[6] L'ICFF, fondato a Toronto nel 2012, nel corso degli anni è passato dall'essere un festival di 4 giorni in un'unica sede con 18 film, a un festival di 10 giorni in 9 città con oltre 130 lungometraggi, documentari e cortometraggi. Non è il primo festival di cinema creato a Toronto, diversi tentativi erano stati fatti in passato. Ma l'ICFF è quello che ha ottenuto il più grande successo popolare.

[7] Il prossimo paagrafo è dedicato in dettaglio alle leggi canadesi sull'immigrazione.

[8] Dati della ricerca LA RISORSA EMIGRAZIONE GLI ITALIANI ALL'ESTERO TRA PERCORSI SOCIALI E FLUSSI ECONOMICI, 1945-2012. https://www.parlamento.it/application/xmanager /projects/parlamento/file/repository/affariinternazionali/osservatorio/approfondimenti/PI0060 App.pdf

[9] Ministero degli affari esteri, Direzione generale emigrazione e affari sociali, Aspetti e problemi dell'emigrazione italiana all'estero nel 1984, studio a cura dell'ISPI — Istituto per gli Studi di Politica Internazionale, Roma 1985.

[10] Aise, Agenzia internazionale stampa estero (International agency foreign press) — http://aise.it /italiani-nel-mondo/comunita/86446-lemigrazione-italiana-negli-anni-80-e-90-nelrapporto-della-migrantes.html.

[11] Immigration in Canada: Statistics & facts, Published by Statista Research Department, Sep 10, 2021- https://www.statista.com/topics/2917/immigration-in-canada/

[12] https://www.canada.ca/en.html

[13] *The Peopling of Canada: 1946-1976*. The Applied History Research Group. The University of Calgary, 1997.

[14] *Ibidem.*

[15] Un *white paper* è un rapporto o una guida autorevole del governo canadese, che spesso affronta i problemi e spiega come risolverli. Il termine è nato quando i documenti del governo erano codificati per colore per indicare la distribuzione, con il bianco designato per l'accesso del pubblico.

[16] Il Canada è il secondo Paese più vasto al mondo dopo la Russia, ma conta la metà della popolazione italiana. Gli abitanti sono per lo più insediati vicino al confine con gli Stati Uniti a causa della rigidità delle temperature nelle zone più a Nord.

[17] Prima del 1961, il numero di immigrati italiani di madrelingua in Canada era di 131.071; tra il 1961 e il 1965 fu di 53.124; tra il 1966 e il 1970 fu di 56.701; tra il 1971 e il 1975, fu di 19.103; tra il 1976 e il 1980 fu di 10.565; tra il 1981 e il 1985 fu di 4.917, tra il 1986 e il 1990 fu di 3.839, tra il 1991 e il 1995 fu di 2.699; tra il 1996 e il 2000 fu di 2.336; e infine, tra il 2001 e il 2006, fu di 2.598. Il grafico a linee orizzontali mostra l'aumento o la diminuzione del numero di immigrati madrelingua censiti in Canada da prima del 1961 fino al 2006.

[18] Cfr. anche Giovanni Scarola, *L'italiese in Canada: considerazioni sul lessico*.

[19] https://bancheri.utm.utoronto.ca/italiese/ Al momento in cui scriviamo questo capitolo, il sito è in corso di aggiornamento

[20] Come risulta da uno studio in corso di pubblicazione, "Italian Canadian media: A history of representation and integration" di Daniela Sanzone e Angelo Principe, gli italiani in Canada hanno dimostrato storicamente un forte interesse per la politica italiana

[21] Parte di questa ricerca è stata presentata alla conferenza PCA/CA di Washington, DC, il 29 marzo 2013 e pubblicata nei quaderni Italian Canadiana, Dipartimento degli Studi Italiani dell'Università di Toronto. Un grazie speciale va a Anthony Tamburri e Silvana Mangione per avermi coinvolto in questo bellissimo progetto. Grazie anche a Luca Buiani per i suoi suggerimenti.

Bibliografia

Anderson, Benedict. 1983. *Imagined Communities: Reflections on the Origins and Spread of Nationalism*. London: Verso.

Avery, Donald. 1979. *Dangerous Foreigners*. Toronto: McClelland & Stuart.

Cancian, Sonia. 2010. *Families, Lovers, and their Letters*. Winnipeg, MB, CAN: University of Manitoba Press. Web.

Carbone, Stanislao. 1993. *The Streets Were Not Paved With Gold: A Social History of Italians in Winnipeg*. Manitoba Italian Heritage Committee, 112 pp.

Cederna, Camilla. 1980. *Nostra Italia del miracolo (Our Italy of miracle)*. Milano: Longanesi.

CIRreport.ca. *Hardworking Italian immigrants built prosperous lives*.

Citizenship and Immigration Canada. 2021. Canada: A History of Refuge - Una linea temporale http://www.cic.gc.ca/english/refugees/timeline.asp

Citizenship and Immigration Canada. 2010. CIC, Annual Report to Parliament on immigration http://www.cic.gc.ca/english/pdf/pub/immigration2010_e.pdf

Clivio, Gianrenzo P. 1985. "Su alcune caratteristiche dell'italiese di Toronto." *Il Veltro* 29: 483-491).

Cohen, Robin. 1997. *Global Diasporas: An Introduction*. London: UCL Press.

Colucci, Michele. 2012. La risorsa emigrazione. Gli italiani all'estero tra percorsi sociali e flussi economici, 1945-2012. A cura dell'ISPI (Istituto per gli Studi di Politica Internazionale) https://www.parlamento.it/application/xmanager/projects/parlamento/file/repository/affariinternazionali/osservatorio/approfondimenti/PI0060App.pdf

Iacovetta, Franca. 1992. *Such Hardworking People: Italians Immigrants in Postwar Toronto*, Montreal, QC, CAN:McGuill-Queen's University Pres,.

Favero, Luigi e Graziano Tassello. 1981. *Cent'anni di emigrazione italiana (1861 - 1961)*. Introduction, CSER, Roma.

Gabori, Susan. 1993. *In Search of Paradise: The Odyssey of an Italian Family*. Montreal, QC, CAN: McGill-Queen's University Press.

Gellner, Ernest. 1983. *Nations and Nationalism*. Oxford: Basil Blackwell.

Gellner, Ernest. 1964. *Thought and Change*. London: Wiedenfeld & Nicholson.

Gupta, Akhil, and James Ferguson. 1992. *Beyond 'Culture': Space, Identity, and the Politics of Difference*. Cultural Anthropology 7(1): 6-23.

Harney, Nicholas DeMaria. 2002. "Building Italian Regional Identity in Toronto: Using Space to Make Culture Material." Anthropologica (Ottawa) 44.1: 43–54. Web.

Harney, Nicholas DeMaria. 1998. *Eh, Paesan!: Being Italian in Toronto*. Ed. Robert D. Sider. Toronto, ON, CAN: University of Toronto Press, Web.

Karim, Karim H. 1998. *From Ethnic Media to Global Media: Transnational Communication Networks Among Diasporic Communities*. International Comparative Research Group, Strategic Research and Analysis, Canadian Heritage.

Keung, Nicholas. 2011. *Canada: A nice place to visit but you can't apply to live here*, The Toronto Star, Friday November 04.

Kidd, Kenneth. 2009. *Say Arrivederci to the Basimento*, Toronto Star, Saturday November 14.

Neatby, H. Blair. 2021. "William Lyon Mackenzie King". In The Canadian Encyclopedia. Historica Canada. Article published October 15, 2008; Last Edited February 04, 2021. https://www.thecanadianencyclopedia.ca/en/article/william-lyon-mackenzie-king.

Ramirez, Bruno. 1989. *The Italians in Canada*, Canadian Historical Association, Ottawa.

Rapporto italiani nel mondo 2011, redatto dalla Fondazione Migrantes.

Richard, Madeline A. 1992. *Ethnic Groups and Marital Choices: Ethnic History and Marital Assimilation in Canada, 1871 and 1971*. Vancouver, BC, CAN: UBC Press, Web.

Richmond, A.H. 1972. *Ethnic Residential Segregation in Metropolitan Toronto*. Ethnic Research Programme – Institute for Behavioral Research, York University.

Sanzone, Daniela e Angelo Principe (in corso di pubblicazione). "Italian Canadian media: A history of representation and integration". In Eds. Daniel Ahadi, Sherry S. Yu e Ahmed Al-Rawi, *Revisiting ethnic media in Canada: Policies, practices, and integration*.

Sanzone, Daniela. 2015. "From Mass Immigration to Professional Workers: A Portrait of the Present Italian "Comunità" in Ontario." *Italian Canadiana*, vol. 26-29 (2012-2015).

Scarola, Giovanni. 2007. *L'italiese in Canada: considerazioni sul lessico*. (Italiese in Canada: lexicon analysis) Vaughan, On: Graphics, (stampato nel 2009).

Signoretti, Fabio Massimo. 1991. *Abbiamo superato anche la Francia secondo Business International*, La Repubblica, 16 maggio.

Statistics Canada. 2006, 2010, 2016. *Ethno cultural Portrait of Canada*. Highlight Tables. Census.

Statista. 2021. *Immigration in Canada: Statistics & facts, Published* by Statista Research Department, Sep 10 (https://www.statista.com/topics/2917/immigration-in-canada/).

Sturino, Franc. 2013. "Italian Canadians". In *The Canadian Encyclopedia. Historica Canada*. Article published August 06; Last Edited May 23 2019. https://www.thecanadianencyclopedia.ca/en/article/italian-canadians.

Sturino, Franc. 1990. *Forging the Chain: A Case Study of Italian Migration to North America, 1880-1930*. Toronto: Multicultural History Society of Ontario.

Swarbrick, Brian. 1971. *Metro's Northern Suburbs Blossom With Influx of Gregarious Italians*. Toronto Daily Star, January 23

The Canadian Encyclopedia. 2013. Historica Foundation of Canada.

The Peopling of Canada: 1946-1976. 1997. The Applied History Research Group. The University of Calgary.

van Leijen, Majorie. 2012. *Canada to accept 265,000 immigrants on 2013. Highest sustained level of immigration in Canadian history*. Emirates 24/7. Wednesday, November 07.

Venditti, Mario P. 1976. *The Italian Ethnic Community of Metropolitan Toronto: a case of study in intra-urban migration*. York University.

Viswanath, K. e Pamela Arora. 2000. "Ethnic Media in the United States: An Essay on Their Role in Integration, Assimilation, and Social Control". *Mass Communication and Society*, Volume 3, Issue 1, Feb 2000, pages 39-56

Woodworth, James S. 1909. *Strangers Within Our Gates, or Coming Canadians*, 2nd ed. Toronto: Young Paaple's Movement Department of the Methodist Church of Canada, Yinger, Milton.

Zucchi, John E. 1988. *Italians in Toronto: Development of a National Identity, 1875-1935*. Montreal, QC, CAN: McGill-Queen's University Press. Web.

Federazione per il futuro

Antonio D'Alfonso

Definizioni

Cos'è lo scrittore italocanadese? Una domanda apparentemente semplice ma che finora rimane senza risposta. Partiamo dalla parola "scrittore". Lo scrittore include una donna scrittrice. Ci sono uomini e donne che pubblicano parole e frasi destinate ad essere lette in un libro, in una rivista o in un giornale. Da leggere? Per essere guardati? Albino Matano di Montreal e Luciano Iacobelli di Toronto sono due scrittori di origine italiana che spingono la scrittura fuori dal campo della parola scritta. La parola diventa immagine. Questi artisti visivi possono essere considerati scrittori? Certamente. Il libro (reale o virtuale) è il fondamento del loro lavoro. Quindi lo scrittore è colui che parla attraverso il mezzo del libro pubblicato.

Ma ci sono scrittori che non hanno mai pubblicato un libro. Mai. Non parleremo qui di questo tipo di scrittori, anche se possiamo star certi che un giorno le loro opere saranno pubblicate e che i testi che saranno pubblicati saranno di grande valore. Per l'ombra del silenzio sotto cui si trovano in questo momento non possiamo identificare chi sono questi scrittori. Non possiamo dire molto su di loro. Il fatto che scelgano di rimanere anonimi è la loro più grande risorsa. La storia ci dà molti esempi di questi scrittori silenziosi (Rimbaud, Lautréamont, Emily Dickison, Kafka).

È importante menzionare questi scrittori anonimi perché il futuro sarà il giudice di questi scritti, senza dubbio importanti, o forse anche meno importanti. Ciò che sarà considerato di valore dipenderà da come la nuova generazione di lettori riceverà questi scrittori postumi di poesie, romanzi, diari, saggi, materiale visivo che non erano mai stati pubblicati durante la loro vita.

È canadese colui o colei che è nato in Canada o colui che richiede la cittadinanza canadese. Una persona può essere nata da genitori canadesi, oppure no; un individuo diventa canadese dopo essere stato uno straniero nato all'estero e poi chiede di essere canadese. Qualcuno può, senza abbandonare la sua cittadinanza originaria, chiedere la residenza canadese: ma questi casi di doppia cittadinanza sono davvero rari.

Lo scrittore canadese può scegliere di scrivere in inglese, francese o un'altra lingua. Essendo il Canada un paese biculturale e bilingue, l'inglese e il francese sono riconosciuti come lingue ufficiali (e ora sono incluse le lingue degli amerindi). La cittadinanza in Canada dipende dalla lingua che una persona usa per esprimersi. Chi non parla una di queste lingue non è considerato un vero canadese. Questo concetto di parlare una lingua che non è una delle lingue ufficiali del paese pone il cittadino in un enigma: come essere un buon cittadino?

Chi è l'italiano? Si nasce italiani secondo il principio dello *jus sanguinis* (diritto di discendenza, legge n. 555, 1912). Quello che succede a una persona che emigra in Canada dipende dalle scelte che farà. L'italiano può chiedere la residenza, oppure può chiedere di diventare canadese.

I bambini nati in Canada da genitori cittadini italiani diventano automaticamente canadesi.

I bambini nati in Canada da genitori di origine italiana con status di residenza canadese mantengono la loro cittadinanza italiana *e* ricevono la cittadinanza canadese. Una persona nata in Canada da genitori italiani e con cittadinanza italiana (in una linea di discendenza ininterrotta) può possedere due cittadinanze (quella canadese e quella italiana).

La cittadinanza canadese ha i suoi confini linguistici, e questa separazione tra la parte francese e la parte inglese è indistruttibile. Il canadese può essere bilingue o meno; essere bilingue significa che una persona può parlare e scrivere sia in inglese che in francese. Essere perfettamente bilingue, tuttavia, è raro in Canada.

Qui possiamo offrire una prima risposta alla domanda: cos'è uno scrittore italocanadese o "italiano canadese"?

1. Può essere un italiano che vive in Canada e che scrive in francese o in inglese.
2. Può essere un canadese di origine italiana che scrive in francese o in inglese.
3. Può essere un italiano che vive in Canada e che scrive in una delle lingue italiche.
4. Può essere uno scrittore canadese in una delle lingue italiche.

Queste quattro risposte ci permettono di identificare abbastanza bene chi è uno scrittore italocanadese oggi come nel passato.

Pochi scrittori hanno osato pubblicare opere in tutte e tre le lingue. In generale, quelli che vivono in Quebec scrivono in francese; quelli che vivono fuori dal Quebec scrivono in inglese. Ci sono una manciata di scrittori che si avventurano in tutte e tre le lingue. La lingua non appartiene a nessuno e a tutti.

LA LINGUA ITALIANA

Recentemente c'è stato un articolo di Claudio Antonelli sul *Cittadino canadese* di Montreal sulle donne. In questo testo intimo Antonelli spiega la sua esperienza di uomo colto e, forse, ferito reagendo all'intelligente intervista dell'avvocato Margherita Morsella sulle donne moderne con Ivana Bombardieri alla radio CFMB. La polemica si è sviluppata in italiano, tra questi tre italocanadesi di Montreal. Perché tutto il clamore intorno a questa affascinante tematica viene prodotta solo in lingua italiana, e non in inglese o francese? La domanda richiede qualche riflessione.

Questo dilemma linguistico potrebbe nascere solo in un ambito molto specifico. Chi, in Canada, nel 2022, può essere il lettore di questo tipo di intervento necessario, ma fatto solo in italiano, in una lingua che non è affatto riconosciuta legalmente in Canada? In una lingua che è parlata da pochi individui? Chi è dunque il lettore, l'ascoltatore, il destinatario di questa informazione? Per affrontare adeguatamente questa questione dobbiamo guardare indietro nel tempo.

L'*Eco d'Italia* (ora chiamato *Il Marco Polo*) fu fondato nel 1936 dai fratelli italocanadesi Bruno e Attilio Girardi per servire la comunità italocanadese a Vancouver, BC. Nel giugno 1938 il giornale fu consegnato ad Alberto Boccini. Il *Cittadino canadese* fu fondato nel 1941 da Antonio Spada. Ma non era solo. Il *Corriere italiano* fu poi fondato da Alfredo Gagliardi negli anni '50. Più tardi, il 2 giugno 1954, Dan Iannuzzi, nato a Montreal nel 1934, fondò *Il Corriere canadese*. Ci sono sicuramente altri giornali e periodici in lingua italiana che servono gli italiani nelle varie città del Canada. (Che i fondatori ci scusino se non li citiamo tutti qui).

Camillo Carli, Giose Rimanelli, Pietro Corsi, Claudio Antonelli, Filippo Salvatore, Angelo Persichelli, Anna Foschi Ciampolini, Anna Maria Zampioni e Margherita Morsella scrivono o hanno scritto testi in italiano su giornali in lingua italiana in tutto il Canada. (Per non parlare dei molti italiani che si sono fermati a Montreal ma poi si sono trasferiti negli Stati Uniti.) Questi sono solo alcuni nomi di molti scrittori che hanno usato la lingua italiana per comunicare le loro idee sulla politica e la vita quotidiana in questo paese.

Chi è il pubblico di questi articoli? Chi legge questi giornali in lingua italiana? Chiaramente sono dedicati a una comunità di lingua italiana e questa comunità di lettori è molto probabilmente composta da diverse generazioni; vi troviamo padri e madri, ma anche figli e figlie di immigrati italiani che hanno imparato l'italiano. E, naturalmente, altri italofoni interessati (le cose italiane hanno un seguito).

Spesso, quando si tratta della comunità italiana, la lingua parlata a casa, essendo una lingua orale e non scritta, non è quella che i bambini hanno dovuto imparare a scuola il sabato mattina nei corsi offerti dai gruppi, come il PICAI (Patronato Italo Canadese per l'Assistenza agli Immigrati), solitamente sistemi educativi senza scopo di lucro stabiliti in ogni città del paese.

I giornali in lingua italiana e i programmi radiofonici servono a vari scopi:

1. informare: fornire informazioni locali;
2. educare: praticare la lingua;
3. mantenere il contatto con la realtà dell'Italia (politica, sport);
4. intrattenere: offrire notizie sugli artisti; e
5. vendere: pubblicità di prodotti offerti agli italiani.

Benedict Anderson, in *Imagined Communities*, descrive come questo tipo di pubblicazione (print-capitalism) produce effettivamente una "comunità immaginaria". Si dà il caso che questo collettivo immaginario in Canada sia trilingue (inglese, francese e italiano); non è centrato in un solo luogo; la sua esistenza è diffusa in tutto il vasto territorio del Canada. Ogni città ha la sua Little Italy, dove l'italiano potrebbe essere parlato, ma non necessariamente. E sicuramente nei centri più grandi queste comunità parlano anche inglese e francese.

L'oralità non è necessariamente una parola scritta come prodotto finale. Alcuni cantanti come Angelo Finaldi, Nicole Ciccone, Tino Izzo, Frank Marino, Dominic Mancuso, Marco Calliari e Michael Di Rienzo esplorano talvolta la lingua (e i dialetti) e le culture italiane. Se vogliono raggiungere un pubblico più vasto, però, queste rockstar devono ricorrere a una delle lingue ufficiali del paese. Lo stesso si può dire dei registi e degli attori: Nicola Zavaglia, Carlo Liconte, Paul Tana, Nick Mancuso, Jennifer Dale, Tony Nardi e altri.

L'editore Dan Iannuzzi, avendo capito questa falla nella comunità, ha lanciato la rivista in lingua inglese *Tandem* a Toronto, sperando di coprire questa falla che divide linguisticamente la comunità. Nel 2002, Antonio Zara ha fondato *Panoramitalia*, una rivista trilingue a Montreal, sempre con la speranza di collegare un gruppo linguisticamente diviso nella stessa comunità italiana. Il problema della lingua rimane serio ed è una spina per l'unificazione delle comunità italiane geograficamente divise.

Nel 1962, Camillo Carli lancia nel cuore di Little Italy il mensile *La Tribuna italiana*. Con la sua impressionante tiratura di 26.000 copie, e venduta nel 1967 per 10 centesimi a copia, questa pubblicazione in lingua italiana attrae molti importanti intellettuali italiani e canadesi dell'epoca: Michele Pirone, Ciro Volpi, Giacomo Cicirello, Giose Rimanelli, Elisabetta Ricotti, Rocco de Lillo, Ermano La Riccia, Lando Landi, Nando Gherardi, Filippo Salvatore, Rossana Vachon, Marie-Josée Thériault, e tanti altri. Gli articoli, dedicati soprattutto a questioni politiche del Canada e dell'Italia, promuovono il bilinguismo. Il tabloid cessa la sua pubblicazione alla fine degli anni '70.

Nella rivista *Quaderni Culturali*, fondata da Michael Del Balso e altri negli anni '80 — ne sono usciti quattro numeri — leggiamo in italiano, nel primo numero, nelle prime pagine due registi italocanadesi, Nicola Zavaglia e Paul Tana, che esprimono la loro disapprovazione per il fatto che essere italiani o parlare di identità sia parte integrante del loro lavoro. Per questi italocanadesi l'arte sta al di sopra di ogni questione di identificazione etnica.

Riflettere anche solo superficialmente sull'idea di appartenere a un gruppo minoritario spaventa le persone, e questa paura è diventata il tema primordiale per la maggior parte degli scrittori di origine italiana in Canada. Paura forse è un termine troppo duro, ma c'è la necessità di prendere le distanze dalla prigione della collettività.

Siamo italiani o no? In parte? Per niente? Se la lingua italiana non divide gli scrittori, ciò che divide gli scrittori è proprio il concetto di identità. Sarebbe assurdo chiedere a Nanni Moretti di imprigionare i suoi film nel concetto di italianità. O forse sì? In Canada chiedere a un artista di origine italiana, vicino o lontano, questa domanda rimane un dilemma.

La rivista transculturale *Vice Versa*, fondata da Lamberto Tassinari, Bruno Ramirez, Fulvio Caccia, Gianni Caccia e altri nel 1982, ha cercato di affrontare questo problema. Al di là della geografia e dell'assenza della lingua italiana, l'identificazione con un gruppo etnico è e sarà il più grande parametro di separazione nella comunità italiana in Canada. Gli artisti italocanadesi semplicemente non credono che essere italiani sia importante.

SCRIVERE IN LINGUA ITALIANA

Ecco il malessere: non sapendo cosa definisce lo scrittore — emigrazione, lingua, territorio, religione, regione — gli scrittori, uomini e donne, investono la maggior parte delle loro energie nel tentativo di riassumere la loro ambigua identità. Tutti lottano con questo malessere, cioè tutti cercano di celebrare l'*essere*, eppure nessuno può nascondere uno squilibrio nel suo essere canadese più (o meno).

Troviamo questo malessere nelle forme artistiche ma anche nei contenuti.

Ogni uomo diventa un chiachiello.   (Dino Tavarono, in Caticchio, 120)

Un dialetto entra da una finestra, che si apre sulla perturbazione.
Nacqui senza essere interpellato.   (Luigi di Vito, in Caticchio, 68)

Tra "una terra / rovente / bruciata dall'odio"
                                        (Concetta Kosseim, in Caticchio, 80)

e "serrare la porta sarà un giorno / quell'altra",
                                        (Alda Viero, in Caticchio, 130)

c'è un disagio che m'abbruce si te sto troppo vicino / e sento friddo si te sto luntano
(mi brucia se mi sei troppo vicino / e mi fa sentire freddo se sono lontano da te).   (Corrado Mastropasqua, in Caticchio, 88)

Ma la voce dell'alterità che vola da una città all'altra, da una casa all'altra, non scompare. Quella voce è la lingua italiana che si rifiuta ostinatamente di scomparire.

Nel 1983, Tonino Caticchio ha curato la prima antologia di poesie scritte in italiano in Canada, *La poesia italiana in Québec*. Caticchio conclude la sua introduzione con questa importante frase: "In realtà, questa poesia, per tutta una tradizione filologica alla quale ci rifacciamo, è il risultato di tutto un ambiente storico culturale: ciò che dà all'artista un soffio di originalità" (7).

Caticchio offre la sua selezione di poesie a critici generosi "in periodi in cui la cultura italiana sembrava quasi morta" (7). Per Caticchio, la cultura italiana può essere originale, ma sta morendo in Quebec. L'immagine di una cultura morente fa rabbrividire tutti. Qualcosa di unico sta per morire. Qui c'è una poesia in italiano e in dialetto che parla di stanchezza, di nervosismo certo, ma la poesia non è malata. Allora perché parlare di morte? Per Tonino Caticchio, non ci saranno più scrittori italiani in Canada dopo la sua generazione. Il che, vedremo, non avverrà.

C'è una differenza tra la malattia e la morte. Giovanni Caboto può diventare Jean Cabot [in Quebec, N.d.C.], ma la persona non è morta perché cambia il suo nome. O forse sì? Alcune parole possono essere dette con rabbia, ma "la parola scivola sulle cose. Rido spesso" (Fulvio Caccia, in Caticchio, 22). Non ci si muove facilmente, ma perché morire quando si può comunque "destare / l'impeto del cuore" (Giovanni Di Lullo, in Caticchio, 62)?

Libri in italiano o in dialetto (romano, calabrese, friulano, siciliano, abruzzese) continuano ad essere pubblicati fino ad oggi in ogni parte del paese. Non si trova un cimitero da nessuna parte. L'emigrazione dopo la guerra nazista e fascista spinge la generazione nata all'inizio del secolo a prendere una strada diversa.

Tra il 1945 e il 1969, milioni di nuovi italiani vengono in Canada, arieggiano le stanze e sventolano le vecchie lenzuola sui portici. Gli italiani, vecchi e nuovi, sono felici. La generazione del Baby Boom coincide con questa nuova immigrazione. I genitori portano nelle loro valigie libri e immagini diverse dalle fotografie leggermente ingiallite appese alle pareti. Questi uomini e donne appena arrivati hanno imparato il vero significato del nazionalismo, e insegnano questo nuovo significato a coloro che hanno sventolato la bandiera italiana in un tempo inappropriato.

Nel 1976, Giovanni Di Lullo pubblica *Il fuoco della pira* e, nel 1977, Filippo Salvatore pubblica *Tufo e gramigna*. Pietro Corsi pubblica, nel 1982, un testo autobiografico, *La Giobba*. Ecco nuovi modi di vivere, né migliori né peggiori, solo un nuovo modo di respirare l'essere italiano. La tecnologia si sviluppa e la mente si espande. Il linguaggio sembra essere più solidificato. Da questa generazione escono meno poeti e più scrittori in prosa, e più donne scrivono su come affrontare ciò che pensa quell'*altro*.

Maria Ardizzi scrive romanzi in italiano, *Made in Italy* (1982) e *Il sapore agro della mia terra* (1984). Corrado Mastropasqua pubblica *Ibrido* (1988), una raccolta di poesie in napoletano e italiano. Romano Perticarini pubblica *Via Diaz* (1989), tradotto in inglese da Carlo Giacobbe, e *Ragazzi di ieri/Yesterday's Children* (2001), con una traduzione inglese di Pasquale Verdicchio. Nel 2008 Paolo Ruiz pubblica il romanzo *Il viaggio*. Dino Fruchi pubblica *Il prezzo del benessere* (1988). Giovanni Costa pubblica due raccolte di poesie, *Impressioni in terre amiche* (1989) e *Parlami di stelle/Fammi sognare* (1994), quest'ultima con una traduzione inglese dell'autore. Lisa Canducci pubblica *L'Ultima fede* (1990), *Vorrei* (1991) e *Paese sconosciuto* (2002). Siamo invitati a leggere questi testi in italiano con occhi diversi. Diversi perché stiamo entrando in un mondo non sbilanciato, come ci si sarebbe aspettato, ma affettivamente come testi *che escono dall'Italia*.

Che gli autori risiedano in territorio straniero non significa nulla. Il paese in cui vivono risulta essere un contenuto per gli autori che si considerano cittadini italiani. Siamo di fronte a un'esperienza diversa: cioè la tradizione italiana si è diffusa al di fuori della penisola europea. Il fatto di essere nati in Italia o meno, il fatto di vivere all'estero non cambia nulla alla costruzione semantica dell'identità. Il motivo centrale rimane comunque costante.

L'emigrazione potrebbe aver influenzato la creazione del testo italiano, l'autrice potrebbe definirsi canadese, ma essenzialmente la scelta di scrivere in lingua italiana suggerisce una posizione politica. Il problema di essere straniero potrebbe non porsi, eppure l'autentico è presentato dal punto di vista italocanadese e si dice infallibile, e spetta all'Italia *accettare* questi scrittori come autori italiani. Il fatto che la lingua italiana non sia una lingua ufficiale in Canada fa nascere un paradosso: dal punto di vista canadese, scrivere in italiano non ha senso; e dal punto di vista italiano, gli autori che vivono fuori dall'Italia non sono veramente scrittori italiani.

IL LIBRO ITALIANO

Scrivere in italiano richiede un lettore che sappia leggere l'italiano. Chi sono i consumatori di libri in italiano? Ecco una domanda inquietante: ci sono lettori di lingua italiana in Canada? Chi legge questa lingua straniera in Canada? Il nativo, il connazionale, lo straniero, la borghesia colta? L'italiano del Canada legge gli autori di lingua italiana? L'italiano d'Italia legge l'autore italiano dell'estero?

Le risposte a queste domande si trovano principalmente in Italia, ma alcune risposte si possono trovare in Canada e in altri paesi dove si parla e si legge l'italiano. Questi lettori potrebbero essere "specialisti" — sanno quello che gli altri non sanno. La maggior parte dei figli di immigrati non parla o legge la lingua in modo adeguato per assorbire le informazioni offerte nella lingua parlata dai loro genitori. Il Canada può fornire solo una manciata di questo tipo di lettori specializzati, e quindi gli autori devono cercare altrove i loro lettori. Così, il Canada e altri paesi costituiscono un pubblico debole per autori di lingua italiana. Ora, dobbiamo chiederci se questo pubblico italiano disperso, cioè il pubblico di lingua italiana, è pronto a ricevere questi contenuti specializzati.

Il libro pubblicato in Italia trova subito il suo pubblico. Ma riguardo al libro "italiano" che esce da un altro paese, cosa può sperare di trovare il suo autore? Deve fidarsi del sistema di distribuzione del libro. Senza un'adeguata distribuzione dei libri in lingua italiana all'estero, questi libri non possono arrivare nelle mani del lettore di lingua italiana. Questo è il problema peggiore per qualsiasi libro scritto in italiano fuori dall'Italia. Come possiamo fare in modo che un libro in lingua italiana arrivi al consumatore? Paradossalmente, il modo più sicuro è pubblicare con una grande casa editrice in Italia. Spostare la lingua fuori dal suo locus cambia tutto. In pratica, pubblicare un libro in lingua italiana in Canada non ha molto senso. Si dovrebbe smettere di scrivere in italiano e cambiare lingua?

Secondo Elie Kedourie, "il linguaggio è il mezzo attraverso il quale un uomo diventa consapevole della sua personalità. Il linguaggio non è solo un veicolo di proposizioni razionali, è l'espressione esterna di un'esperienza interiore, il risultato di una storia particolare, l'eredità di una tradizione distintiva" (Kedourie, 62).

Improvvisamente, fuori dalla nazione, la lingua perde il suo valore. Fuori dall'Italia (e dalla Svizzera), l'autore di lingua italiana si trova di fronte a un rompicapo. Avere un buon distributore sarebbe l'ideale ma, in un paese grande come il Canada questo tipo di distributore non esiste (come ha sperimentato la rivista trilingue *Vice Versa*, quando gli editori si sono avventurati nel territorio sconosciuto del Canada inglese). Una buona soluzione sembra essere la traduzione. La traduzione diventa un metodo valido per raggiungere un pubblico più vasto.

Voler presentare le proprie opere in traduzione nasce dal desiderio di comunicare con gli altri, con i francofoni o con gli anglofoni; di solito mai contemporaneamente, perché costoso, e quando possibile, alternativamente. La traduzione offre all'autore di lingua italiana un modo per raggiungere un pubblico che non è confinato in un solo luogo. Anche se la traduzione non garantisce il successo, rimane comunque il miglior veicolo per arrivare su un terreno più popoloso e più popolare. La scrittrice che perde la sua lingua si trova davanti a un bivio, ma questa posizione non è né malattia né morte, è solo un inconveniente che gli scrittori italocanadesi hanno imparato ad aggirare.

L'ALTRA LINGUA

Ora dobbiamo sperare che ci sia una recensione del libro in una rivista canadese. Rara, tuttavia, è la recensione di un libro in lingua straniera in un giornale di lingua inglese o francese. Rara è la recensione di un libro in lingua straniera in un giornale di lingua italiana. *Italian Canadiana,* curato da Salvatore Banchieri dell'Università di Toronto, pubblica a volte alcune di queste recensioni. Sulla rivista *Panoramitalia* di Tony Zara, non succede spesso. Possiamo tristemente concludere che un libro in lingua italiana scritto da un canadese o da un italiano che vive in Canada non trova quasi mai il suo pubblico.

Questo paradosso — un prodotto senza consumatore — riassume il problema di scrivere in una lingua che non è una lingua ufficiale del paese in cui lo scrittore vive. L'universalità della scrittura è una bugia — perché la lingua è una prigione come ogni identità civile. Dobbiamo chiederci perché uno scrittore di un paese dovrebbe voler offrire un libro a un lettore di un altro paese? La scrittrice deve credere di avere qualcosa di importante da condividere con un lettore di un altro luogo. Se scrivere un libro è paragonabile a scrivere una lettera, dobbiamo aspettarci di trovare un lettore da qualche parte. Ma dove si nasconde questo lettore? Nel futuro. Più che nello spazio, il lettore risiede in un altro campo temporale. I lettori di queste opere in lingua italiana esistono qui e là, ma nel futuro.

Uno dei primi scrittori in Canada a coprire questo circuito temporale fu Mario Duliani (1885-1964). Durante la sua incarcerazione il 10 giugno 1940 a Petawawa, Duliani scrive *Città senza donne* in italiano nel 1940, e pubblica la versione francese *Ville sans femme* nel 1945. In quel periodo ci sono 112.625 italocanadesi in Canada, di cui 619 uomini e 13 donne vengono arrestati perché il governo li accusa di far parte della quinta colonna del fascismo italiano. Gli italiani, gli italiani canadesi e i canadesi italiani vengono classificati come *stranieri nemici.*

In questa autobiografia, che descrive quegli anni passati in prigione

(1940-1943), Duliani decide di lasciare una traccia per i canadesi della lingua italiana e francese di *domani*. Dopo molti anni all'estero Duliani ritiene necessario raccontare in italiano questa esperienza italiana con la voce fredda di un uomo distaccato, disunito, scisso del Canada. Come canadese, lo fa anche in francese. (Il libro di Duilani è tradotto in inglese da Antonino Mazza e pubblicato solo nel 1994. Questa pubblicazione permette a più lettori di scoprire ciò che Duliani e gli altri prigionieri hanno vissuto a Petawawa.)

Grazie a questo libro e all'intenso lavoro di tante persone (come Joyce Pillarella), il primo ministro del Canada, Justin Trudeau, ha trasmesso pubblicamente il 27 maggio 2021 in tre lingue (in inglese, francese e italiano) le scuse ufficiali per aver agito ingiustamente verso gli italiani durante la Seconda guerra mondiale.

Il libro di Mario Duliani dimostra in qualche modo misterioso come, per la maggioranza degli italocanadesi, la lingua di scrittura e di lettura non sarà né l'italiano né il francese, ma l'inglese. E notiamo che dal 1945 in poi i Baby Boomers di origine italiana usano quest'altra lingua per esprimere "la loro eredità di una tradizione distintiva".

Secondo Filippo Salvatore, il primo vero poeta di lingua italiana in Canada è Liborio Lattoni (1874-1958), che era un pastore metodista. Lattoni stacca la tradizione letteraria canadese da quella italiana. Se non si riesce a distinguere l'indirizzo terrestre di un testo "straniero", lo si troverà proprio in quel vuoto che sembra si voglia chiamare *Ibrido*. (È interessante perché questo è il titolo della raccolta di poesie di Corrado Mastropasqua, *Ibrido*). Essere l'uno; essere l'altro; essere l'uno e l'altro allo stesso tempo; e non essere né l'uno né l'altro: questo è ciò che scrive l'autore di origine italiana in Canada (da Lattoni in poi). Questi scrittori ibridi non esistono nel sistema ufficiale del paese e, per usare un'immagine descritta da Tamburri, Giordano e Gardaphé, questi autori producono testi scritti "dai margini", fuori dai percorsi ufficiali delle tradizioni letterarie.

Ci sono molte ragioni, tuttavia, per cui scrivere un libro in italiano in Canada potrebbe avere senso. Ci sono molte ragioni per cui l'atto di farlo non ha alcun senso. Non c'è un editore in lingua italiana in Canada, per esempio. Non uno che sia ufficialmente riconosciuto. Non c'è nessun editore che usi l'ISBN 88 italiano che troviamo stampato sui libri italiani pubblicati in Italia. Questo numero magico identifica il libro. È il suo indirizzo, il suo nome. Quel numero è compreso dai computer e i suoi poteri rendono i libri italiani disponibili ai lettori di lingua italiana. Senza tale numero, senza il prefisso 88, il libro non viene presentato come un libro in lingua italiana. Quando nel mondo anglofono un libro in lingua italiana è etichettato con i magici prefissi 0 o 1, tutti pensano che il libro sia un libro in lingua inglese che per caso ha un titolo italiano. Nessuno, niente lo riconoscerà come un libro in lingua italiana. Il libro in lingua italiana senza il prefisso corretto non esiste.

Non può esistere una "comunità immaginaria" attiva che promuova i libri in lingua italiana se il sistema non riconosce i libri per quello che sono. Non c'è un capitalismo della stampa (Benedict Anderson) che promuova il piacere di leggere questi libri in lingua italiana. Non ci sono critici sui giornali, non ci sono programmi televisivi, non ci sono commenti alla radio che parlano di questi libri emarginati. Gli uomini e le donne d'affari italocanadesi possono essere degli specialisti, ma non sono specialisti in materia di libri. I dipartimenti universitari italiani non insegnano gli scrittori italocanadesi, perché questi autori non sono italiani. Operai e studenti non si preoccupano nemmeno di leggere un libro in italiano di un italocanadese. La lingua madre, da sola, non basta a creare una comunità. E nemmeno la buona volontà aiuta. La lingua italiana fuori dall'Italia può esistere solo se l'Italia è pronta a cedere le potenti macchine che classificano i libri in italiano.

Il linguaggio della stampa (Anderson, 134) è ciò che forma la consapevolezza di essere, di essere *qui*. L'intero sistema dell'industria del libro è necessario per creare una realtà etnica. Senza questo complesso ed efficiente apparato ci ritroviamo inevitabilmente con scrittori solitari che forniscono soprattutto forme e semantiche dell'essere-qui. *O peggio, di non essere da nessuna parte.*

Tonino Caticchio aveva forse ragione nel ritenere che la fine dell'avventura italiana in Quebec è inevitabile. Dagli anni Settanta in poi, quando sentiremo levarsi voci da ogni parte del paese non saranno in italiano. Eppure rivendicano una fetta della torta italiana. Uomini e donne parlano non più come individui soli, ma come un gruppo di individui coscienziosi. Questi uomini e queste donne, diventati consapevoli di appartenere (anche lontanamente) a una comunità silenziosa-muta, pongono per la prima volta in lingue diverse la domanda inevitabile e vincolante: "Cosa siamo qui?" (Il "chi siamo?" è la seconda domanda). Ma prima, che tipo di bestie siamo?

Nel frattempo, gli autori aspettano il giorno in cui l'italiano sarà accettato come lingua ufficiale in Canada. E gli autori aspettano che l'Italia non difenda la sua roccaforte sulla lingua italiana. Quindi, quali sono le poche strade rimaste che l'autore italocanadese potrebbe percorrere?

MONTREAL

Non si può parlare del Canada senza menzionare Montreal. Ottawa è la capitale del paese, ma non è la capitale della provincia del Quebec (che è Quebec City). Montreal è stata un importante centro letterario e musicale per decenni, prima che le leggi linguistiche imposte dai governi provinciali nazionalisti, più restrittive ogni quattro anni, alterassero il tessuto di questa città pluriculturale e plurilinguistica.

Montreal fa parte del Canada inglese, eppure è un centro importante per i cittadini francofoni. I due centri ufficiali hanno sviluppato un proprio capitalismo di stampa. Entrambe le parti hanno prodotto sistemi avanzati di comunicazione, scuole, TV, radio, politici, religioni, giornali, riviste ed editori. Dopo la guerra del 1939-45 queste strutture sono sbocciate, separatamente, in campi artistici incredibilmente affascinanti. Come regola generale, un bambino che studia nella scuola francese adotta il francese come lingua di espressione, e il bambino che va nelle scuole di lingua inglese percorre la strada anglofona. A Montreal, tuttavia, scrittori e scrittrici lavorano *separatamente* in francese o in inglese, e solo una manciata di individui lavora *contemporaneamente* in entrambi i campi.

Abbiamo in francese un gruppo di scrittori che non si considerano né italiani né canadesi. Si definiscono quebecchesi. Cosa significa essere uno scrittore quebecchese? La parola "québécois" è abbastanza nuova—risale agli anni '60. Stranamente, sentiamo il termine in una canzone rock scritta da Angelo Finaldi e François Guay, "Nous sommes des Québécois" ("Siamo quebecchesi").

Nel film *Barbed Wire and Mandolins* (1997; *Filo spinato e mandolini*) di Nicola Zavaglia, Angela Finaldi spiega che in origine questa canzone era intitolata *Nous sommes Américains* (*Siamo americani*). Ma uno dei co-compositori suggerì di scambiare l'aggettivo *américain* con il sostantivo *Québécois,* e a questo cambiamento seguì un'ondata di farfugliamenti politici e nazionalisti.

In poche parole, usare l'aggettivo o il sostantivo *québécois* significa che non solo si scrive in francese, ma anche che si considera il Quebec non tanto come una provincia del Canada, ma piuttosto come una nazione francofona e indipendente. Essere *québécois* significa, nonostante quello che dicono gli avvocati, prendere una posizione fortemente politica. Ci sono molti artisti quebecchesi italiani: Pierre Foglia e Franco Nuovo sono giornalisti; Angelo Finaldi, Serge Fiori, Michel Pagliaro, Marco Calliari e Nicola Ciccone sono cantautori; Fulvio Caccia, Carole David, Marco Micone, Francis Catalano e Tiziana Beccarelli-Saad sono scrittori. (Lisa Carducci rimane un'eccezione, di tipo ibrido, perché scrive sia in francese che in italiano). Questi autori quebecchesi di origine italiana, queste voci italiane quebecchesi, questi canadesi italiani di lingua francese, questi italiani di lingua francese, non sentono il bisogno di essere altro. Il loro *qui* rimane un luogo pienamente accettato, è il luogo principale della loro identità.

Marco Micone, drammaturgo francofono, si rifiuta di usare il sostantivo o l'aggettivo italiano per descrivere questi autori. "Sai, probabilmente non è nemmeno giusto riferirsi agli italiani in Canada come italiani. L'immigrazione li ha resi qualcos'altro. Qualunque cosa siano, non sono italiani" (Marco Micone, in Bagnell, 235).

Ciò che Micone dice qui è vero per la maggior parte degli autori di origine italiana in Quebec che scrivono in francese, ma è anche vero per molti artisti di origine italiana in lingua inglese in Canada. Forse più per gli artisti che vivono in Quebec che per quelli nel resto del paese, applicare a questi scrittori l'aggettivo "italiano" sarebbe impreciso, e in alcuni casi un'improprietà.

Non dobbiamo parlare di *italianità*. Chi si considera *quebecchese* non soffre di una crisi d'identità che lo guiderebbe al di là della collocazione fissa. Senza borbottare, senza scherzare, l'interlocutore italiano quebecchese sa esattamente chi è, cosa è, e dove si trova.

L'assimilazione nel macrocosmo (o microcosmo, a seconda dei punti di vista) francofono sembra funzionare più velocemente che per chi scrive in italiano. L'aldilà, se mai lo visita, non è mai più di un luccichio. L'individuo mette da parte tali riflessioni e adotta le opinioni consolidate da questa parte del paese.

La sfocatura dell'obiettivo può non permettere mai all'immagine di essere messa a fuoco. Anche quando certi segni si riferiscono alla cultura italiana, questi riferimenti e allusioni riguardano un mondo che è scomparso; è un ricordo lontano, lontano, un chiarore trasformato, come si vede, per esempio, nel romanzo *Impala* di Carole David. Quella *cosa* appartiene al passato.

Quando nella sua trilogia (*Gens du silence, Addolorata* e *Déjà l'agonie*) Marco Micone cita la cultura italiana è solo per denunciarla apertamente o per ridicolizzare la realtà italiana dominata dal maschio. L'umorismo facilita l'allontanamento di un orrore che deve morire. Forse è vero che certi uomini italiani sembrano scandalosi. Anche *A modo suo* di Tony Nardi denuncia aspetti simili della famiglia italiana, ma lo fa in dialetto calabrese. Vittorio Rossi, scrivendo in inglese, esplora dimensioni degli italiani che Micone non esplora: scriverà una commedia, *Paradise by the River*, sui campi di internamento, cosa che nessun italiano quebecchese ha osato fare in francese. Anche Nicola Zavaglia, e pure in inglese, ispeziona i campi d'internamento nel suo film *Barbed Wire and Mandolins*. Ci sono argomenti proibiti che non possono essere rivoltati da autori italiani del Quebec in lingua francese?

Gli scrittori hanno il diritto di chiedersi perché è necessaria la morte per far nascere una nuova identità collettiva. La cultura italiana si dissolve gradualmente e lascia il posto alla cultura francofona del Quebec. La letteratura non è solo un elogio a questo processo di assimilazione; è anche un indicatore di merito, di grado, di differenza di classe. Una cultura vale, si ricorda, meno di un'altra.

Fulvio Caccia, Lamberto Tassinari, Bruno Ramirez e il gruppo della rivista *Vice Versa* hanno proposto un altro tipo di identità: il Transculturalismo. (Micone paragona la sua visione all'interculturalismo). Caccia, poeta e saggista, che ora vive a Parigi, continua questo dibattito sulla cultura che attraversa i muri della cultura. Tassinari ha pubblicato in italiano, in francese e in inglese saggi sul transculturalismo. Ramirez scrive sceneggiature in francese. Nel 2021, Arianna Dagnino ha pubblicato un libro sul transculturalismo. Dopo decenni di analisi questo termine popolare non viene mai definito adeguatamente. Quale cultura? Quale trans?

Tagliare, andare oltre, passare dall'altra parte, andare oltre la cultura? "Sì, da dove a dove?" si potrebbe chiedere di sapere. Cos'è la cultura? E che dire dell'idea di nazione ufficiale e di cultura implicita nel termine? La parola significa che ci sono due tipi di culture: una cultura debole e una forte. Una cultura debole e una cultura forte? La cultura della nazione e la cultura della non-nazione?

Fare ipotesi sulla cultura nazionale di un paese sembra un po' ridondante. L'Italia, per esempio, porta con forza le sue culture separate. Eppure, l'idea di culture più deboli esiste in Italia. Discutere di potere ci porta sempre alla presunzione di merito e qualità, perché nella discussione si agitano le inevitabili domande: Cosa è incluso? E cosa è escluso? Perché, come i paesi si vantano con tanto orgoglio: Questo è ciò che significa essere così e così?

L'Italia, come abbiamo visto, esclude i libri "italiani" non prodotti sul suo suolo (ISBN 88 — la lingua italiana rimane accantonata in Italia). L'ISBN segnala *non*, come molte Biblioteche nazionali vogliono farci credere, il territorio dove il libro è prodotto — Inghilterra, Canada, Sudafrica, Australia, Nuova Zelanda usano tutti ISBN 0 e 1 — ma la lingua che il libro parla.

Il multiculturalismo offre un modello che gli scrittori del Quebec scartano con il dorso della mano. L'idea stessa di un paese con diverse culture e lingue è un anatema per il programma nazionalista. Quando leggiamo libri in lingua francese in Quebec li sentiamo davvero scivolare nell'imbuto del melting pot francofono.

Mario Campo, Tiziana Beccarelli-Saad, Carole David, Bianca Zagolin e Marco Micone rispettano questo movimento verso la scomparsa (forse meno in Fulvio Caccia e Francis Catalano) e, a volte, questi autori sembrano voler convergere verso un 'paese sconosciuto' (come lo chiamerebbe Lisa Carducci, che ora vive in Cina). Troviamo regolarmente una linea di separazione: c'è un 'prima' e un 'dopo', mai una simultaneità dell'essere.

Gli scrittori nati da genitori emigrati, stabiliti o nati in Quebec, accettano la completa assimilazione nella minoranza francofona come una verità irreversibile. Frequentando le scuole di lingua francese, questi figli di genitori italiani non hanno altra scelta che resistere all'assimilazione anglofona e accettare la smaterializzazione come un fatto compiuto.

Vediamo in questa scelta una volontà di adottare la cultura francofona legata alla Francia, centro della *francofonia*. L'implicazione è importante: Leonard Cohen, per esempio, da Montreal, sarà scoperto dai lettori della Montreal francofona, non attraverso la sua scrittura in lingua inglese, ma attraverso la traduzione e la pubblicazione fatta a Parigi. Poiché così poche persone in Canada sono bilingui, gli scrittori di lingua francese sono raramente letti in originale e raramente in traduzione, e gli italiani di lingua francese del Quebec sono generalmente letti, se letti, in una traduzione inglese, dal resto degli italiani in Canada.

Dalla Seconda guerra mondiale in poi l'abisso tra le due parti diventa più profondo. Chi in Quebec scrive in francese ha gli occhi puntati su Parigi, e non su Londra o su New York. Di regola, i francofoni leggono libri del Quebec francofono e della Francia, testi originali e traduzioni di autori stranieri.

Uno scrittore come Francesco Catalano, anche se scopre tardivamente la cultura italiana, divulga la sua italianità traducendo i poeti d'Italia, eppure per i suoi testi adotta la stilistica francese, se possiamo avanzare un simile concetto.

È possibile che col tempo Catalano, come Lisa Carducci e Filippo Salvatore, salti i confini del centro unico e adotti una strada diversa; il futuro ce lo dirà. La scelta di adottare la lingua italiana come veicolo per gli autori di seconda, terza e quarta generazione potrebbe diventare una strada inaspettata e felice.

LA QUESTIONE DELLA LINGUA

In Canada, abbiamo la scrittrice di lingua italiana che punta le sue mire, consciamente o inconsciamente, sul centro italiano; la scrittrice di lingua francese mira a un centro francese; e la scrittrice di lingua inglese si preoccupa soprattutto del centro inglese. A volte, la stessa persona si sdoppia in tre persone: lo scrittore con tre teste, il corpo pronto ad attraversare tre orizzonti diversi. La stessa persona fissa gli occhi al di là del territorio e ispeziona realtà fuori dal tempo.

Guardando dentro, l'autore scopre una persona frutto della territorializzazione; guardando fuori, c'è un uomo o una donna che scivola sulla terra dove altri hanno costruito case, scuole e templi, dove tutti insegnano una sola storia in una sola lingua.

Tale è la storia di coloro che volano e temono quelli che non volano.

Questa energia è doppia: nuove possibilità di essere italocanadese. C'è la vergogna o c'è l'orgoglio. Chi adotta la lingua francese è diverso da chi adotta la lingua inglese.

Il distretto in cui si nasce e si vive sull'isola di Montreal determina anche se si diventa francofoni o anglofoni (est: francofono; ovest: anglofono). La divisione restringe lo spazio delle possibilità.

Mary Melfi (poeta, romanziera, drammaturga), Marco Fraticelli (poeta e autore), Gino Vanelli (compositore), Nicola Zavaglia (regista), Vincenzo Albanese (poeta), Vittorio Rossi (drammaturgo) e Orazio Monaco (romanziere) scelgono di lavorare in inglese.

Nel 1978 c'è la creazione di Guernica Editions, che pubblica in inglese, francese e italiano. Nasce un nuovo centro in Canada. Come definirlo? italiano canadese? canadese italiano? italiano? canadese? Possedendo più di un'etichetta, questo centro rifiuta di essere etichettato: alcuni lo chiamano italiano, altri lo chiamano canadese, altri ancora lo chiamano quebecchese. Per la prima volta in Canada c'è un luogo dove gli scrittori di origine italiana possono esistere, senza sentire il bisogno di nascondersi dietro la loro produzione artistica.

Tuttavia, questa voce errante, flessibile, multiforme, eclettica, si alza come un mormorio, più che un urlo. I libri di poesia vengono letti e recensiti sui giornali come libri di poesia e non come un prodotto "barbaro". Guernica pubblica traduzioni, che invece di lacerare le cose, le riuniscono. In questa nuova "capitale letteraria", troviamo in giro autori di lingua francese, autori di lingua inglese e autori italiani che non hanno nulla in comune.

Mario Campo, Marco Fraticelli, Mary Melfi, Fiorella De Luca Calce e Carole David decostruiscono il linguaggio come un drammaturgo decostruisce una scena. Marco Micone descrive gli italiani in un modo che non assomiglia a quello usato da Vittorio Rossi per descrivere la realtà italiana. Possiamo scrutare vari stili letterari che continuano a imporre la loro presenza al lettore.

Nella prefazione a *Quêtes: Textes d'auteurs italo-québécois* (1983), Fulvio Caccia, uno dei curatori e vincitore del premio di poesia del Governor General Award per la poesia nel 1994, parla di una sfida necessaria che gli scrittori "etnici" dovranno affrontare; quando uno scrittore sceglie l'acculturazione, in altre parole, l'autore vuole assimilarsi alla cultura del paese ospitante e dissipare la sua cultura originaria. Rifiutarsi di far parte di una minoranza in Quebec significa, nella maggior parte dei casi (e sicuramente dal 2021 in poi), accettare di far parte della maggioranza francese canadese invece che della maggioranza inglese canadese.

Nell'antologia *Quêtes*, dieci autori scrivono in francese, sei in inglese e due in italiano. Di quelli che scrivono in francese, solo tre continuano a farlo (Caccia, David, Catalano). Gli altri hanno smesso, per un motivo o per l'altro, di scrivere. Negli anni successivi, una manciata di scrittori (Dario de Facendis, Tiziana Beccarelli-Saad, Bianca Zagolin, Philippe Poloni) pubblicheranno in francese, ma molti smetteranno del tutto di pubblicare e sceglieranno il silenzio (come Michel Pirro; Mario Campo è morto in giovane età). Possiamo dedurre che questo silenzio culturale alla fine porti all'eclissi generale della cultura d'origine?

Alcuni scrittori cambiano carriera e si nascondono dietro i loro titoli di lavoro. Stranamente, gli autori italiani e inglesi, invece, continuano a scrivere e a pubblicare. Forse il fatto di non avere un centro editoriale in lingua potrebbe spiegare questa esplosione letteraria. Nel 1991, Guernica si trasferisce a Toronto.

Quando Guernica Editions fu fondata nel 1978, l'editore non aveva afferrato appieno la comprensione generale della divisione linguistica. Il Canada è, si dice, un paese multiculturale, dove i cittadini di diverse culture parlano lingue diverse, eppure non è così, come vedremo il caso.

Il paese è, in generale, diviso in due campi, e mai questi campi si incontrano. Il muro tra i francofoni e gli anglofoni non crolla e diventa solo più grande e più alto con il passare degli anni. Questo muro separa gli italiani da una parte e quelli dall'altra parte della frontiera.

ROMA, MAGGIO 1984

Nell'antologia di Pier Giorgio Di Cicco del 1978, *Roman Candles: An Anthology of Poems by Seventeen Italo-Canadian Poets,* troviamo solo tre poeti di Montreal: Filippo Salvatore, Mary Melfi e Vincenzo Albanese. L'antologia presenta un banchetto di poesie dal contenuto tipicamente italiano scritte solo in inglese; sono esclusi i poeti che non si manifestano con un contenuto italiano stereotipato, come è escluso qualsiasi scrittore italiano che lavori al di fuori dei parametri linguistici e stilistici di Di Cicco. La sua predilezione per il contenuto, invece che per l'identità dello scrittore, macchia la sua definizione di ciò che è la scrittura italocanadese. Le questioni qui sollevate non hanno lo scopo di svalutare l'impresa di Di Cicco, che deve essere celebrata, ma il libro fa emergere qualche scricchiolio.

I canadesi di lingua inglese accoglieranno naturalmente (in una certa misura) altri scrittori di lingua inglese. Ciò che è triste è che *Roman Candles* sia stato modellato dagli studiosi di letteratura italocanadese in un monumento che eclissa totalmente le antologie di Caticchio e Caccia et al. Questa strategia dimostra i suoi pregiudizi linguistici e le sue carenze strutturali, e questi hanno messo in ombra gran parte degli sforzi intrapresi da coloro che si occupano dell'insegnamento della letteratura italocanadese. Quella nuvola non si è spostata e continua a coprire tutti gli studi di letteratura italocanadese, in Canada e all'estero, dove le università sono strutturate secondo la divisione linguistica del Canada. Le università italiane, per esempio, tengono rigorosamente separati gli autori di lingua inglese da quelli di lingua francese. Esistono due imbuti distinti, e non confluiscono in un unico contenitore. Gli autori italocanadesi sono tenuti rigorosamente separati.

Porre l'accento non tanto sull'identità dello scrittore, ma su quale ingrediente lo scrittore ha da offrire, in sostanza sarà e continuerà a essere il debole fulcro degli studi etnici. Il nome dello scrittore e quella spezia italoqualcosa sono diventati il barometro di ciò che è la scrittura italocanadese.

Questo atteggiamento equivale a pretendere dagli scrittori francofoni del Quebec che le loro opere siano necessariamente scritte da persone con un nome francese e che i loro testi sappiano, diciamo, di sciroppo d'acero. Sfortunatamente, questo tipo di discriminazione è più o meno il modo in cui vengono condotti gli studi etnici in Canada: orientati al contenuto, linguisticamente prevenuti, basati sul nome dell'autore di origine specifica.

Tale carenza critica costringe gli studiosi a chiedersi: "Chi è più scrittore italocanadese, Barbara Serdakowski o Ermanno La Ricca?" Quando un nome e un contenuto preciso stabiliscono l'identità dello scrittore etnico, allora la voragine dell'appropriazione della voce si apre bruscamente e largamente. Prova ne è che alcuni hanno denunciato il fatto che nell'antologia di Di Cicco c'era uno scrittore di origine non italiana. Il nome o il contenuto non possono, da soli, decidere il nocciolo della roba letteraria. E questo punto è essenzialmente il tema del primo incontro dei canadesi italiani a Roma, nel maggio 1984.

Questo momento storico riunisce per la prima volta in Italia gli scrittori italocanadesi e accende l'idea che essi possano appartenere a un collettivo, una possibile comunità immaginaria. Da questo incontro romano sono nate due antologie: *Contrasti: Essays on Italian-Canadian Writing* (a cura di Joseph Pivato) e *Arrangiarsi: The Italian Immigration Experience in Canada* (a cura di Roberto Perin e Franco Sturino). La prima antologia è dedicata alla scrittura artistica, la seconda all'analisi storica. La storia richiede, prima di tutto, il talento di storici e professori, e non è necessario che gli storici o i professori della materia italocanadese siano essi stessi di origine italiana. La storia è una storia che chiunque può raccontare; la fiction, la storia inventata, invece, tracima la dimensione narrativa e si diffonde sull'identità del narratore e dell'autore. Di fronte all'opera di fiction, il lettore si chiede immediatamente: "Chi parla?"

Il lettore invoca la necessità dell'autenticità. Il lettore vuole stabilire la validità di questa identità. Il lettore cerca informazioni sull'autorità che dà allo scrittore il diritto di parlare: "Chi è lei quando dice di *essere*?" Anche se l'autore non sa chi è, il lettore fa appello alla verità, forse non tanto alla verità dell'autore in sé, ma alla certificazione della verità che l'autore ha utilizzato nel creare.

La storia degli italiani in Canada può essere cambiata e reinterpretata in qualsiasi momento. Il lettore distingue questi livelli divergenti e non ha bisogno di un mediatore tra ciò che è reale e ciò che è finzione. Il lettore è curioso riguardo allo scrittore che interpreta la vita degli italiani e si aspetta che l'autore sia italiano o almeno che sia a conoscenza di cosa sia l'essere italiano. Questo requisito diventa per l'autore un modello creativo da seguire: chi può o chi non può scrivere artisticamente degli italiani? Pensare in questo modo spinge il lettore ad accettare il suggerimento che ciò che conta davvero è l'identità dell'autore e non più la qualità della scrittura. O forse indirizza il lettore nell'altra direzione: ciò che conta davvero è la qualità della scrittura e non l'identità dell'autore. La perplessità è una cosa seria. La verità della scrittura si realizza attraverso l'individuazione dello scrittore, o no? Il lettore cosciente vuole dare un'occhiata al passaporto che giace accanto all'opera. O il grande testo è il prodotto di un'entità incorporea?

L'ASSOCIAZIONE

Il contenuto può coincidere o meno con l'identità dello scrittore. Questo punto diventerà proprio il tema del primo incontro di scrittori italocanadesi e canadesi italiani a Vancouver nel 1986. "Chi scrive?" "Di cosa scrivere?" Il contenuto è importante? Quali sono i parametri che definiscono questa cosa che si scrive e che identificano la persona che dichiara: "Questa è la cosa?"

La conferenza romana del 1984 è un'introduzione ai Giocatori invitati a giocare. La conferenza di Vancouver del 1986 è la presentazione del Gioco da giocare. E ogni incontro successivo si propone di ridefinire con quali regole i Giocatori devono giocare il Gioco.

Allora, è il contenuto che conta o è l'identità dello scrittore? Quale criterio domina in questo viaggio verso la creazione di una scrittura italocanadese o canadese italiana? Inevitabilmente si chiede agli scrittori di fare il *coming out*. Sollecitare questo *coming out* etnico, misurare la veridicità della voce italocanadese, non è un compito facile. Nessuno scrittore vuole essere etichettato come scrittore etnico. Tutti vogliono passare per autori "puri".

È a Vancouver che viene fondata l'Associazione degli scrittori italocanadesi (e così viene creato il Premio Bressani per il miglior libro a tema etnico, per ora un libro di un italocanadese).

Più che a Roma, è a Vancouver che l'incontro degli scrittori produce un terremoto che cambia il senso dell'essere un autore italocanadese. Gli scrittori sentono il bisogno di una sorta di raggruppamento, di un cenacolo letterario. Guernica Editions potrebbe servire come centro per alcuni scrittori, ma non ha le risorse finanziarie per pubblicare o rappresentare tutti gli scrittori italocanadesi. Un'associazione può aiutare.

Troviamo i temi sviluppati al convegno nell'antologia *Scrittori nella tradizione* (1990), curata da C.D. Minni e Anna Foschi Ciampolini. Le candele romane sono state spente? Si spegneranno? O brillano ancora?

La prova di essere uno scrittore italiano canadese, canadese italiano, italiano quebecchese, quebecchese italiano, dove la troviamo? Scrittori come Pasquale Verdicchio, Dorina Michelutti (Dore Michelut), William Anselmi e Mario Campo mettono in discussione la lingua stessa. Questi scrittori sono meno etnici a causa dello stile che adottano? Scrivere in dialetto (Michelutti, Mastropasqua, Tony Nardi), scrivere in inglese (Verdicchio), scrivere in un francese spezzato (Catalano), scrivere bene in un'altra lingua senza mai parlare di essere italiani (Ken Norris, Marco Fraticelli): l'unico critico ad aver compreso appieno questa difficoltà è Joseph Pivato, della Athabasca University. Nessun altro professore ha veramente studiato questa nuova letteratura. A tutt'oggi—quasi mezzo secolo dopo—nessun dipartimento universitario considera seriamente questa letteratura né nei dipartimenti inglesi o francesi, che non la considerano parte della loro tradizione, né in quelli italiani, che non la considerano "italiana".

Allora, sotto quale etichetta mettiamo Cristina Perissinotto, Arianna Dagnino o Vittorio Rossi? In quali scaffali troviamo questi autori nelle nostre biblioteche universitarie? (Negli Stati Uniti, fino a poco tempo fa gli scrittori italoamericani si potevano trovare solo sotto la voce "Belles lettres").

Non c'è, nel 1980, un'etichetta ben definita da affibbiare a questi scrittori. Ancora oggi non c'è posto per loro. A cosa serve un *coming out* etnico, se non serve a niente?

In ogni caso, gli anni '80 creano laboratori letterari sperimentali in tutto il paese, dove molti autori di origine italiana possono finalmente offrire le loro decostruzioni, le loro scoperte, le loro creazioni, le loro idee. Per alcuni scrittori italocanadesi, questi sono gli anni della ponderazione stilistica, sempre chiesta in isolamento, ai margini.

Negli anni '80, alcuni intellettuali di origine italiana propongono

concetti di differenza: métissage, transculturalismo, ibridismo, interculturalismo, assimilazione totale, pluriculturalismo. Nessuno va d'accordo,
non c'è un accordo generale.

L'Italia come riferimento, anche se rimosso, appare in vari romanzi di
Caterina Edwards, F.G. Paci e Nino Ricci. Il ritorno nella penisola diventa
una questione di esplorazione. Appaiono accenni a una divisione di lealtà.
Da una parte l'Italia con le sue città (piccoli paesi) e, dall'altra, le Little
Italies nelle lontane città del Canada. A questi si aggiunge la divisione fi-
sica e politica tra gli italiani del Quebec e gli italiani del Canada.

Se ci deve essere un centro virtuale, deve essere un centro capace di
saltare i fossati linguistici. Esiste, oggettivamente, un centro italiano in questo paese? Le varie fedeltà generano risultati coloriti, tuttavia, purtroppo, la
finzione della nazione continua a erigere un muro insormontabile intorno
alle comunità separate. Gli italocanadesi francesi e inglesi non si mescolano.

I membri di un gruppo non sono i membri di un secondo gruppo. La
divisione è totale. L'appartenenza dipende dalla lingua, e la lingua impone il suo territorio separato. Se Giacomo Tuttiquanti vince il più prestigioso premio di poesia in lingua francese in Canada, nessuno dei quartieri
di lingua inglese parla dell'evento.

Se Pietro Tizio vince il più prestigioso premio di poesia in lingua inglese del Canada, nessuno del campo francofono parla dell'evento. A
parte la condivisione dell'italianità di un cognome, non c'è nessun altro
identificativo per collegare questi due scrittori italocanadesi.

Tra uno scrittore e l'altro, anche se i due potrebbero avere origini, diciamo, a Casacalenda, non c'è alcun legame etnico. Quando si considerano
autori come Caterina Edwards, Ken Norris, Carole David, che non hanno
nemmeno un cognome italiano, quale identificatore italiano c'è? Erano conosciuti con i loro cognomi italiani – Loverso, Catalano, Fioramore – ma
anche questo denominatore sembra inutile.

Un'esplosione di creatività italocanadese in lingua inglese segue, tuttavia, tra il 1986 e il 2010 – tra la pubblicazione dell'antologia *Italian Canadian Voices* di Caroline Morgan Di Giovanni (1986) e la vendita di Guernica Editions (2010).

Questa effervescenza manda in frantumi la concezione di un'immigrazione passiva, di autori pronti a essere assorbiti dal tritacarne dell'assimilazione. Il guadagno di popolarità così meritato in Canada viene gradualmente riconosciuto da altri italiani in Australia, Germania e Stati

Uniti. Questa accoglienza "transnazionale" (al di là delle nazioni e delle culture ufficiali) produce una mobilitazione di scrittori indipendenti che altrimenti sembrerebbero dispersi e disuniti.

Questo incontro di "outsider" con preoccupazioni intonate pone le basi di un'*Atopia italica* (una geografia virtuale e letteraria senza nazione, decentralizzata). Solo in un tale ambiente non territoriale gli scrittori italocanadesi possono connettersi.

Gli scrittori cercano di costruire ponti multidirezionali: migliaia di pagine in italiano, francese e inglese sono dedicate alla consapevolezza di essere diversi. Alcuni lo etichettano: la triangolazione delle culture.

Quattro antologie presentano questa cultura in divenire: *Pluralismo sociale e storia letteraria: The Literature of Italian Emigration* (1996), a cura di Francesco Loriggio; *Pillars of Lace: The Anthology of Italian-Canadian Women Writers* (1998), a cura di Marisa De Franceschi; *The Anthology of Italian-Canadian Writing,* a cura di Joseph Pivato (1999) e *Adjacencies: Minority Writing in Canada,* a cura di Domenic Beneventi, Licia Canton e Lianne Moyse (2002). Queste antologie forniscono esempi della vitalità dei gruppi di scrittura italocanadesi senza mai cadere sotto il peso della divisione linguistica. *Pillars of Lace* di Marisa De Franceschi presenta per la prima volta una raccolta di opere di scrittrici italocanadesi. Lo spessore di questa produzione letteraria non è trascurabile e possiamo, quindi, concludere che molta scrittura italocanadese è guidata da donne. Da est e da ovest è sicuramente una donna ad auto-criticare la cultura italiana. La diversità di stili e generi sottolinea la grandezza di questo spirito in azione. *Pillars of Lace* riunisce scrittrici che lavorano in lingue diverse e che descrivono un mondo che cambia; queste donne forgiano una traccia e lasciano un segno indelebile nella mente dei futuri scrittori etnici.

PROBLEMI

Questi gesti politici — le antologie sono gesti politici — sono sintomi dei tempi. Tali opere dimostrano che le cose minoritarie non sono una moda passeggera, non sono briciole lasciate dalla nazione.

Eppure, proprio quando tutto fa pensare a questa glorificazione dell'Altro, cominciano ad affiorare i problemi. Le riviste *Vice Versa, Eyetalian* (Nick Bianchi, Teresa Tiano e Pino Esposito) e *Tandem* finiscono per essere messe a tacere. Guernica Editions, che si trasferisce da Montreal a Toronto, deve lottare per sopravvivere.

Proprio mentre la presenza della comunità cresce, il braccio del nazionalismo stringe la sua roccaforte. Pubblicare libri italocanadesi diventa più problematico; le giurie del comitato degli artisti non hanno modo di sapere se questi scrittori sono cittadini canadesi o meno. Bisogna produrre i passaporti. Come risultato di questa supervisione, una manciata di autori pubblica libri in cui viene proposta la radicalizzazione dell'etnia. Dopotutto, nessuno ha ancora fornito una definizione adeguata di cosa sia il multiculturalismo in Canada. La costituzione afferma chiaramente che in Canada ci sono due popoli fondatori e due culture principali. (Il fattore amerindio entrerà nell'equazione decenni dopo).

L'Altro non esiste di per sé, se non come idea astratta. Le statistiche non possono riportare un numero esatto di italiani che vivono in Canada, poiché le autorità devono ancora definire chi in Canada è italiano. Non sono stati stabiliti parametri chiari, che forniscano una chiara definizione di chi è italiano in questo paese. Gli italiani stessi non possono definire chi sono e sicuramente non possono designare cosa sono per gli altri canadesi.

L'unico metodo che l'individuo può usare per essere definito come italiano nel censimento inviato ogni decennio è mentire sulla lingua che parla in casa. Bisogna mentire per proclamare "io esisto".

Perché mentire? Perché la maggioranza degli italiani non parla italiano in questo paese e a casa parla francese o inglese. Se un'italocanadese indica il francese o l'inglese come lingua parlata in casa, viene automaticamente inserita nel gruppo linguistico scelto. L'etnia non è altro che una frivolezza soggettiva. Legalmente parlando, l'italiano in Canada non è altro che un'illusione. Se un italiano è un'illusione, allora cos'è lo scrittore italocanadese?

L'onere di sondare se la loro identità esiste davvero ricade sugli autori stessi.

A Montreal, la presenza dello scrittore italiano sta lentamente scomparendo e così il futuro dell'intera comunità. Molto poggia sulle spalle di due o tre autori. A Toronto, c'è la convinzione che gli italiani appartengano al mainstream; questa illusione di successo deriva dal fatto che la comunità è più popolata e più ricca. Mettendo da parte le differenze linguistiche, entrambi i gruppi di scrittori appartenenti all'establishment letterario sentono di avere diritto al successo come qualsiasi altro scrittore del paese.

Ma cosa significa il successo per lo scrittore? Da un lato, immergersi nella gloria di una casa editrice situata a Parigi; dall'altro, stare sotto le luci scintillanti di una grande casa editrice situata a New York. Ci sono editori più grandi e più piccoli, ma non ci sono grandi case editrici in Canada. La sopravvivenza di ogni editore canadese dipende dai sussidi governativi.

Essere parte del mainstream non cambia il significato dell'identità etnica. Essere parte del mainstream richiede ancora un'appartenenza attiva da parte dei membri. Essere parte del mainstream smussa i bordi dei margini, annulla la necessità di essere parte dei margini, per cui il passato viene schiacciato in un contenuto e non può più servire come mezzo di produzione. L'imbuto si stringe alla fine e rimangono pochi grani di identificazione. Si trovano pochi segni di identità.

Arjun Appadurai parla di *community of sentiment* (una comunità di sentimenti), in cui un gruppo immagina e vive i sentimenti collettivamente (in Özkirimh, 154-155). È troppo presto per prevedere dove ci porterà il senso di collettivismo italocanadese tra scrittori. Il successo, forse, elimina il bisogno di rinforzi che altri artisti indipendenti possono fornire. Il successo sovvenziona, invece, i vincitori.

Essere uno scrittore italocanadese potrebbe significare in sostanza essere un artista indipendente, ai margini, che non ha successo.

Durante gli anni '90, alcuni autori avevano proposto la possibilità di considerare l'etnicità solo in termini politici. Nonostante la risposta negativa a tale idea, la politica è riuscita a intrufolarsi nelle poesie: "Voglio dire che il passato non è / la storia, che è solo / quello che pensiamo di sapere / su quello che potrebbe essere successo" (George Amabile, *Rumours*, 70).

A volte, il lettore nota tracce di transnazionalismo, ma sarebbe sbagliato supporre che gli autori italocanadesi, che hanno pubblicato tra il 1978 e il 2022, stessero consapevolmente costruendo uno spazio transnazionale. Non ci si può aspettare che entità separate e voci disparate si innalzino in un unico coro. Le armonie contrappuntistiche non si sono trasformate in una polifonia eufonica. La verità è che questi toni incongrui riverberano come "quasi-identificatori, mezzi-identificatori, non-identificatori, ex-identificatori, contro-identificatori o anti-identificatori" (Özkirimh, 114).

In generale, gli scrittori si abbelliscono. Sono contenti di essere individui che non appartengono a nessuna collettività. Allora perché considerare Margaret Atwood una canadese? Nicole Brossard una quebecchese? Nino Ricci un italocanadese? Tutti e tre sono nati in Canada. Tuttavia, qui "l'incidente di dove si nasce", dice M.C. Nussbaum, "è solo questo, un incidente: qualsiasi essere umano potrebbe essere nato in qualsiasi nazione"

(Özkirimh, 140). Non dobbiamo, suggerisce Nussbaum, permettere che si costruiscano differenze tra nazionalità e classe, tra genere ed etnia, non dobbiamo dividere i cittadini del mondo: non importa che nome abbia uno scrittore, non importa in che lingua scriva, non importa con quale paese si identifichi. Spetta allo scrittore definire se stesso. L'unico elemento che separa uno scrittore da un altro dovrebbe essere l'auto-identificazione: "Questo è ciò che sono". Il nazionalismo, incluso quello liberale, cerca sempre, tuttavia, di distinguere il membro e il non membro, dividendo il mondo tra "noi" e "loro" (Özkirimh, 102).

Si può ostracizzare usando la lingua, il genere, la religione, lo stile letterario. Il mezzo di produzione che si sceglie esprime anche la propria identità. Il poeta di Montreal Albino Matano scrive poesie visive in varie lingue; cosa cambia nella sua identità se le scrive in italiano e le pubblica a Toronto o le scrive in francese e le pubblica in Italia? Albino Matano è un poeta italiano, ed è un poeta canadese, e lavora a Montreal. Questo tipo di affermazioni mi sembra accettabile. Se si dicesse che Lisa Carducci è una scrittrice italiana e una scrittrice canadese, anche questo avrebbe senso; ma se dicessimo che è un'italocanadese che scrive in italiano e in francese in Cina, questa complessa affermazione avrebbe senso?

Non si sa perché un autore è quello che è. È molto più facile dire che il poeta è universale, sapendo bene che non esiste il poeta universale. Parlare a tutti nello stesso momento è semplicemente impossibile... a meno che non si abbia una lingua comune, a meno che non si includano degli interpreti. Per questo c'è la traduzione. La traduzione garantisce la comunicazione, ma non la comprensione. Spesso colei che è una grande comunicatrice in un luogo lo è meno in un altro.

L'IDENTITÀ EQUIVOCA

Dopo quattro generazioni di scrittura italocanadese — 1. prima e intorno agli anni del fascismo; 2. dopo la guerra (1945-1980); 3. gli anni di Guernica; 4. dopo il 2010 — non si può ancora dire con certezza se questa letteratura sia o non sia parte del multiculturalismo. Non rientra in nessuna delle definizioni accettate associate al multiculturalismo. Gli italocanadesi sono un gruppo etnico invisibile.

Il multiculturalismo deve essere inteso come un termine che illustra il progresso verso la scomparsa di un gruppo minoritario. Il multiculturalismo (ma anche l'interculturalismo e il transculturalismo) sembra essere una modalità che corrisponde al mito del *melting pot*, come proposto dal dramma (1908) di Israel Zangwill, molto criticato da Horace Kallen: il rito di passaggio, che inizia con la differenza e finisce con la morte della differenza. Gli emigranti e i loro figli hanno il diritto di cantare la loro differenza, in attesa di acquisire l'appartenenza consegnata loro dallo Stato.

Esaminiamo il viaggio dello scrittore etnico.

Nel Canada inglese, gli editori — rappresentanti di un centro intellettuale — annullano la loro presenza ritirando il loro marchio sulle copertine dei loro libri; tale atto è pesante di significato. I centri sono incoraggiati a nascondere la loro identità. Sarebbe impensabile pubblicare un libro in Italia senza che il nome dell'editore appaia in copertina.

Questa progressione verso l'anonimato non si ferma qui.

Nemmeno il nome dell'autore sembra contare più: il titolo del libro ha la precedenza sul nome dell'autore. L'individualità è cancellata. Il libro è un prodotto da consumare e scartare.

Il successo, tanto richiesto, propone il contrario della differenza. L'etnicità non è una cosa bella, ma una predica. Il multiculturalismo è bancabile solo se incoraggia l'assimilazione. Ciò che va di moda è l'anabasi simbolica, il passaggio dall'alterità alla somiglianza.

Il Bestseller / non è scritto da nessuno / e pubblicato da chiunque. Questo è il *modus operandi* del fiorente scrittore etnico.

L'identità si basa su un tema commerciabile: il libro è senza origine. Il prodotto è venduto come se fosse un prodotto non specificato — un prodotto senza nome. Il funzionamento di un essere senza corpo.

L'autonomia scompare per dare spazio a un oggetto senza distinzione. "Come posso *riconoscermi* in un tale ambiente?" — per usare questo termine così importante per il filosofo canadese Charles Taylor (*Multiculturalismo e "La politica del riconoscimento"*).

Secondo C. Kukathas, una comunità culturale è definita come un'associazione di individui che hanno la libertà di vivere secondo pratiche comunitarie; ogni essere è una cosa di una "importanza fondamentale" (Özkirimh, 114).

Questo desiderio di partecipazione cosa significa? E perché si dovrebbe avere?

Da parte francofona e anglofona, la fedeltà alla comunità è totale. Essere quebecchese fa appello al patriottismo incrollabile verso uno stato repubblicano del Quebec francese. Essere canadese fa appello al patriottismo incrollabile verso la monarchia anglofona (non dobbiamo dimenticare che il Canada fa ancora parte del Commonwealth britannico: il denaro ha spesso il volto della regina). Il Canada si pone come una monarchia multiculturale.

Lavorare fuori da questi patriottismi in competizione non è facile; e costruire legami con altri scrittori lontani da questi patriottismi è molto difficile. Indossare un orologio al polso sinistro e un secondo orologio al polso destro non garantisce la precisione del tempo.

Pubblicare con una casa editrice impegnata nell'etnico è il primo passo. Lo scrittore etnico si sente meno isolato. Pubblicare con una casa editrice che non ha un pubblico specifico pronto ad accogliere ciò che uno scrittore etnico offre può portare al silenzio. Questo semplice ma decisivo gesto può far sì che il pubblico specializzato della scrittrice non venga a conoscenza dell'esistenza della sua opera.

La casa editrice è il centro saliente per lo scrittore deterritorializzato. Questo centro, tuttavia, potrebbe non essere il canale del successo, e questo è un problema per i molti scrittori che bramano la fama. Questo fatto fa arrabbiare certi scrittori. Come spiegarlo diversamente: se vuoi comprare un paio di scarpe, devi andare dal calzolaio, non dal macellaio. Per quanto fastidioso possa sembrare: per l'etnico è meglio lavorare insieme.

È consigliabile che gli autori etnici pubblichino insieme. Anche se il rischio di essere messi a tacere dai media rimane un risultato possibile; le voci che si alzano in coro creano un brusio abbastanza forte che alla fine attirerà l'attenzione.

Etienne Balibar descrive come la famiglia e la scuola siano spazi in cui l'individuo viene inculcato nell'ideologia nazionalista (*Race*, 101).

Negli anni '60, il governo della provincia del Quebec, sotto il primo ministro Jean-Jacques Bertrand, accettò il progetto della legge 63 che obbligava i figli degli immigrati cattolici italiani ad andare nelle scuole di lingua francese (che alla fine portò alle scaramucce di Saint-Leonard).

Nel 1974, il governo del Quebec, sotto il premier Robert Bourassa, approvò il progetto della legge 22, che rese la lingua francese la lingua ufficiale della provincia.

Nel 1977, il Parti Québécois, sotto René Lévesque, ha imposto la legge 101, che obbliga tutti e tutte ad usare la lingua francese nel commercio e nelle scuole. Con poche eccezioni, si può prevedere che, dopo il 1977, gli italiani nella provincia del Quebec diventeranno col tempo francofoni e spariranno come minoranza.

Stranamente, i cantautori del Quebec—Angelo Finaldi, Nicola Ciccone e Marco Calliari—negli ultimi anni hanno composto canzoni in cui la lingua italiana (insieme alle altre due lingue) si sente. Sono segni di speranza? O sono le ultime grida di una comunità che sta per disintegrarsi per sempre?

Queste leggi linguistiche hanno inoltre diviso gli italiani: quelli nati prima del 1977 da quelli dopo il 1977. Questa divisione ha generato stili di vita e letterature diverse.

C'è meno differenza tra Marco Fraticelli e Mary Melfi che tra Francis Catalano e Ralph Alfonso. Il confronto non è più trasparente: siamo di fronte a due visioni del mondo.

La lingua è un muro che rende impossibile essere curiosi di ciò che fanno dall'altra parte.

Per anni, *Accenti* ('The Magazine with an Italian Accent') e Longbridge Books, fondata da Domenic Cusmano e Licia Canton, si sono presentati come un centro di lingua inglese per la cultura italocanadese a Montreal. Recentemente, Licia Canton ha curato un'antologia in inglese dedicata all'omosessualità nella letteratura italocanadese, *Here & Now: An Anthology of Queer Italian-Canadian Writing*.

Un momento di festa, sì, per gli italiani in Canada, ma è anche per gli italiani di lingua inglese a Montreal un faro che lentamente, ma sicuramente, indica una comunità che sta scomparendo. In meno di vent'anni l'idea di un italiano di lingua inglese a Montreal sarà un pallido ricordo.

TORONTO: IL PUNTO DI RIFERIMENTO

La Chiesa cattolica gioca lo stesso ruolo fondamentale in Ontario, come la Chiesa cattolica ha giocato decenni fa per le minoranze di lingua inglese in Quebec. Installando zone cuscinetto tra l'indipendenza e l'assimilazione, la Chiesa soffia il respiro della libertà nelle vele salvaguardando uomini e donne dalla dissipazione. La scuola pubblica dell'Ontario, invece, incoraggia gli studenti a fuggire dalla loro condizione di minoranza italiana e li conduce lungo i corridoi dell'assimilazione. Nell'attuale Quebec, le scuole francofone impiantano negli studenti l'amore per il nazionalismo territoriale e l'avversione per la differenza culturale.

In passato, le scuole cattoliche in Ontario hanno protetto i bambini dal diventare invisibili. Le scuole cattoliche in lingua inglese in Quebec hanno impedito che i figli degli immigrati si fondessero con la maggioranza francese.

In entrambe le province i consigli scolastici cattolici sono stati molto criticati per quello che hanno fatto.

All'inizio degli anni '90 il governo provinciale del Quebec bandisce del tutto il consiglio scolastico cattolico, si dichiara una società laica e annuncia che non ci sarà più alcuna educazione religiosa nel sistema scolastico. Agendo in questo modo, il governo si è assicurato che non sarà più possibile per i cittadini anglofoni della provincia mantenere viva la loro lingua. In breve, la religione del nazionalismo ha sostituito la religione ecumenica, e qualsiasi attacco alle leggi e ai regolamenti approvati dalla provincia è immediatamente considerato *Quebec bashing*. Occupandosi dei diritti della lingua francese, la provincia ha dilapidato qualsiasi risorsa di alterità ancora esistente.

Ciononostante, l'etnicità sembra fiorire in questa specie di zona proibita, ma non sappiamo spiegare come e perché. La piazza della differenza si trova qua e là. È qui che gli scrittori di minoranze trovano una nuova fiamma per lo stoppino morente. È proprio in questo luogo, al di fuori del terreno nazionalista, che scopriamo quello che Brubaker chiama senso del *gruppismo* (Özkirimh, 171). È in tali rovine che una comunità di artisti e intellettuali italocanadesi costruisce la sua Little Italy virtuale, più o meno come gli artisti e gli intellettuali si incontravano nei Salon del diciannovesimo e ventesimo secolo.

Questo gruppo di scrittori italocanadesi, che non necessariamente conversano in italiano, donne e uomini di origine italiana, ma non necessariamente nati in Italia, individui di prima, seconda o terza generazione, che vivono nella città di Toronto o nella sua periferia, si incontrano, discutono, dibattono e scrivono i loro versi in inglese.

È qui, negli anni '80 e '90, in un bar di Bloor Street o in un caffè di College Street, che iniziano i nuovi salotti della Piccola Italia. È qui che l'ignaro passante incrocia Pier Giorgio Di Cicco, Mary Di Michele, Antonino Mazza, Saro D'Agostino, Luciano Iacobelli, Nick Mancuso, Joseph Maviglia, Isabella Colalillo-Katz, Damiano Pietropaolo, Corrado Paina, Olindo Chiocca e il pittore Robert Marra. Joseph Pivato, anche lui di Toronto, ora professore ad Alberta, riconoscendosi appartenente a questo gruppo, dedica la sua vita all'insegnamento degli scritti di questi italocanadesi. Qui si cristallizza un legame di reificazione; "un momento transitorio che sembra permanente" (John B. Thompson, in Özkirimh, 171) — nasce una "hominess" (Orvar Lofgren, 191), un luogo di familiarità, un centro italico.

Questa zona ispirata a Toronto, dove convergono scrittori e artisti, non esisteva, né esisterà mai a Montreal. Evidentemente la lingua è meno tollerante della religione. A Montreal, uno spazio fisico che unisca tutti i solitari artisti italocanadesi è assente. Nemmeno per gli *italo-québécois*.

Nel 1990, Guernica Editions, che era stata un po' il punto d'incontro degli scrittori che lavoravano in una delle tre lingue, trasferisce i suoi uffici a Toronto. Un artista non può essere bilingue *allo stesso tempo* in Canada. Lo scrittore e l'editore sono costretti a scegliere di lavorare in una sola lingua. Guernica Editions rompe la sua posizione trilingue e decide di produrre opere solo in inglese. La reazione a catena porta a un risultato inevitabile: da quel momento in poi, è a Toronto e nella lingua inglese che risiede il futuro degli italocanadesi. Dagli anni '90 in poi, il nucleo della letteratura italocanadese risiede a Toronto.

Tuttavia, esaltare le conquiste di un solo centro può anche presentarsi come regionalismo. Un tale corollario deve essere evitato. La rivista *Eyetalian*, fondata da giovani italocanadesi — Nick Bianchi, Teresa Tiano, Pino Esposito e John Montesano — vuole celebrare i successi e i riconoscimenti della cultura italocanadese, ma, purtroppo, questo tentativo di glorificare gli artisti italocanadesi centralizzati viene rapidamente stroncato. Non essendo colpa dei redattori della rivista, l'attività etnica centralizzata del genere, senza supporto esterno, si dissolve inevitabilmente. Toronto potrebbe essere una centrale elettrica dell'attività letteraria italocanadese, ma l'esiguo numero di partecipanti non è mai abbastanza forte da impedirne lo smantellamento.

Come si fa a parlare degli italiani in Canada senza menzionare gli italiani di Vancouver, Edmonton, Ottawa, Montreal, Halifax? Questo pasticcio non si risolve con il periodico *Panoramitalia* di Tony Zara, dove la gioventù e il successo economico sono portati alle stelle. Cosa fa una rivista di scrittori che non hanno successo eppure sono la spina dorsale dell'intera attività? Prominenza e notorietà sono argomenti facili per i recensori; eppure, la povertà e la non importanza rimangono argomenti poco discussi. Quando si tratta dell'ignoto, è meglio qualcosa tenuto all'oscuro, in un paese lontano. La stampa si nutre di fama, non di abbandono.

La cultura italocanadese è avida di prosperità e opulenza. Abbiamo dovuto aspettare l'arrivo di Steve Galluccio (*Italian Mambo,* 2003) e l'antologia di Licia Canton (2021) prima che un argomento così avvincente e permaloso come l'omosessualità fosse discusso dagli scrittori.

Dopo il canto, bisogna indagare. Prima l'esegesi e poi la danza.

Guernica si fa carico di pubblicare saggi su vari argomenti di taglio italiano: sulla letteratura (Joseph Pivato, Licia Canton, Domenic Beneventi, Filippo Salvatore, Marino Tuzi, Fulvio Caccia); sulle donne (Giovanna Del Negro); sulla cultura (William Anselmi, Pasquale Verdicchio, Francesco Loriggio); sul cinema (Angela Baldassarre); sulla religione (Antonio R. Gualtieri); sul fascismo (Angelo Principe, Filippo Salvatore); sulla pittura (Mary Melfi); sulla musica (Anthony Varesi). Si potrebbe essere d'accordo con l'idea di Kenneth Scambray che gli italocanadesi fanno parte della Northern American Italian Renaissance.

Questa attenzione alla disanime, fuori dalle mura del mondo accademico, ha dato vita a un'autoanalisi che è indispensabile per la comprensione della cultura. Creare, certo, ma obbligatoriamente anche discutere, valutare, rivedere e commentare. Del resto, la stampa *mainstream* raramente parla di artisti italocanadesi. E quando lo fa, è per definire gli italocanadesi. Chiunque può offrire definizioni di gruppi etnici, ma i gruppi etnici devono anche provvedere a definire se stessi. Nessuno dovrebbe essere escluso.

L'Associazione degli scrittori italocanadesi organizza un incontro biennale per discutere e ascoltare opere letterarie. Durante queste conferenze, gli scrittori leggono in italiano (Giovanni Costa, Ettore Bedon, Romano Perticarini), in francese (Carole David, Francis Catalano, Fulvio Caccia, Marco Micone) e in inglese (tutti gli altri).

A volte l'armonia si incrina, e la dissonanza irrompe nella stanza dove i liberali e i conservatori vendono la loro merce, dove la sinistra e la destra urlano, dove gli uomini e le donne si scontrano e dove i nazionalisti e i multiculturalisti strombazzano le loro verità. "Cosa siamo?", "Chi siamo?", "Dove andiamo?", "Da dove veniamo?"

Si fanno domande e si danno risposte. La cena è servita, e alla fine ce ne andiamo ognuno per la sua strada, senza mai sapere cosa sono i canadesi italiani. Da dove veniamo?

Lo studio dell'identità etnica è un campo nuovo, nato a metà degli anni 90. Alcuni studiosi parlano a favore dell'etnicità; altri vilipendono l'etnicità. Robert F. Harney, Pasquale Verdicchio, William Anselmi, Alain Finkielkraut, Ulrich Beck, Will Kymlich, Charles Taylor, Michael Walzer, Werner Sollors, Michael Novak, Richard Gambino, Robert Viscusi, Anthony Julian Tamburri, Fred Gardaphé, Kenneth Scambray, Peter Carravetta, tutti chiedono: dobbiamo riconoscere o no le comunità minoritarie?

Dovremmo dare o non dare diritti ai gruppi minoritari? Alcuni gridano di sì; altri si oppongono categoricamente all'idea.

Cosa pensa l'Accademia? Gli italocanadesi esistono? Il suo atteggiamento verso le minoranze è ambiguo. Il multiculturalismo si basa sulla lingua, sul colore della pelle, sull'appartenenza religiosa? Sociologi, criminologi, psicologi scrivono della donna e dell'uomo emarginati. I dipartimenti di letteratura? Raramente considerano gli scrittori italocanadesi come parte del canone letterario italiano; né questi scrittori come parte del canone letterario francese o del Quebec né del canone letterario inglese, americano o anglocanadese. Lo scrittore italocanadese esiste solo come individuo, non come appartenente a un gruppo minoritario.

Cosa è cambiato dagli anni '50 che sono stati descritti nei libri *Gli Italiani in Canada* di Guglielmo Vangelisti e *Gli Italiani in Canada* di Antonio Spada? La realtà descritta da Bruno Ramirez (Université de Montréal), Roberto Perin (York University), John Zucchi e Franc Sturino (University of Toronto), Angelo Principe (University of Toronto), e Filippo Salvatore (Concordia University) è così diversa dalla realtà delle future generazioni di italiani in Canada? Michael Del Balso, Stanislao Carbone, Clifford J. Jansen, Kenneth Bagnell, Franca Iacovetta, Giovanna Del Negro, Angela Baldassare e Sonia Cancian scrivevano di un mondo che stava per scomparire? O di un mondo non ancora nato?

L'unica dissonanza è l'idea di opulenza. A parte il denaro, cosa c'è di diverso? Si cerca di spiegare, si fanno grandi progressi, certo, ma sembra che per ogni passo avanti fatto, se ne facciano due indietro. Manca qualcosa, nonostante l'accumulo di pubblicazioni disponibili sul tema italocanadese:

Je lance derrière moi / Le bouquet de mimosa / À présent, je suis une fille du Nord / Métissée / Les yeux en amande
Getto dietro di me / Il bouquet di mimose / Ora sono una ragazza del Nord / Métis / Occhi a mandorla.   (Carole David, *Terra Vecchia*, 62)

Nello specchio. Chi è quello? Come ci è arrivato quest'altro corpo?
(Concetta Principe, *Vetrate*, 72)

Tutta la tribù è al matrimonio. / Ti ama senza motivo.
(Mary Melfi, *Stages*, 40)

Le tue mani sono ancora belle / non intaccate da quarant'anni di / vita canadese.   (Gianna Patriarca, *Donne italiane e altre tragedie*, 58-59)

Canto le canzoni / che scriverai domani
Io canto le canzoni/ che tu scriverai domani.

(Lisa Carducci, L'ultima fede, 67)

Un giorno, non ricorderai nemmeno / Il modo in cui era... / Poi, le norme di ieri / Cominceranno a svanire / In storie spiegabili... / I costumi a cui devi rinunciare / Per acculturarti nel tuo nuovo paese.

(Josie Di Sciascio-Andrews, Metastasi, 129-130)

Il lettore trova qui un passato che sembra esistere e allo stesso tempo questo passato non esiste. Qualcosa non è stato compreso. Forse questo è un problema dello scrittore; l'autore lascia una realtà che non è stata vissuta interamente.

Qualunque cosa possa essere stata è lasciata all'oscuro. È come se ci presentassero degli adulti che non hanno mai avuto un'infanzia. Questo lascia al lettore il sapore dolce-amaro di una delicatezza di cui non si capisce bene l'origine. Non siamo mai sicuri che quel posto là fuori, dal passato, e di cui si scrive, sia davvero l'Italia.

Non siamo mai sicuri di dove sia esattamente quella località. In effetti, il lettore ha l'impressione che lo scrittore stia scoprendo la sua ubicazione mentre scrive di un altro luogo. Il divario generazionale è più profondo di quanto ci aspettiamo. Il passato è una stazione irreale. La regione è un domicilio irreale. Eppure non è espresso come irreale o inesistente. È come se quel paese — visto che gli scrittori parlano di un paese — non avesse mai avuto un'esistenza tangibile, come se quel cappotto nuovo che il nonno aveva portato con sé fosse stato scartato prima ancora di essere indossato. Un profondo senso di tristezza risuona in ogni parola e, quando c'è umorismo, la battuta è così pungente che fa male. Viene ridicolizzato ciò che avrebbe potuto essere santificato.

E i poeti non sono forse costruttori di percorsi contrari / che deviano verso la strada non presa / disegnando autostrade da percorrere da un'altra parte? / Il progresso non è forse trasgressione?

(Giovanna Riccio, Repubblica plastica, 92)

Siamo sballottati tra i giunti cementati di strade cittadine, torri di vetro impeccabile. Raschiati dal cielo. Ci incriniamo mentre costruiamo, ma non siamo al di sopra del progresso.

(Sonia Di Placido, Esaltazione in Rosso Cadmio, 45)

Dimmi: abbiamo temporeggiato nell'amore a mezz'aria / Due libellule in spasmo che si accoppiano / Abbiamo ascoltato i segreti / Del fondo e oltre / Con gli occhi malinconici del lago.

(Desi Di Nardo, *La cura è una foresta*, 51)

Incollare insieme questi versi e frasi, anche se scritti da poeti diversi, riassume la sostanza della generazione del dopoguerra. Tradurre questi testi in italiano smentirebbe il fatto che gli autori vivono in un altro continente. La poetica canadese qui è "italiana", anche se le lingue non sono italiche.

Questi autori non sono pronti a scomparire, perché non sono mai apparsi. Il palcoscenico non è pronto perché gli attori non sanno dove metterlo.

In verità, non abbiamo qui un gruppo di poeti, portatori di una voce collettiva dall'ignoto? Certo, sono poeti, ma sono anche qualcos'altro... qualcosa di più. Sono donne, sono donne del Canada, uscite da collettivi italiani. Queste donne spingono il loro discorso dove dovrebbe essere: nella politica. Forse politica è una brutta parola, quindi chiamiamola semplicemente "un dolore identitario". Qualcosa di più che individuale, più che personale. Questo, sì, è qualcosa di nuovo che non abbiamo letto tanto in passato.

...gli individui dovrebbero essere liberi di associarsi, di formare comunità e di vivere secondo i termini di queste associazioni. Un corollario di questo è che l'individuo dovrebbe essere libero di dissociarsi da tali comunità.

(Özkirimh, 115)

Riunirsi non è un dovere ma una prerogativa personale. Una comunità di scrittori e scrittrici formata liberamente può scomparire in qualsiasi momento. Ci vuole il desiderio di esistere come gruppo perché la comunità continui ad esistere. Quel filo di riconoscimento—verso se stessi e verso l'Altro—può rompersi facilmente. Il parametro dell'italicità, chiamiamolo così per ora, fluido e ambiguo, può essere totalmente dissolto quando vacilla.

Ogni nuovo lavoro è una stretta di mano per qualcuno del gruppo; ogni stretta di mano conclude un affare, allarga con la sua presenza la definizione di cosa sia questa cosa che riunisce scrittori che vivono in ogni parte del paese, e del mondo. La necessità di centri, anche virtuali, è innegabile. Una casa editrice, una rivista, un'associazione, tutte fragili, sono per una minoranza piste di atterraggio.

Fondamentale è il lamento di persistere come gruppo etnico, perché senza riconoscimento il gruppo rimane un concetto incerto. Precisamente, questa incertezza dell'essere è l'unica scommessa decente per l'individuo che vuole far parte di un gruppo.

Voler essere riduce il pericoloso rischio di tracimare nel non-essere. Ogni parola scritta da un italocanadese sembra sottolineare il desiderio che questa comunità persista. Anche nell'ignoto.

Epistemologicamente parlando, cosa viene prima: lo scrittore o la sua identità? Essere un'italiana canadese o scrivere? Cosa viene prima: l'inchiostro o l'essere? Sono domande complesse senza risposte ovvie. Se uno sbotta: "La mia penna", l'altro sospira: "La mia storia". "La mia storia nella mia penna". "La mia penna è la mia storia".

Nell'antologia *Writing Beyond History*, curata da Licia Canton, Delia De Santis e Venera Fazio, Bruna Di Giuseppe-Bertoni risponde senza esitazione: "Sono canadese: Ho scoperto che non avevo più tante cose in comune con gli italiani in Italia come prima" (Canton, *Scrivere oltre la storia*, 110).

Pasquale Verdicchio, invece, ritiene che la conoscenza che emerge dalla diaspora italiana permetta di studiare la storia del paese d'adozione ma anche quella dell'Italia:

> Prendendo in considerazione la storia totale dell'emigrazione italiana, l'impatto dell'unificazione sul Sud diventa evidente. Nel computo dei numeri totali, tre quarti degli emigranti italiani hanno avuto origine nel Sud Italia. È questo fatto che mi porta ad affermare con sicurezza che ogni discussione sulla Questione Meridionale deve includere una valutazione di quella parte dispersa della popolazione. In altre parole, la cultura degli italiani fuori dall'Italia è parte integrante della cultura italiana. Come tale rappresenta non solo una fonte inestimabile per l'estensione del concetto di cultura italiana, ma anche un potenziale strumento di critica nello sviluppo della nazione italiana dopo l'unificazione.
>
> (Pivato, *The Anthology of Italian-Canadian Writing*, 206)

Ci sono quelli che sono canadesi e italiani per caso; ci sono quelli che dicono di essere italiani oltre ad essere canadesi; ci sono quelli che pensano di cambiare la storia del Canada; ci sono quelli che pensano di cambiare la storia dell'Italia; ci sono quelli che trovano l'Italia il paese del Canada. E c'è chi se ne frega di tutte queste questioni.

STORIE DI VITA

Siamo invitati a leggere una storia. In italiano, questa parola si traduce sia come narrazione che come storia. Una parola equivoca, perché è ciò che i linguisti chiamano un 'falso amico': una parola in due o più lingue che sembrano o suonano simili, ma differiscono significativamente nel significato. Quindi leggiamo una storia sulla storia, la storia come racconto, cioè una storia su una storia — due finzioni.

Questi narratori italocanadesi discutono attraverso la narrativa cosa significa vivere contemporaneamente in due luoghi: Nino Ricci (il più famoso degli scrittori italocanadesi, avendo vinto il Governor General of Canada for Fiction Award e molti altri premi), Mary Di Michele, Mary Melfi, Caterina Edwards, Darlene Madott, F.C. Paci, Arianna Dagnino, Joe Fiorito, Fulvio Caccia, Carole David, Connie Guzzo McParland, Michael Mirolla, Philippe Poloni, Nino Famà, Marco Micone, Tony Franchescini, Anita Aloisio, Licia Canton e molti altri narratori.

Poi ci sono i poeti che cantano questo aneddoto, ma non allo stesso modo. Il poeta-narratore racconta storie vere, storie di bugie, storie di ultra-fiction, di under-fiction; la storia riguarda il passato che non tornerà mai più, anche quando il passato torna a perseguitarci. Tutti sanno che i poeti sono bugiardi, perché conoscono la verità. E la verità è che non ci potrà mai essere un ritorno perché non c'è mai stata una partenza.

Non si può parlare di questo piccolo spazio nel passato senza menzionare l'immensità che non è stata vista dai *Baby Boomers*, la polvere e la polvere da sparo che ancora cadono dal 1939-1945 sui muri di pietra delle capanne senza elettricità e acqua corrente.

Ecco alcune frasi sulla dualità di essere qui e là, di essere a volte in nessun posto: Atopia.

> Ho messo in ordine le carte di mio padre, quello che doveva essere conservato, quello che poteva essere distrutto. Poi alla fine non rimase più nulla da fare: c'era solo l'assenza di mio padre, la mia vita, la libertà che si estendeva davanti a me vuota come il mare.
>
> (Ricci, *In una casa di vetro*, 336)

> Si lascia la casa dell'infanzia; se ne fa una nuova.
>
> (Edwards, *Sicilian Wife*, 2)

Poi fisso gli scaffali di libri da parete a parete nella tana, e mi rendo conto che non posso lasciarli indietro" (McParland, *The Women of Saturn*, 394).

È solo un altro maledetto temperamento italocanadese, non lo sai?
(Fiorito, *The Closer We Are to Dying*, 318)

Per dieci giorni, ogni luogo che ho visitato in Basilicata da costa a costa mi ha suscitato la nostalgia di un amore e di un affetto familiare che non avevo conosciuto prima.   (Aloisio, *Basilicata Secrets*, 7)

E ora alcuni versi:

No, lei non ricorda ciò che è stato / parlato in un'altra lingua.
(Di Michele, *Straniero in te*, 49)

Ogni foglia è una stretta di mano con il suo passato".
(Ala, in *Sweet Lemons*, 129)

Questo posto / è diventato la mia bocca.
(Verdicchio, *Questo posto di niente*, 47)

Terra mia, devo impedirti di sognarmi
(Michelutti, *Fedeltà alla caccia*, 24)

Può sopravvivere? / Ma / c'è abbastanza cemento per evitare che la domanda venga posta?   (Mirolla, *Luce e tempo*, 61)

Mettersi di fronte alla storia può anche significare che non si vede il presente. Entrare in una storia può significare che bisogna cucire insieme eventi che attendono una spiegazione. Gli scrittori sanno descrivere le gemme che si aprono, che rivelano la difficoltà dell'essere con serietà, umorismo, cinismo e rabbia. Ma c'è anche la morte e il suicidio, metaforico o reale.

La mia putativa italianità mi ha reso il nemico, per associazione, nella mia stessa mente... Ero alieno, non amichevole.   (Principe, *Suicidio*, 123)

"La mia putativa italianità mi ha reso il nemico": molti della comunità italiana del Canada sono morti troppo giovani, lasciandoci un vuoto:

Saro D'Agostino, C.D. Minni, Mario Campo, Dorina Michelutti (Dôre Michelut), Angela Baldassare, Antonino Mazza, Pier Giorgio Di Cicco...

Il passaggio dall'emigrante all'immigrato comporta purtroppo un taglio fisico dell'essere, e spesso il passaggio dall'immigrato alla prima generazione comporta l'amputazione parziale dell'essere. Queste inflizioni ci ricordano i soldati, che hanno perso gli arti in combattimento e non ricordano perché è iniziata la "guerra".

TRAILBLAZERS

Alcuni scrittori parlano di *ibridazione*—metà di questo e metà di quello. Filippo Salvatore e Fulvio Caccia vedono gli individui del futuro come il risultato del *métissage* (metis). (Angelo Puz, psicoantropologo e sociologo italiano croato, esplora questo tema accattivante nel suo libro *Il soggetto meticcio internazionale* (2008)).

La mescolanza di culture, tuttavia, non sembra un semplice dato, un'entità naturale; anche il più piccolo cambiamento è insolito. La fusione delle storie di vita affrontate dagli scrittori non è un evento istintivo, spontaneo o casuale. La doppia visione, la tripla visione, la plurivisione non è innata ma è un attributo acquisito.

Cambiare, anche minimamente, richiede la ricostruzione totale di una persona. C'è molto da regolare, disciplinare, contraffare, ammorbidire, frenare. Confezionare un individuo non è una garanzia; non c'è una data di scadenza né sulla fronte dell'immigrato né sul braccio dei suoi figli.

L'outsider, lo sfavorito di Concetta Principe e il poeta di Giovanna Riccio sono degli apripista: se non lo fossero, correrebbero il rischio di diventare una Barbie Doll (come descritto dalla Riccio) o un Anthony G. Lock, alla ricerca della sua Pensione Ariana (Mirolla, *Berlino*, 30). Tanti outsider sono rinchiusi nelle prigioni.

Costruire un ponte tra le culture richiede pazienza e definizioni. Jim Zucchero cita Homi K. Bhabba, che ci avverte: "L'ibridità non è un terzo termine che risolve la tensione tra due culture" (Canton, *Dynamics*, 221).

Già nel 1984, i curatori dell'antologia *Quêtes* usarono con prudenza la parola "triangolazione"—in riferimento alle culture italiana, francese e inglese nel paese—ed evitarono ogni suggerimento di confronto e competizione. Sebbene gli scrittori sottolineino i termini "magici", nessuno specifica i limiti di tali termini seducenti. Il lessico sociologico sembra intrinsecamente delimitato. Mancano le definizioni, e siamo trasportati in un territorio dove regnano la dispersione e la disperazione.

Si è scritto molto sulla cultura, senza spiegare cosa si intende con la parola *cultura*. Si è scritto molto sui ponti, senza spiegare cosa si intende con la parola *ponte*. Cosa si attraversa e come si attraversa e per andare dove? Il multiculturalismo è un orologio le cui lancette corrono verso la scadenza.

> Non importa se siamo nati qui / o se siamo tornati nel vecchio paese /
> Ma tu trovi gli sbandieratori / festeggiamenti troppo rumorosi.
>
> (Migliarsi, *Goal*, 39)

La dimora non è solida, stabile, resistente. L'associazione e la collaborazione per l'individuo devono essere volontarie e non imposte. I confini sono alti e non si flettono. Il bello della cultura è quando fallisce, quando comincia a sgretolarsi.

La cultura non è una torre con un esercito e delle armi. La cultura zoppica, cammina sul ciglio, in ogni momento può cadere nel precipizio. L'ibridazione non è una soluzione; la combinazione di due ingredienti che non capiamo può esplodere.

L'assimilazione volontaria è possibile; si cambia vestito, lingua, memoria, storia, sì, questo succede continuamente. Ma cosa succede quando l'assimilazione è involontaria, inconscia, imposta? Perdere un dialetto, una casa, una scuola significa anche perdere il potere di critica.

Il "poeta antipodale" inventa il proprio percorso. Scambiare una nazione per un'altra non significa cambiare; spesso si tratta di rimanere gli stessi. A volte, il desiderio di cambiare è quello di rimanere la stessa persona. Cos'è questa ruggine, questa corrosione che ha la forma del fuoco, per citare Joe Fiorito? Altri desiderano crescere, ed espandere gli orizzonti.

Il nazionalista abruzzese o friulano che si infila nelle vesti del nazionalista quebecchese o canadese, dove sta il cambiamento? Cosa è cambiato? L'idioma, nient'altro. Ciò che era "cultura chiusa" in un luogo rimane "cultura chiusa" altrove. Cultura chiusa con il lucchetto. Come dimostra Arianna Dagnino nel suo romanzo *The Africaner*, il passato non nasconde nessuna pozione magica che renderà il presente o il futuro più facile da affrontare.

I simboli di confini etnici, nonostante il loro potere, costituiscono un mero sottoinsieme di un complesso molto più ampio di simboli, miti, immagini e narrazioni storiche che alcuni hanno chiamato *mytomoteur* etnico. Il *mytomoteur* di un gruppo etnico include quindi non solo i criteri di confine dei simboli del gruppo, ma tutti gli elementi del suo "tipo ideale" weberiano — questo è un complesso culturale che nessun membro, passato o presente, maschio o femmina, potrebbe mai sperare di realizzare" (Kaufman, 17).

Il *mytomoteur* italocanadese per gli scrittori dopo la fine della Seconda guerra mondiale non è cambiato molto, nemmeno il "tipo ideale" che si sperava di emulare. Il sogno non è cambiato. I sogni di un nirvana culturale, e la disillusione di non trovare questo nirvana, non sono stati cancellati. Il dubbio persiste, come descrive Pasquale Verdicchio in questi versi: "e dove non sono qui / quando c'è un altro posto / appaiono o qualcun altro / e quando sono a casa qui" (*Questo posto di niente*, 10-11).

Gli scrittori non hanno un indirizzo fisso, e questa prerogativa è la loro forza. Il gruppo culturale che questi individui hanno creato, inavvertitamente, rimane sfocato.

I loro scritti formano un diario segreto che ratifica un sistema collettivo che va oltre la bufala della somiglianza: "strangolato dagli spaghetti / un italiano dovrebbe posare mattoni / si costruiscono poesie con le stelle" (Gasparini, *Collected Poems*, 141).

Se gli italiani in Canada formano un gruppo etnico senza un territorio, la loro definizione scorre inevitabilmente verso l'arena politica. Le varietà dei punti di vista sono orizzonti da abitare: si chiede in quale lingua scrivere, in quale città vivere, per quale centro lavorare.

I percorsi si moltiplicano e la scrittura si diversifica da ogni penna, da ogni computer, con ogni libro, per ogni editore. Gli scrittori italocanadesi potrebbero non votare per lo stesso partito politico, eppure stanno disegnando nuovi modi di essere.

I romanzieri Ricci, Paci, Edwards, Dagnino, Guzzo McParland, Mirolla, Melfi, Di Michele non hanno nulla in comune. I saggisti Pivato, Canton, Baldassare, Del Negro, Cancian, Principe, padre e figlia, sono dissimili. Alcuni abbracciano il realismo, altri il futurismo (da non confondere con il movimento del Futurismo).

Quando scrivono di tornare indietro, non è mai per restare. Cos'è il ritorno, se non la seconda scala di una spirale che ti porta sopra il pianerottolo dove pensavi di essere? Il presente non è meno immaginario del passato.

Il ritorno: "Ti mostrerò la campagna umbra".   (Paci, *Voci morte,* 143)
Ti cerco nei libri... una mappa della vecchia Calabria.

(Militano, *Stone-Mason,* 34)

Il ritorno è più di un turismo letterario, una visita casuale alla vecchia casa.

Quando Edwards torna in Italia non torna come Edwards, ma come Edwards di secondo grado. E quando torna, torna come Edwards al terzo grado. Ogni movimento è un passaggio nel tempo e nello spazio, non solo sul piano orizzontale, ma anche sull'asse verticale. Sì, le porte della cultura possono essere aperte con un calcio.

> Ma chi era quella persona? Chi rivelano le mie domande su di lei se non
> il suo interrogatore — possibilità di sé che solo io sono stato in grado di
> concepire?   (Madott, *Joy*, 76)

La memoria come anti-fossilizzazione; la memoria come anti-memoria.

Dov'è la telecamera che guarda in faccia la realtà? Difficile saperlo. Quelli che arrivano oggi dall'Italia non si considerano immigrati, almeno non immigrati come quelli che sono venuti prima e dopo la Prima guerra mondiale, né come quelli che sono venuti dopo la Seconda guerra mondiale.

Il nuovo immigrato e il vecchio immigrato si guardano l'un l'altro, e non da pari a pari. Ma il tempo sistemerà tutto questo. La messa a fuoco diventerà più nitida. I due hanno bisogno l'uno dell'altro.

La realtà è altrove. La realtà ci insegna che chiunque parte diventa, negli anni, un immigrato. (Alcuni emigranti resistono, per non parlare dell'assimilazione, all'idea stessa di essere immigrati, anche dopo decenni di vita lontano dall'Italia, e questi emigranti sono gli ultimi ad ammetterlo).

La spirale è una metafora molto migliore della linea retta per rappresentare l'interminabile cammino intrapreso dallo scrittore, nato in una comunità etnica immaginaria. Lo scrittore intraprende un viaggio che lo porterà da A ad A1 ad A2 ad A3 e così via; lo scrittore offre la sua opera senza interpretazioni preconcette e, per citare Giovanna Del Negro, mette in moto un cosmopolitismo che, in passato, sarebbe stato prerogativa dell'élite, e mai degli immigrati e dei loro figli (*Triangolazioni*, 9).

Per usare un'altra metafora, questa di Andrea Zanzotto: le comunità italiane cosmopolite del Canada costituiscono una "melagrana". Un altro accenno all'immaginario del mosaico, del barocco, dove l'unico punto di fuga si frammenta in una varietà di propaggini.

La passeggiata, il cosmopolitismo, la melagrana, il mosaico: lo scrittore scrive come scrittore, e anche come canadese, come italiano, come italocanadese, o come Nessuno. Questa congiunzione rafforza il rapporto con altri elementi: il primo è quello della scrittura, il secondo quello dell'individuo, il terzo quello dell'appartenenza a un collettivo e, infine, quello dell'appartenenza al mondo. Per definirsi è necessaria un'autoanalisi che non è una pratica che tutti sono pronti ad abbracciare.

Considerarsi un italiano, cioè un etnico, in Canada, richiede una forza psicologica. Uno scrittore può non volerlo ammettere in pubblico. Può ballare la tarantella nell'intimità della sua camera da letto. Ma per esibirsi in pubblico, bisogna credere che sia necessario farlo. Rivelarsi significa accettare di far parte di un gruppo. Rivelarsi e accettare: due momenti difficili per il *coming out* etnico.

> Gli italiani di altre regioni d'Italia, di cui non condividevano i dialetti, sembravano spesso altrettanto stranieri, se non di più, degli amici dei loro figli.   (Del Negro, *Triangulations*, 10)

Lo scrittore italiano in Canada è uno straniero che arriva in città, un po' come l'eroe di un film western: saccheggia la città e poi se ne va, e la città è migliore per questa intrusione.

Un volto nuovo rimane fresco per un momento, ma dopo qualche giorno non è più un volto carino. Il sospetto si risveglia. Cosa significa essere uno straniero? Cosa significa scrivere fuori da una minoranza? Lo straniero si muove in diverse direzioni: 1. se ne va teneramente; 2. scompare bruscamente; 3. oppure cambia tutto. Questa sarebbe l'essenza di una località pluriculturale: lo straniero cambia tutto del luogo in cui entra.

Il presente può essere sigillato come il passato (reale o inventato): "piccoli punti di colore come caramelle contro la più reale e strana tonalità del cielo" (Ricci, *In a Glass House*, 339).

I punti svaniscono sia nell'obbedienza sia nell'assimilazione sia in una nuova vita.

Ma dove vivrà questa nuova vita dipende dall'individuo. Poiché lo straniero altera i luoghi in cui entra, deve essere protetto dalle leggi. Uscire all'aperto richiede protezione.

IL GIORNO DOPO

Questa stretta di mano è con tutto il mondo. Andarsene; scomparire; cambiare: riapparire non come una regressione, ma come un avanzamento verso ciò che non è mai stato. Gli scrittori seguono il cammino dello sconvolgimento, della trasformazione e del cambiamento globale.

> Sono tutt'altro che razzista... se voglio rilassarmi e cercare la mia gente...
> quelli con cui posso parlare liberamente nella mia lingua madre.
>
> (Dagnino, *The Africaner*, 185)

> Forse è questo il segreto della vita, quel filo invisibile che collega la mano
> dell'uomo a un morso.   (Famà, 213)

Cosa abbiamo qui: speranza o odio?

> E tende le braccia in un saluto anticipato.   (Mirolla, *Berlino*, 229)

Può un paese abbattere le sue frontiere — ma quale paese farebbe una cosa
del genere? Chi era nazionalista là rimane nazionalista qui. Uno scrittore
può però cambiare. Allo stesso modo in cui uno può imparare a parlare
un'altra lingua. Può un paese cambiare lingua? E perché no? Niente è permanente. Il lettore si aspetta che lo scrittore sia più di un turista letterario.
La comunità letteraria italocanadese può e vuole accettare che un non italiano parli in suo nome. Il lettore insiste per ricevere il 1000% dallo scrittore. Niente è scolpito nella pietra.

> La langue qu'ils parlaient / je ne la connais plus.   (Calabrese, 14)

Ad alcuni scrittori italocanadesi non piace chi si offre in pubblico
come spettacolo; ad alcuni scrittori non piace la loro origine contadina; ad
alcuni scrittori non piace il loro nome italiano. Alcuni scrittori di terza generazione ripescano lentamente il cognome della nonna e lo espongono
ovunque. Non c'è un solo percorso da seguire per uno scrittore.

Una lingua scompare, un'altra viene trovata. Quale lingua si parlava
in quel villaggio lontano? Sicuramente non era la lingua protetta dall'Accademia della Crusca. Max Weinreich, uno studioso yiddish, riteneva che
"una lingua è un dialetto che ha un esercito e una marina" (Lepschy, *Mother Tongue*, 37). Un dialetto è militarizzato, l'altro no. Coloro che parlano
il dialetto militarizzato diventano la polizia della lingua e dell'identità. *Lì*
come *qui*. Nel passato come nel presente. Si trova una lingua, un'altra
scompare. Si perde un'identità e se ne trova un'altra. Davvero? Gli scrittori italocanadesi stanno scuotendo i trampoli marci che reggono queste
false verità.

L'italiano è diventato la lingua ufficiale della penisola solo il 30 marzo 2007, con molte critiche (Reuters, 30 marzo 2007). Franco Russo del Partito Comunista ha sottolineato che Mussolini aveva imposto una legge simile per italianizzare il paese. "La riforma scolastica Gentile del 1923 mirava all'insegnamento dell'italiano corretto... La proibizione dei dialetti era severa nella stampa... nella letteratura e nel teatro... anche il cinema funzionava come una scuola di lingua per le masse" (Alberto Raffaeli, *Enciclopedia dell'italiano,* 2010).

Tuttavia, non si può non essere d'accordo con Giulio Lepschy che non crede "che un madrelingua italiano sia più qualificato di un dantista inglese per capire *la Divina Commedia*" (Lepschy, *Mother Tongue,* 27). La letteratura, paradossalmente, non riguarda la lingua, come scriveva già nel 1932 Marina Tsvetaeva: Ogni poeta è essenzialmente un *emigrato...*" (Lepschy, *Mother Tongue,* 34). Giustamente, Lepschy ci ricorda che la lingua della poesia è la lingua degli outsider. Lo scrittore italocanadese è un outsider, uno straniero all'Italia, al Canada, alla lingua non scelta, alla lingua scelta. Quando lo scrittore italocanadese sceglie di non essere più uno "straniero" e abbraccia la nuova cultura adottata, è giusto che la comunità accetti questa scelta di conversione.

Sii decente con me. Da un italiano a un altro.   (Rossi, *Scarpone,* 144)

Ecco la casa / dove abitava.   (Perissinotto, *Exhale,* 27)

I loro cuori indenni, liberi.   (Edwards, *Sicilian Wife,* 354)

Immaginate per un momento che tutti gli scrittori italocanadesi si mettano a scrivere in italiano. Il problema potrebbe in apparenza essere un problema canadese, ma è *anche* un problema italiano, perché è un problema che ha origine in Italia. (Giacomo Casanova è o non è italiano, anche se ha scritto *Histoire de ma vie* in francese?)

Come verrebbe accolta in Italia questa scrittura della lingua italiana dall'estero, una lingua senza la memoria appartenente ai confini di un territorio? La ricezione sarebbe diversa da quella di opere prodotte da non italiani, proposte in traduzione italiana? O di non italiani che scrivono in italiano in Italia? Le questioni qui sollevate non appartengono allo stesso asse: il paradiso è l'inferno. Eppure, gli scrittori non italiani che vivono in Italia e scrivono in italiano hanno a che fare con questioni di etnicità e

assimilazione, che sono simili a quelle che affrontano gli scrittori italocanadesi. Fondamentalmente, una

1. smettere di scrivere;
2. scrivere nella lingua del luogo lasciato;
3. scrivere in una nuova lingua;
4. o scrivere in entrambe le lingue?

Conoscere se stessi è conoscere gli altri, conoscere l'altro come se stessi.
È così che ci accoppiamo.   (Fabiani, 71)

Tutti questi flussi confluiscono nel grande fiume delle culture italiche.
L'interferenza culturale è un'infrazione interessante. Sì, molti rifiutano di
ammettere l'impossibile, che i frutti di una terra siano cresciuti altrove.
C'è il controllo intellettuale dell'identità. L'estirpazione per il miglior raccolto. Il raccolto si secca nelle pianure che non interessano a nessuno. La
mia lingua, non la mia lingua; la mia identità, non la mia identità; rivela-
zione, scomparsa: senza la volontà di essere, persistono comunque.

Dove sono tutti gli italiani dell'Ovest? / ... ci sono gli italiani di Montreal,
gli italiani di Toronto / anche gli italiani di Fort Qu'Appelle, Saskat-
chewan.

(Biello, 66)

Il risultato quando c'è il rifiuto, è che i ricchi e i poveri sfuggono alla
vista, svaniscono, si dissolvono, lasciando agli scrittori non italocanadesi
il piacere di descrivere meglio la realtà italocanadese. Sì, ci sono critici e
professori che sostengono che l'appropriazione della voce non conta. Ciò
che conta, dicono, è la qualità dell'opera; esiste solo un buon libro o un
cattivo libro. E chi giudica cosa è buono e cosa è cattivo?
    Perché allora leggere della realtà italiana descritta da un italiano,
quando quel giovane scrittore del mainstream canadese può farlo meglio?
(Eccoci qui: contrapporre una cultura forte a una cultura debole!)
    Abbiamo capito che ciò che conta non è la *cosa*, ma *la* cosa. Cosa conta
davvero: la verità di una realtà, anche se scritta male? O il piacere che
procura una bella opera prodotta dai migliori? Il dilemma è accademico.
    La preparazione non ha prezzo, lo dicono tutti. Ma ciò che viene prima
dell'opera d'arte ha un prezzo, poiché un mecenate può comprarlo. Tutto
può essere comprato. Anche l'identità. Qui siamo di nuovo al punto di

partenza: lo scrittore è uno scrittore prima di essere un individuo? L'ungherese, il polacco o il rumeno possono scrivere della realtà italiana in Canada meglio di un italiano? Certo che possono. E perché non dovrebbero?

Sarcasmo a parte, identificarsi come parte di un gruppo etnico non garantisce la qualità dell'arte. Questo è un fatto. Fare in modo che una cultura etnica sopravviva e superi i confini dei paesi non garantisce niente a nessuno. Ciò che conta è proprio l'essere, lo scrittore, l'individuo. Con le sue qualità e i suoi difetti, l'autenticità. Un arazzo così prezioso determina l'essere e la comunità:

> Non hai lo stomaco per la contraddizione senza meta / vuoi tornare alla visibilità... / o / sei un vagabondo / che aspetta la morte.
>
> (Iacobelli, *The Examined Life*, 92)

> Mostrami il paradiso della cittadinanza / devo dirti chi sono?
>
> (Paina, *Horse Legend*, 37)

"Morte", "cittadinanza", la cittadinanza muore. Gli scrittori stanno lentamente premendo contro mura della città. Gli italiani che scelgono di uscire dalla loro non-identità e viaggiare per il mondo — attraverso le Americhe, l'Europa e l'Asia — si destreggiano tra due o più nazionalità: quella italiana e quella di altri paesi ospitanti.

Esplicita in tutte le opere d'arte è la non importanza della nazionalità dell'autore. Anche se i costumi possono essere strappati, l'individuo porta un bagaglio, ed è questo bagaglio di immagini, ricordi, suoni, verbalizzati o meno, che deve essere dichiarato alla dogana. Le nazioni non aprono le porte facilmente. C'è un questionario da compilare. Soprattutto nella letteratura.

> Che ci sia differenza tra noi. (Marc Di Saverio, *Crito*, 118)

"Infine, non importa *cosa* si è, cioè *chi* si è": questo è ciò che tutti vogliono sentire. Ciò che importa è che colui che bussa alle porte d'ingresso deve dichiarare la sua valigia di talenti. Gettare questi oggetti di valore è un compito della vita. Purtroppo, l'individuo vive in una società. Deve pagare la sua quota. Vuole essere più di un numero. Non per un paese, non per un altro. Non per una comunità, non per un'etnia. Uno sogna di essere originale.

Spingere la nazione fuori di sé risveglia nuove premesse che possono portare alla cittadinanza globale. Questa nudità di sé offerta a tutti come soluzione, invece dell'atto di sparizione, farà automaticamente suonare l'allarme nella nazione di adozione. La nazione chiama alle armi le sue istituzioni culturali per colpire la comunità immaginaria e mettendo a tacere i dissidenti: "Smettete di pubblicare gli etnici vocianti e, voi patrioti di tutti i colori, tirate fuori i vostri abiti da cerimonia". È spaventoso. Chi vuole camminare da solo? La solitudine è bella quando il singolo è accompagnato.

> Si vive e si muore.   (Len Gasparini, *Götterdämmerung*, 13)

Certo, senza farlo apposta, gli autori trasmettono segnali stradali che indicano l'aldilà; e alcuni incoraggiano gli altri a cambiare nome e a consegnare il loro passaporto originale. La letteratura esce da un marasma di friabilità e stabilisce un patto.

> Il patto tra "io" e "me": colui che sa e colui che non sa nulla; l'"io" non può fermarlo e l'"io non può contaminarti con esso". È politico ciò che qualcuno sceglie di fare del proprio corpo.   (Principe, *Suicidio*, 99)

> "Che coincidenza", disse la ragazza sorridendo. / "Sì, proprio una coincidenza".   (Licia Canton, *Almond*, 36)

> Se, come diceva Nietzsche, dobbiamo cercare di vivere / sempre nell'attesa di qualche grazia impossibile,/ beh, non si potrebbe fare meglio di questo posto.   (Carmine Starnino, *Way Out*, 22)

Ognuna di queste possibilità ha i suoi doni e le sue rinunce. Saltare i confini del territorio non è un talento semplice da possedere. Il contratto contiene clausole ambigue. Non ci sono segni identificativi con definizioni chiare.

> L'Italia idilliaca della loro giovinezza è cambiata troppo rapidamente e non la riconoscono più. In modi diversi ogni membro della famiglia è preso tra due mondi e non appartiene a nessuno dei due.
>   (Pivato, *Eco*, 192)

Ci sono molte differenze tra uno scrittore e l'altro. Sotto la pioggia si possono vedere mondi lontani più vicini. Poi c'è il cosmopolitismo che si presenta come una possibilità per chi cerca volutamente di essere senza patria.

Donne che si uniscono in cerchio, / sorelle che danzano insieme, / che danzano in modi antichi nei saggi / nuovi modi dello spirito.

(Isabella Colalillo-Katz, *Tasting Fire*, 54)

In Canada l'opera dell'autore italocanadese raramente diventa un best-seller. Pochi sono gli autori che possono vivere della loro penna. I lettori di questo tipo di letteratura sono specialisti. Il mercato è doppiamente, triplamente emarginato. Il capitalismo della stampa non ha un destino favorevole con gli scrittori italocanadesi.

Il Quebec ha approfittato, sì, del suo capitalismo della stampa. In Quebec gli editori sono protetti dalla legge 51, in cui si stabilisce che nessun editore di un altro paese può stabilirsi in Quebec. Nel Canada inglese, purtroppo, nessuna legge protegge gli editori e gli autori. Qualsiasi monopolio può stabilire i suoi uffici a Toronto, il che rende difficile la fioritura degli editori canadesi. Affermare questo fatto non è xenofobia. Non è l'etnicità della stampa straniera che è criticata qui, ma piuttosto la sua roccaforte su come i canadesi definiscono cosa sia la loro letteratura. La centralizzazione dell'inglese, in questo caso, gioca contro gli scrittori canadesi. Se l'irochese fosse stata la lingua del Canada, che bisogno ci sarebbe stato di un editore straniero?

La produzione di libri francofoni contribuisce a mantenere attivo il Quebec letterario. Questo non è il caso della parte anglofona del Canada, dove gli autori anglofoni canadesi sono contrapposti a scrittori di altri paesi che usano l'inglese come idioma di scrittura. Il capitalismo della stampa nel Canada inglese non è riuscito a riunire gli scrittori che la distanza tiene separati.

Gli editori canadesi sopravvivono grazie alle sovvenzioni offerte dai governi provinciali e dal governo federale; queste sono divise poi in due: più o meno 50% per gli artisti di lingua inglese, 50% per quelli di lingua francese. Non ci sono sussidi per la pubblicazione dei libri di autori etnici canadesi. Non dimentichiamo: la lingua identifica uno scrittore, non la sua etnia. Allora qual è il problema? Non c'è nessun problema se uno scrittore sceglie di scrivere in inglese o in francese. C'è un problema se lo scrittore canadese sceglie di scrivere in una lingua diversa dall'inglese o dal francese. Ricordate, è la lingua che identifica l'individuo canadese. E questo argomento ci riporta all'inizio di questo saggio: cos'è uno scrittore italocanadese? L'autore italocanadese non esiste. Senza il capitalismo della stampa l'autore italocanadese si riduce a essere un contenuto.

Stiamo esaurendo le scuse. Il fenomeno chiamato letteratura italocanadese non potrà mai esistere senza l'appoggio di istituzioni finanziarie private e potenti, che si muovono al di là dei confini fisici, linguistici, genetici, politici e nazionalistici. La scrittura italocanadese può esistere solo come attività globale, come federazione di culture italiche.

La scrittura italocanadese può esistere solo se esiste la scrittura italoamericana, se esiste l'italiano australiano, se esiste l'italiano tedesco, e così via. Una letteratura etnica specifica esiste solo se legata alla stessa letteratura etnica specifica esplorata in un altro territorio. La letteratura etnica esiste non perché fa riferimento alla madrepatria, ma perché è legata a una fraternità di letterature etniche simili deterritorializzate.

> Noi (italocanadesi) facciamo schifo. Non apprezziamo la cultura. Voglio dire, guarda lui (ricco uomo d'affari italocanadese)... Guarda, guarda, pensi che con tutti i soldi che ha la sua famiglia abbia mai dato un centesimo alle arti? No.   (Tony Nardi, 240)

Nel passato, e certamente nel presente, la pubblicazione di libri scritti da italocanadesi dipende in gran parte da un contributo personale dell'editore. Accanto ai libri di autori con uno standing ufficiale, il libro scritto da un autore italocanadese sembra il prodotto di un passatempo. È un prodotto di serie B, un prodotto debole, un prodotto senza valore. Ed è proprio il suo non-valore che, enigmaticamente, conferisce al libro d'autore italocanadese il suo valore inestimabile.

La separazione in "sottomondi, ognuno con il suo linguaggio e la sua logica" (Ernest Gellner, *Nations*, 22) non può che produrre una ridondanza immobile della cultura. Il cambiamento della vita, del nome, della lingua, sì; il cambiamento dell'essere: queste modifiche creano ridondanza? La letteratura italocanadese è un sottomondo? Per il Canada? Per l'Italia? Per il mondo?

È un insulto all'Italia proclamare un'identità agli italiani che non scrivono in italiano? È un insulto alla grandezza canadese se essere canadesi significa abbracciare un'identità che non segue le leggi identitarie del paese?

L'autrice italocanadese ha il diritto di scegliere chi è e come è; l'importante è rispettare le *conseguenze* delle sue scelte personali e collettive.

Essere italiani non significa che stiamo parlando di una razza, che è un concetto così ripugnante comunque lo si consideri. Susan Reynolds spiega: "Propongo di tradurre *gens* non come 'razza' (né ancora come 'tribù', che applicata ai popoli altomedievali porta le stesse connotazioni fuorvianti delle idee del XIX secolo) ma come 'un popolo'" (*Kingdoms and Communities in Western Europe (900-1300)*, 251-6).

Cosa significa tutto questo? Chiamare qualcosa Piazza Italia?

(Joseph Maviglia, *Jack*, 49)

Mi affretto a entrare. / Non c'è nessuno.   (Jim Christy, 58)

Un popolo o non un popolo: gli italiani sono una varietà di popoli—in Italia, fuori dall'Italia—senza un unico marcatore di identità. L'autrice è l'unica chiamata a pronunciarsi sulla sua risoluzione. Indipendentemente da questa risoluzione, possiamo sentire i critici gridare: "Non esiste un libro italiano, non esiste un libro canadese; ancor meno, un libro italocanadese. Esistono solo libri scritti bene e libri scritti male".

Ciononostante, identifichiamo ancora gli artisti in base alla loro etnia.

J'étais d'une autre mémoire, / D'une ancienne marrée qui m'allait / Devancer sur les sables. ("Venivo da un altro ricordo, / Da una prima marea che andava / A raggiungere la riva prima di me".

(D'Apollonia, *Réverbération*, 65)

Muscoli e menti devono aprire la porta / è per questo che è venuto qui.

(Mazza, *Via*, 23)

I veri scrittori etnici si trovano in uno strano spazio, in un non-territorio senza nome, un "luogo del nulla", per citare Pasquale Verdicchio, un non-luogo, un'Atopia, dove a volte ci sono autori che vengono identificati come italiani del Canada, o altrove, che vivono in una città o in un'altra, in un paese o in un altro, dal nulla, da ogni luogo, che scrivono in una varietà di lingue, raccontando storie del passato, del presente e del futuro. È qui che si trova la definizione di scrittore etnico, ed è in questa non-localizzazione che possiamo individuare l'autore che chiamiamo canadese italiano.

Gli italiani fuori dall'Italia non formeranno mai una nazione. Ogni individuo è parte di un'etnia senza uno stato dominante, plurilinguistico e pluriculturale. In un mondo multilocale, per usare un'immagine di Ulrich Beck (104).

Non risiedendo più in villaggi globali, il singolo autore vive in non-stati non-nazioni, dove non esiste una nazione dominante, una cultura dominante, una lingua dominante e sacra.

Forse non per il domani, ma sicuramente per il futuro, anche se virtuale, ogni scrittore etnico sta creando, per prendere un altro concetto di Beck, una "realizzazione cosciente" (109), un'identità consapevole, un'identità non innata ma inventata, una zona di paradossi e contraddizioni, una spirale senza confini, il contrario di una terra promessa.

L'etnia senza una nazione, senza un territorio, senza una lingua, potrebbe essere vista come una navicella italica. Perché italico, perché non italiano? Questi termini permettono agli scrivani della *nazione* italiana di essere, senza vietare ad altri scrittori di usare altre lingue per esprimere la loro identità italiana.

L'italico è una metafora che sembra abbastanza neutra, anche se l'immagine sostituisce una parola geograficamente e politicamente localizzata. Questa definizione non realizzata può servire a "localizzare" l'Atopia, la confederazione immaginaria di scrittori fuori dalla nazione. Autori italici del Canada, degli Stati Uniti, dell'Australia, dell'Europa, del Sud America, dell'Africa e dell'Asia partecipano all'invenzione di un punto d'incontro, senza bandiere, senza muri, senza porte, senza finestre, una federazione aperta a tutti coloro che vogliono lasciare una traccia nella memoria dei tanti popoli che hanno origine in Italia.

La quota di adesione è gratuita. Chi vuole cambiare verso altre nazioni, altri stati, altre patrie, altri luoghi d'origine, fuori da qualsiasi luogo, si trova *lì*, a lavorare insieme per qualcosa che ha bisogno di una nuova definizione ogni singolo giorno. La paga è folle, certo, ma la vincita è ricca di significato.

Questi centri virtuali accolgono chiunque sia interessato alle culture italiche. Anche i nomadi digitali possono approdarci. Pazzesco, certo, ma questo può essere anche un *locus* letterario, se non proprio una specie di biblioteca dove trovare un elenco delle opere in circolazione. Questa biblioteca, però, va ancora costruita.

Oggi non esiste da nessuna parte un repertorio di libri scritti e pubblicati in Canada o altrove da scrittori italocanadesi. Una lista di pubblicazioni aggiornata annualmente fornirà ad autori ed editori, professori e studenti, critici e lettori, informazioni su quanto è stato fatto.

Secondo Joseph Pivato, la letteratura italocanadese non è insegnata

come tale in Canada. I premi? Troppo sporadici, la letteratura italocanadese è lontana dall'ottenere quel tipo di apprezzamento generale. La critica? Così rara, eppure si spera in una sorta di accoglienza per la totalità
delle opere disponibili. Gli autori non hanno altra scelta che affidarsi a se
stessi per fare le cose.

Nessuno si oppone alle libere scelte. Il percorso collettivo è per coloro
che vogliono persistere nell'elaborazione di una cultura letteraria che non
svanirà. Si può preferire l'assimilazione, e lo si fa volontariamente. Forse
la generazione del dopoguerra scomparirà. Forse questa generazione sarà
vista un giorno come un'esplosione artistica particolare nella storia di
questo paese o del mondo. Tutto dipende dalla nuova generazione.

Tradurre potrebbe diventare un kit di sopravvivenza per questo
gruppo di artisti. La traduzione come strumento etnico: un modo per avvicinarsi all'altro, agli altri, un riconoscimento collettivo.

Essere parte di una minoranza insegna a vedere il mondo in modo
diverso; fornisce strumenti per costruire il proprio posto nel mondo. È un
modo di dire, "sì, ma...".

Essere un autore italocanadese non è un retroscena della persona so-
litaria. Lo scrittore italocanadese sta spingendo i confini di tutto ciò che
mette in pericolo l'individuo. L'autore italocanadese sta costruendo una
federazione per il futuro.

Opere citate

Albino, Matano. Visual poems. Facebook.

Aloisio Anita. 2021. *Bascilicata Secrets: A Culnary Journey.* Toronto: Guernica Editions-Miroland
    Publishers.

Amabile, George. 1972. *Blood Ties.* Port Clements: The Sono Nis Press. Amabile, George. 1982. *The
    Presence of Fire.* Toronto: McClelland & Stewart.

Amabile, George. 1995. *Rumours of Paradise / Rumours of War.* Toronto: McClelland & Stewart.

Ardizzi, Maria. *Made in Italy.* 1982. Trans. Anna Maria Castrilli. Montreal: Guernica Editions, 1998.
    Original edition: Toronto: Toma Publishing.

Anderson, Benedict. 1983. *Imagined Communities: Reflections on the Origin and Spread of Nationalism.*
    London: Verso.

Anselmi, William. 2007. *Orvieto.* Toronto: Guernica Editions.

Anselmi, William, and Gouliamos, Kosta. 2005. *Happy Slaves.* Toronto: Guernica Editions.

Anselmi, William, and Gouliamos, Kosta, eds. 1994. *Mediating Culture: The Politics of Representation.*
    Guernica Editions.

Bagnell, Kenneth. 1989. *Canadese: A Portrait of the Italian Canadians.* Macmillan Canada.

Baldassarre, Angela. 1999. *The Great Dictators: Interviews with Filmmakers of Italian Descent.* Toronto:
    Guernica Editions.

Balibar, Etienne. *Identity and Difference: John Locke and the Invention of Consciousness*. Trans. Warren Montag. London: Verso.

Balibar, Étienne, Wallerstein, Immanuel. 1991. *Amiguous Identities: Race, Nation, Class*. Trans. Chris Turner. London: Verso.

Beccarelli Saad, Tiziana. 1988. *Vers l'Amérique*. Montréal: Éditions Triptyque.

Beccarelli Saad, Tiziana. 1992. *Les mensonges blancs*. Montréal: Éditions Triptyque.

Beccarelli Saad, Tiziana. 1986. *Les passantes*. Montréal: Éditions Triptyque.

Beck, Ulrich. 2006. *Qu'est-ce que le cosmopolitisme?* Trans. Aurélie Duthoo. Paris: Alto-Aubier.

Beck, Ulrich. 2000. *What Is Globalization?* Trans. Patrick Camiller. Cambridge (UK): Polity.

Beneventi, Domenic, Canton Licia, and Moyes, Lianne, ed. 2002. *Adjacencies: Minority Writing in Canada*. Toronto: Guernica Editions.

Biello, Tina. 2015. *A Housecoat Remains*. Toronto: Guernica Editions.

Bolotta, Angelo. 2019. *Daring to Dream*. Toronto: Guernica Editions.

Caccia, Fulvio. 1994. *Aknos*. Montréal: Éditions Guernica.

Caccia, Fulvio. 1997. *Aknos and Other Poems*. Trans. Daniel Sloate. Toronto: Guernica Editions.

Caccia, Fulvio. 1997. *Interviews with the Phoenix*. Trans. Daniel Sloate. Toronto: Guernica Editions.

Caccia, Fulvio. 2002. *Republic Denied: The Loss of Canada*. Trans. Dominic Cusmano and Daniel Sloate. Toronto: Guernica Editions.

Caccia, Fulvio. 1985. *Sous le signe du Phénix: Entretiens aux quinze créateurs italo-québécois*. Montréal: Éditions Guernica.

Caccia, Fulvio, and D'Alfonso, Antonio. 1983. *Quêtes: Textes d'auteurs italo-québécois*. Montréal: Éditions Guernica.

Caccia, Fulvio. 2015. *The Coincidence*. Toronto: Guernica Editions.

Calabro, John. 2005. *Bellecour*. Toronto: Guernica Editions.

Calabrese, Giovanni. 2017. *Topographie de l'inhabitable*. Montréal: Éditions du Noroît.

Caltabiano, Maria. 2021. *Drawing Daybreak*. Toronto: Guernica Editions.

Cancian, Sonia. 2010. *Families, Lovers, and their Letters: Italian Postwar Migration to Canada*. Winnipeg: University of Manitoba Press.

Canino, Frank. 2000. *The Angelina Project*. Toronto: Guernica Editions.

Canton, Licia. 2008. *Almond Wine and Fertility*. Montreal: Longbridge Books.

Canton, Licia, ed. 2019. *Antonio D'Alfonso: Essays on His Works*. Toronto: Guernica Editions.

Canton, Licia, ed. 2002. *The Dynamics of Cultural Exchange: Creative and Critical Works*. Montreal: Cusmano.

Canton, Licia, and Morgan Di Giovanni, Caroline. 2013. *Writing Our Way Home*. Toronto: Guernica Editions.

Capilongo, Domenico. 2017. *Send*. Toronto: Guernica Editions.

Carbonelli, Ernesto. 2005. *Fallen Heroes, Forgotten Victims: Supino, 1944*. Montreal: Cusmano.

Carducci, Lisa. 2013. *Avec mais sans toi*. Trois-Rivières: Écrits des Forges. Carducci, Lisa. 1989. *La dernière fois*. Trois-Rivières: Écrits des Forges.

Carducci, Lisa. 1990. *L'ultima fede*. Poggibonsi: Lalli editore.

Carducci, Lisa. 2002. *Pays inconnu / Paese sconosciuto*. Ottawa: Les Éditions David.

Carducci, Lisa. 1991. *Vorrei*. Naro: Ragusa.

Carravetta, Peter. 2021. *Language at the Boundaries. Philosophy, Literature, and the Critique of Culture*. London: Bloomsbury.

Carravetta, Peter. 1998. *The Sun and Other Things*. Toronto: Guernica Editions.

Carravetta, Peter. 2014. *The Other Lives*. Toronto: Guernica.

Caticchio, Tonino. 1983. *La poesia italiana nel Québec / la poésie italienne au Québec.* Montréal: Comité de la poésie italiana nel Québec.

Carli, Camillo. 1989. *Fabio.* Traduit par Maurizia Binda. Montréal: Éditions Guernica.

Christy, Jim. 2013. *This Cockeyed World.* Toronto: Guernica Editions.

Chiocca Olindo Romeo. 2005. *College Street.* Toronto: Guernica Editions.

Colalillo-Katz, Isabella. 2006. *And Light Remains.* Toronto: Guernica Editions.

Colalillo-Katz, Isabella. 1999. *Tasting Fire.* Toronto: Guernica Editions.

Corsi, Pietro. 2012. *Halifax.* Toronto: Guernica Editions.

Corsi, Pietro. 2000. *Winter in Montreal.* Toronto: Guernica Editions.

Costa, Giovanni. 1989. Impressioni in terre amiche. Quebec: Self-published, 1989.

Costa, Giovanni. 1994. *Parlami di stelle, Fammi sognare / Speak to me of stars, Let medream.* Quebec: Self-published.

Cristiano, Anthony. 2002. *The Graviton, the Millenary Man.* Toronto: Polypus Publishing.

D'Alfonso, Antonio. 1973. *La chanson du Shaman à Sedna.* Montreal: self-published.

D'Alfonso, Antonio. 1986. *The Other Shore.* Montreal: Guernica Editions.

D'Alfonso, Antonio. 2006. *Gambling with Failure. Toronto:* Exile Editions.

D'Alfonso, Antonio. 1996. *In Italics: In Defense of Ethnicity.* Toronto: GuernicaEditions.

D'Alfonso, Antonio, ed. 2020. *Pasquale Verdicchio: Essays on His Works.* Toronto:Guernica Editions.

D'Alfonso, Antonio. 2020.   *The Two-Headed Man: Collected Poems 1970-2020.* Toronto: Guernica Editions.

D'Alfonso, Antonio, and Verdicchio, Pasquale. 1998. *Duologue: On Culture andIdentity.* Toronto: Guernica Editions.

Dagnino, Arianna. 2019. *The Afrikaner.* Toronto: Guernica Editions.

d'Apollonia, François. 1982. *Réverbérations.* Longueuil: Les Éditions du Préambule.

David, Carole. 2008. *The Place Where Your Soul Dwells: Selected Poems.* Trans. Nora Alleyn. Guernica Editions.

David, Carole. 2005. *Terra Vecchia.* Montréal: Éditions Les Herbes Rouges.

Davies, Adriana. 2021. *From Sojourners to Citizens: Alberta's Italian History.* Toronto: Guernica Editions.

De Franceschi, Marisa. 1998. *Pillars of Lace: The Anthology Italian-Canadian Women Writers.* Guernica Editions.

de Giacomo, Rocco. 2016. *Every Night of Our Lives.* Toronto: Guernica Editions.

De Gasperi, Giulia, Seccia, Maria Cristina, Canton, Licia, and Mirolla, Michael. 2015.*Writing Cultural Difference: Italian-Canadian Creative and Critical Works.* Toronto: Guernica Editions.

Del Negro, Giovanna. 1994. *Looking Through My Mother's Eyes.* Toronto: Guernica Editions.

De Luca Calce, Fiorella. 1990. *Toni.* Montreal: Guernica Editions.

Del Giudice, Luisa, ed. 2020. *Triangulations within the Italy-Canada-United StatesBorderlands.* New York: Bordighera Press.

De Santis, Delia, and Gatto-White, Loretta. 2013. *Italian Canadians at Table.* Toronto:Guernica Editions.

di Michele, Mary. 1995. *Stranger in You: Selected Poems and New.* Toronto: OxfordUniversity Press.

Di Cicco, Pier Giorgio, ed. 1978. *Roman Candles: An Anthology of Poems by Seventeen Italo-Canadian Poets.* Toronto: Hounslow Press.

Di Cicco, Pier Giorgio. 1990. *The Tough Romance.* Montreal: Guernica Editions.

Di Nardo, Desi. 2011. *The Cure Is a Forest.* Toronto: Guernica Editions.

Di Placido, Sonia. 2012. *Exaltation in Cadmium Red.* Toronto: Guernica Editions.

Di Placido, Sonia. 2018. *Flesh*. Toronto: Guernica Editions.

Di Giuseppe, Emilio. 2018. *Diario di un Tufarolo / Diary of a Tufarolo*. Edited and translated by Bruna Di Giuseppe and M.P. Marchelletta. Toronto: Joie de plume Books.

D'Izzia, Guglielmo. 2020. *The Transaction*. Toronto: Guernica Editions.

Di Sciascio-Andrews, Josie. 2015. *A Jar of Fireflies*. Oakville: Mosaic Press.

Di Sciascio-Andrews, Josie. 2021. *Metastasis*. Oakville: Mosaic Press.

Duliani, Mario. 1993. *The City Without Women*. Trans Antonino Mazza. Oakville:Mosaic Press.

Edwards, Caterina. 1990. *Homeground*. Montreal: Guernica Editions.

Edwards, Caterina. 1993. *The Lion's Mouth*. Toronto: Guernica Editions.

Edwards, Caterina. 2015. *The Sicilian Wife*. Montreal: Linda Leith Publishing.

Famà, Nino. 2021. *The Ocean in the Well*. Trans. Damiano Pietropaolo. Toronto: Guernica Editions.

Fazio, Venera, and De Santis, Delia. 2004. *Sweet Lemons: Writings with a SicilianAccent*. Ottawa: Legas.

Fiorito, Joe. 1999. *The Closer We Are to Dying*. Toronto: McClelland & Stewart.

Fiorito, Joe. 2015. *Rust Is a Form of Fire*. Toronto: Guernica Editions.

Franceschini, Tony. 2000. *The Blue Note*. Montreal: Reading of the XXI Century.

Fraticelli, Marco. 1992. *Voyeur: Selected and New Poems*. Toronto: Guernica Editions.

Gasparini, Len. 2015. *Collected Poems*. Toronto: Guernica Editions.

Gasparini, Len. 2020. *Götterdämmerung*. Toronto: Guernica Editions.

Gasparini, Len. 2005. *The Broken World: Poems 1967-1998*. Toronto: GuernicaEditions.

Gellner, Ernest. 2008. *Nations and Nationalism*. Ithaca: Cornell Paperbacks.

Gileno, Jason. 2005. *Tattoo Joint*. Toronto: Guernica Editions.

Gualtieri, Antonio R. 1991. *Search for Meaning: Exploring Religions of the World*. Montreal: Guernica Editions.

Guzzo-McParland, Connie. 2013. *The Girls of Piazza d'Amore*. Montreal: Linda Leith Publishing.

Guzzo-McParland, Connie. 2017. *The Women of Saturn*. Toronto: Inanna Publications and Education, 2017.

Harney, Robert F. 1984. *Dalle frontiera alle Little Italies: Gli Italiani in Canada: 1800-1945*. Roma: Bonacci Editore.

Hobsbawn, E.J. 1990. *Nations and Nationalism Since 1780: Programme, myth, reality*. Cambridge: Cambridge University Press.

Hryciuk, Marshall. https://discoverarchives.library.utoronto.ca/index.php/marshall-hryciuk-papers.

Hutchison, John, and Smith, Anthony D., eds. 1994. *Nationalism*. Oxford: Oxford University Press.

Iacobelli, Luciano. 2016. *The Examined Life*. Toronto: Guernica Editions.

Ierfino-Adornato, Maria L.. 2005. High Spirits: A Collection of Sacred Prose and Poetry. Montreal: Cusmano.

Ierfino-Adornato, Maria L. 2019. *Order Sons of Italy: Celebrating 100 Years ofHistory, 1919-2019*. Toronto: Guernica Editions.

Kaufman, Eric. 2000. *Liberal Ethnicity: Beyond Liberal nationalism and MinorityRights*. Paper. Birkbeck College: University of London.

Kedourie, Eli. *Nationalism*. 1960. New York: Frederick A. Praeger.

Kymlick, Will, and Straehle, Christine. 1999. 'Cosmopolitanism, Nation-States, and Minority Nationalism: A Critical Review of Recent Literature.' In *European Journal ofPhilosophy* 7:1, pp. 65-88. Oxford: Blackwell Publishers.

Lee, Spike. 1987. *Gotta Have It*. New York: A Fireside Book.

Loriggio, Francesco, ed. 1996. *Social Pluralism and Literary History: The Literature of Italian Emigration.* Toronto: Guernica Editions.

Madott, Darlene. 2021 *Dying Times.* Toronto: Exile Editions.

Madott, Darlene. 2004. *Joy, Joy, Why Do I Sing?* Toronto: Women's Press.

Madott, Darlene. 1999. *Mazilli's Shoes.* Toronto: Guernica Editions.

Madott, Darlene. 2012. *Stations of the Heart.* Toronto: Exile Editions Mancuso, Nick. 2006. *Mediterranean Men.* Toronto: Guernica Editions.

Mastropasqua, Corrado. 1998. *Ibrido: Poesie 1949-1986.* Toronto: Guernica Editions.

Mazza, Antonino. 1993. *The Way I Remember It.* Toronto: Guernica Editions.

Maviglia, Joseph. 1994. *A God Hangs Upside Down.* Toronto: Guernica Editions.

Melfi, Mary. 2012. *Foreplay.* Toronto: Guernica Editions.

Melfi, Mary. 2008. *Infertility Rites.* Toronto: Guernica Editions.

Melfi, Mary. 2018. *In The Backyard.* Toronto: Guernica Editions.

Melfi, Mary. 2007. *Italy Revisited: Conversation with My Mother.* Toronto: Guernica Editions.

Melfi, Mary. 1996. *Sex Therapy.* Toronto: Guernica Editions. Melfi, Mary. 1997. *Stages.* Toronto: Guernica Editions.

Michelutti, Dorina. 1986. *Loyalty to the Hunt.* Montréal: Guernica Editions. Micone, Marco. 1984. *Addolorata.* Montréal: Éditions Guernica.

Micone, Marco. 1995. *Beyond the Ruins.* Trans. Jill MacDougall. Montréal: Guernica Editions.

Micone, Marco. 1991. *Gens du silence.* Montréal: Éditions Guernica.

Micone, Marco. 1988. *Two Plays: Voiceless People* and *Addolorata.* Trans. Maurizia Binda. Montreal: Guernica Editions.

Merola, Mario. 1992. *Mario Merola.* Montréal: Fini-Infini.

Migliarsi, Jerry. 1998. *Goal: More than Soccer and Sports Poems.* Toronto: Self-published.

Migliarsi, Jerry. 2003. *Sports Poems.* Toronto: Self-published. Militano, Carmelo. 2020. *Catching Desire.* Victoria: Ekstasis Editions.

Militano, Carmelo. 2016. *The Stone-Mason's Notebook.* Victoria: Ekstasis Editions.

Minni, C.D. 1989. *Ricordi: Things Remembered.* Montreal: Guernica Editions.

Minni, C.D. and Foschi Ciampolini, Anna. 1990. *Writers in Transition: The Proceedings of the First National Conference of Italian Canadian Writers.* Montreal: Guernica Editions.

Mirolla, Michael. 2009. *Berlin.* Teaticket: Leapfrog Press.

Mirolla, Michael. 2010. *Light and Time.* Toronto: Guernica Editions.

Monaco, Orazio. 1979. *A Space in Time.* New York: Exposition Press.

Morgan Di Giovanni, Caroline, ed. 2012. *Bravo!: A Selection of Prose and Poetry by Italian Canadian Writers.* Toronto: Quattro Books.

Morgan Di Giovanni, Caroline, ed. 1984. *Italian Canadian Voices: An Anthology of Poetry and Prose, 1946-1983.* Oakville. Mosiac Press.

Morgan Di Giovanni, Caroline, ed. 2006. *Italian Canadian Voices: A Literary Anthology: 1946-2004.* Oakville: Mosaic Press.

Morsella, Margherita M. 2021. 'La Place des Montréalaises, dove sono le donne immigrate?' In *Il Corriere Italiano*, June 10.

Morsella, Margherita M. 2021. 'Le Donne d'Acciaio.' In *Il Corriere Italiano*. 10 March.

Morsella, Margherita M. 2021. 'Le Donne dell'Internamento, vittime di delazione oppure Donne del Fascio?' In *Il Corriere Italiano*. May 6.

Morsella, Margherita M. 2021. 'Il Femminicidio ai tempi della Pandemia'. In *Il Corriere Italiano*. April 15.

Nardi, Tony. 2013. *Two Letters … And Counting.* Toronto: Guernica Editions.

Norris, Ken. 1988. *Report on the Second Half of the Twentieth Century.* Montreal:Guernica Editions.

Norris, Ken. 2021. *South China Sea.* Toronto: Guernica Editions.

Occhionero, Michael A. 2019. ALT•4•1. Montreal: AOS Publishing.

Occhionero, Michael A. 2017. *Idle Hands.* Montreal: AOS Publishing.

Oliva, Peter. 1993. *Drowning in Darkness.* Dunvegan: Cormorant.

Özkirimh, Umut. 2005. *Contemporary Debates on Nationalism: A Critical Engagement.* Hampshire: Palgrave Macmillan.

Paci, F.G. 1978. *The Italians.* Ottawa: Oberon.

Paci, F.G. 1982. *Black Madonna.* Ottawa: Oberon.

Paci, F.G. 2019. *Dead Voices.* Toronto: Guernica Editions.

Paci, F.G. 2005. *Hard Edge.* Toronto: Guernica Editions.

Paci, F.G. 2002. *Italian Shoes.* Toronto: Guernica Editions.

Paina, Corrado. 2000. *Hoarse Legend.* Toronto: The Mansfield Press.

Patriarca, Gianna. 1999. *Ciao, Baby.* Toronto: Guernica Editions.

Patriarca, Gianna. 1997. *Daughters for Sale.* Toronto: Guernica Editions.

Patriarca, Gianna. 1994. *Italian Women and Other Tragedies.* Toronto: Guernica Editions.

Patriarca Gianna. 2021. *This Way Home: Selected and New Work.* Toronto: GuernicaEditions.

Patriarca, Gianna. 2005. *What My Arms Can Carry.* Toronto: Guernica Editions.

Perin, Roberto and Sturino, Franc. 1989. *Arrangiarsi: The Italian ImmaginationExperience in Canada.* Montreal: Guernica Editions.

Perissinotto, Cristina. 2010. *Exhale, Exhale.* Toronto: Guernica Editions.

Perissinotto, Cristina. 2014. *Tigers and the Ceo.* Toronto: Guernica Editions.

Perticarini, Romano. 2001. *Ragazzi di ieri / Yesterday's Children.* Trans. Pasquale Verdicchio. Barnaby: Ital Press.

Perticarini, Romano. 1989. *Via Diaz.* Trans. Carlo Giacobbe. Montreal: GuernicaEditions.

Petrone, Penny. 2001. *Breaking the Mould.* Toronto: Guernica Editions.

Petrone, Penny. 2000. *Embracing Serafina.* Toronto: Guernica Editions.

Pirro, Michel ('Woups'). 1982. *L'étang du Rollmops ou Les aventures de la tribu desAnwouèyes.* Montréal: Les éditions Anwouèye.

Pivato, Joseph, ed. 1985. *Contrasts: Comparative Essays on Italian-Canadian Writing.* Montreal: Guernica Editions.

Pivato, Joseph, ed. 1998. *The Anthology of Italian-Canadian Writing.* Toronto: Guernica Editions.

Pivato, Joseph. 1994. *Echo: Essays on Other Literatures.* Toronto: Guernica Editions.

Pivato, Joseph. 2011. *Pier Giorgio Di Cicco: Essays on His Works.* Toronto: GuernicaEditions.

Pivato, Juliana. 2020. *Pictura: Essays on Roy Kiyooka.* Toronto: Guernica Editions.

Poloni, Philippe. 2005. *Olivo Oliva.* Toronto: Guernica Editions.

Principe, Angelo. 1999. *The Darkest Side of the Fascist Years.* Toronto: GuernicaEditions.

Principe, Concetta. 1999. *Interference.* Toronto: Guernica Editions.

Principe, Concetta. 1997. *Stained Glass.* Toronto: Guernica Editions.

Principe, Concetta. 2021. *Stars Need Counting: Essays on Suicide.* Guelph: Gordon Hill Press.

Ramirez, Bruno. 2007. *The Canadian Duce.* Toronto: Guernica Editions.

Ramirez, Bruno, and Del Balso, Michael. 1980. *The Italians of Montreal: From Sojourning to Settlement: 1900-1921.* Montréal Les Éditions du Courant.

Ricci, Nino. 1990. *The Lives of the Saints.* Dunevgan: Cormorant.

Ricci, Nino. 1993. *In a Glass House*. Toronto: McClelland & Stewart.

Riccio, Giovanna. 2019. *Plastic's Republic: Featuring the Barbie Suite*. Toronto: Guernica Editions.

Salvatore, Filippo. 1999. *Ancient Memories, Modern Identities*. Toronto: Guernica Editions.

Salvatore, Filippo. 1994.. *Le Fascisme et les Italiens de Montéral*. Montréal: Éditions Guernica.

Salvatore, Filippo. 1998. *Fascism and the Italians of Montreal: An Oral History: 1922-1945*. Toronto: Guernica Editions.

Salvatore, Filippo. 1991. *La Freaque de Mussolini*. Montréal: Éditions Guernica.

Salvatore, Filippo. 1980. *Suns of Darkness*. Montreal: Guernica Editions.

Salvatore, Filippo. 1977. *Tufo e gramigna*. Montreal: Edizioni Simposium.

Serdakowski, Barbara. 2012. *Così nuda*. Rome: Ensemble.

Serdakowski, Barbara. 2018. *Gli aranci di Tadeusz*. Rome: Ensemble.

Tamburri, Anthony Julian, Giordano Paolo A., and Gardaphé Fred L. 1991. *From theMargins: Writings in Italian Americana*. West Lafayette: Purdue University Press.

Taylor, Charles. 1992. *Multiculturalism and 'The Politics of Recognition'*. Princeton: Princeton University Press

Tuzi, Marino. 2016. *Nino Ricci: Essays on His Works*. Toronto: Guernica Editions.

Tuzi, Marino.1997. *The Power of Allegiances: Identity, Culture, and RepresentationalStrategies*. Toronto: Guernica Editions.

Varesi, Anthony. 2002. *The Bob Dylan Albums*. Toronto: Guernica Editions.

Verdicchio, Pasquale. 1997. *Devils in Paradise: Writing on Post-Emigrant Culture*. Toronto: Guernica Editions.

Verdicchio, Pasquale. 2000. *The House Is Past: Poems 1978-1998*. Toronto: Guernica Editions.

Verdicchio, Pasquale. 2007. *This Nothing's Place*. Toronto: Guernica Editions.

Zamaro, Silvano. 1987. *Austrostrada per la luna*. Montreal: Guernica Editions.

Zampieri Pan, Anna. 2007. *Missioni di ieri, frontiere di oggi. Narrativa 1995-1998.*Vicenza: Editrice Veneta.

Zampieri Pan, Anna. 2008. *Personaggi & persone. Narrativa 1997-2007*. Vancouver:Ital Press Publishers.

Zampieri Pan, Anna. 2009. *Presenze italiane in British Columbia. Narrativa 2002-2009*. Vancouver: Ital Press Publishers.

Zampieri Pan, Anna. 2014. *Personaggi & persone. Narrativa 2008-2014*. Volume 2. Vancouver: Ital Press Publishers.

Zanzotto, Andrea. 1995. *Europa, melgrano di lingue*. Venezia: Supernova.

Zappa, Osvaldo. 2010. *Giovanni's Journey*. Montreal: Longbridge Books.

Mai abbastanza canadese:
Alterità cronica e classe operaia, cosmopolitismo nell'esperienza di un'accademica immigrata

GIOVANNA P. DEL NEGRO

1. ETNICO NON MARCATO, ANTROPOLOGIA LEGGERA E FINTO COSMOPOLITA

Nel 2005, sono stata selezionata insieme a pochi altri per un incarico relativo agli studi sul folclore nell'ambito degli studi etnici in un'università americana. Ho scoperto per vie traverse che la mia candidatura aveva fatto nascere un acceso dibattito per decidere se il mio lavoro sulle donne italiane immigrate a Montreal potesse essere considerato "ricerca sugli studi etnici". Sembra che alcuni membri del dipartimento avessero l'impressione che le donne bianche di origine europea in Canada non potessero essere definite "etniche". Per questi ricercatori, gli studi etnici erano per definizione lo studio di esponenti di altre razze—anche se l'annuncio con la proposta di lavoro non specificava che dovevano candidarsi soltanto coloro che studiavano persone di colore. Come studiosa italocanadese che ha ammirato le ricerche pionieristiche di Robert F. Harney sull'etnicità e l'immigrazione in Canada (Harney 1974, 1975, 1978, 1979a, 1979b, 1979c, 1980), questo atteggiamento mi è sembrato sconcertante e USA-centrico. Ma chiaramente, per alcuni dei docenti di questo dipartimento, le categorie di razza o etnia erano sinonimo di afroamericani, latinoamericani o asiatici. Nel colloquio di lavoro, ho riconosciuto il ruolo cruciale che la razza riveste nella società americana, ma ho anche sottolineato che le categorie di razza ed etnia hanno un costrutto diverso nei diversi periodi storici e contesti sociali, e che la stessa etnia è un fenomeno sociale significativo degno di studio. Parlando con i membri del comitato di nomina, sono stata in grado di comprovare le mie credenziali di "studi etnici".[1] Dopo averlo fatto, però, mi si è presentato un altro ostacolo: pochi minuti dopo l'inizio dell'incontro con la Preside, mi sono resa conto che non nutriva altro che disprezzo per la mia disciplina di studi sul folclore. Nascondendo a malapena la sua ostilità, mi chiese sprezzantemente di spiegare la differenza tra folclore e antropologia, insinuando che il folclore è semplicemente una sottodisciplina dell'antropologia o, peggio, un campo di studi antiquato, superato dall'antropologia. Tentando di rispondere alla sua domanda, ho sottolineato l'affinità tra le due tradizioni:

che, proprio come i folcloristi, molti antropologi sono interessati a forme espressive quali l'arte verbale, l'architettura vernacolare o l'outsider art, mentre i folcloristi come me fanno ricerca etnografica radicata nell'osservazione dei partecipanti. Ho proseguito spiegando la storia del folclore e i suoi caratteristici contributi—il lavoro di Benjamin Botkin con il WPA, lo sviluppo del "folklife movement" in Europa, e la rivoluzione degli studi sulla performance nel folclore degli anni '70—ma le mie parole sono cadute nel vuoto. In quel momento ero arrabbiata per quello che era successo ma, con il senno di poi, mi sono resa conto che gli ostacoli incontrati durante il mio colloquio di lavoro erano ancora più preoccupanti per me, perché riecheggiavano le politiche etniche e culturali che ho vissuto crescendo come figlia di immigrati italiani nel quadro della complessa politica nazionale e provinciale del Québec degli anni '70.

Attingendo a metodi autoetnografici e a scritti di folcloristica, di antropologia e di studi etnici, questo saggio esplora le mie esperienze di folclorista e di donna etnica canadese nel mondo universitario americano, di bambina e giovane adulta nel Québec dell'era della Rivoluzione Tranquilla,[2] di lavoratrice sul campo in Italia e di studiosa in Terranova. Esamino come l'alterità cronica della mia giovinezza mi abbia accompagnato nei miei luoghi di lavoro in Texas e in Terranova, e il modo in cui ho imparato a negoziare mutevoli relazioni di potere e posizionamenti soggettivi mentre mi trovavo a cavallo di confini geografici, culturali e temporali—confini tra Canada, Stati Uniti e Italia del secondo dopoguerra—su cui è incentrato questo scritto. Sarebbe facile attribuire la rabbia e la frustrazione che esprimo in questo articolo semplicemente alle varie forme di esclusione, discriminazione ed elitarismo con cui ho dovuto confrontarmi nelle diverse fasi della mia vita: non sentirmi mai abbastanza quebecchese, essere etichettata come un'outsider nel paese in cui sono nata, essere rimproverata per la mia mancanza di maniere anglosassoni, e vedere i miei genitori italiani immigrati, che avevano lasciato la città carbonifera di Trazegnies, in Belgio, trattati come cittadini di seconda classe. In modo più profondo, tuttavia, la mia rabbia sconvolgente deriva da quei sistemi di dominazione etnica e di genere che tentano di negarci ogni potere e costringerci al silenzio. Ripercorrendo momenti della mia vita personale e accademica, cerco in definitiva di capire i modi in cui le questioni di identità, cosmopolitismo e appartenenza entrano in gioco nelle situazioni sociali di interazione tra gruppi.

Per molti versi, la situazione che stavo affrontando durante il mio colloquio di lavoro era sconcertante. Come folclorista profondamente plasmata dagli studi culturali e con una formazione in sociologia, cultura popolare e studi americani, non avevo l'abitudine di controllare i confini delle discipline all'interno delle quali operavo. Farlo, sentivo, significava riaffermare visioni superate, campanilistiche e romantiche del mio campo, che è spesso rappresentato come lo studio di forme statiche di cultura espressiva, impossibilitate a crescere sotto la spinta delle forze della modernità. In effetti, nel mio primo lavoro etnografico sulla *passeggiata* e la cultura popolare in Italia (Del Negro 2004), ho cercato di dissipare le visioni dell'Abruzzo come focolaio di superstizione e sopravvivenza culturale, e anche gli indovinelli osceni, i racconti di trucchi e le ninnenanne delle donne italiane immigrate a Montreal del mio primo libro (Del Negro 2003) erano ben lontani dalle narrazioni pittoresche e celebrative del Vecchio Mondo. Come figlia di immigrati, avevo genitori profondamente legati ai loro villaggi, alle famiglie rimaste in patria e all'enclave etnica. Allo stesso tempo, però, erano aperti alle nuove esperienze che facevano nelle drogherie, nei ristoranti, nelle lavanderie e nei *dépanneurs* (negozi di alimentari) che possedevano e che li mettevano in contatto con persone provenienti da un'ampia gamma di background etnici e di classe. Anch'io sentivo una certa affinità con i componenti della mia comunità, ma mi sentivo anche attratta dal mondo pieno di differenze culturali che mi circondava. Le cameriere francocanadesi con pettinature ad alveare, che lavoravano al ristorante dei miei genitori. erano una fonte costante di fascino per me. Ricordo che mi esaltavo quando mio fratello maggiore, che ha avuto una breve carriera come cantante pop in lingua francese con il nome d'arte di Danero, riceveva telefonate amichevoli da parte di France Castel e Claude Blanchard, due famosi cantanti quebecchesi alla moda. Tuttavia, se non fosse stato per la mia identità scritta col trattino, la mia doppia presa di coscienza, i miei sentimenti di appartenenza e non appartenenza, e il mio senso concomitante di attrazione e di distanza dai diversi mondi etnici e di classe che mi circondavano, dubito fortemente che sarei diventata una folclorista. L'alterità cronica che ho spesso percepito mentre crescevo ha fortemente influenzato il mio interesse per il folclore e, per quanto mi sforzassi di allontanarmi da tutto ciò che era italiano, tornavo sempre al luogo da cui provenivo.

Tuttavia, per la preside che ho incontrato al mio colloquio di lavoro il folclore aveva poco da contribuire, e dopo essere stata grigliata sui carboni ardenti, agitata e ribollente di rabbia, sono stata trascinata a tenere la mia dissertazione sulla *passeggiata* italiana. Nel mio discorso, ho descritto gli abitanti di Sasso, il paese di mia madre, come cosmopoliti della classe operaia, ma nel successivo periodo di domande e risposte, un professore associato ha insinuato che gli italiani con cui ho lavorato sul campo all'inizio degli anni '90 non erano "veri cosmopoliti". Nel mio libro sulla *passeggiata*, sostengo che l'amata *passeggiata* di Sasso e il senso personale dei sassanesi come cosmopoliti illuminati si sono sviluppati come risposta diretta all'emigrazione (e successiva trasmigrazione) del secondo dopoguerra, con la quale metà degli abitanti del paese se n'è andata all'estero. Rispondendo a quella che consideravo un'affermazione elitaria, ho detto che secondo la definizione di Ulf Hannerz, i sassanesi non si sarebbero qualificati come cosmopoliti, ma secondo gli standard di Pnina Werbner invece sì (Hannerz 1990; Werbner 2006). Ho continuato aggiungendo che molti degli emigrati di ritorno, che chiamano Sasso la loro casa, parlano più di una lingua e hanno viaggiato più e meglio di molti dei miei studenti del ceto medio, che non sono mai usciti dallo stato del Texas. Come dimostro nella mia ricerca, gli abitanti di Sasso non sono immuni all'influenza della modernità. Al contrario, le fabbriche lungo *la zona industriale* sono di proprietà di multinazionali straniere, e le donne della comunità confezionano abiti per griffe che vengono vendute nelle boutique di tutta Europa. Le vedove anziane del paese, che si vestono in abiti neri tradizionali, parlano sia francese che italiano e guardano le *telenovelas* argentine, e i giovani ascoltano Euro pop e world music. Venditori ambulanti senegalesi, persiani e algerini vengono periodicamente a Sasso a vendere le loro mercanzie e molti di quelli che se ne sono andati, come i miei genitori, tornano a trovarli con i loro figli nati in Canada, che sono cresciuti guardando il festival della canzone di Sanremo e apprezzando la musica di Celentano, Mina e Gigliola Cinquetti, proprio quanto quella dei gruppi francocanadesi come *Harmonium* e *Beau Dommage*. I sassanesi contemporanei che vivono lontano dai centri di potere fondono vecchio e nuovo in modi che sfidano le visioni provinciali di modernità o cosmopolitismo. Per aggiungere l'insulto al danno, alla mia intervista, un'irritata docente della facoltà mi ha detto che Sasso è ben lontano dall'essere *la piccola Parigi dell'Abruzzo* − un termine che i sassanesi usano in modo mezzo scherzoso e mezzo serio per riferirsi al loro paese−e che lei ha visto in Italia innumerevoli altri posti molto più belli. Sì, i sassanesi sanno che il loro paese è lontano dall'essere la *Ville Lumière*. Ma per molti, in un paese che è sopravvissuto ai colpi di una massiccia emigrazione, alla povertà e alle difficoltà economiche, e che è stato in grado di ricostruirsi, il Sasso di oggi è ammirevole, attraente e aperto al mondo come qualsiasi altro luogo in cui i suoi abitanti sono emigrati: Belgio, Australia, Svizzera, Francia, Germania, Canada e Stati Uniti. Alla fine, la politica dipartimentale di questa mia ricerca di incarico ha relegato la mia analisi ai margini degli studi etnici, e gli italiani del mio lavoro sul campo, almeno per alcuni, erano troppo comuni, migranti, classe operaia e locali per poter rivendicare una definizione che è generalmente riservata ai ricchi giramondo. Con un'osserva-zione sprezzante, i sassanesi sono stati etichettati come "falsi cosmopoliti".

A questo punto della mia carriera avevo tre libri al mio attivo e avevo appena iniziato a co-editare la rivista più importante del mio campo, ma dopo questa disastrosa esperienza, mi sono sentita umiliata. Sono tornati a galla i sentimenti di esclusione che a volte ho provato crescendo. Qui, però, il bullo non era lo xenofobo, ma gli accademici elitari, che non riescono a voler vedere significato e bellezza nel dialetto abruzzese o nella *passeggiata*, a meno che non avvenga a Roma o Milano. Non sono stata in grado di difendere il buon nome della gente di Sasso nello stesso modo in cui, da bambina, mi sono spesso sentita impotente a proteggere i miei genitori dagli sguardi di disapprovazione che ricevevano dai passanti perché parlavano italiano e francese belga, mangiavano spaghetti e si vestivano in modi che spesso erano visti come strani e stranieri. Crescendo, non mi sentivo svantaggiata. I miei genitori avevano i soldi per pagare l'affitto, nutrirci e vestirci, ma si vergognavano della loro mancanza di istruzione formale. Ho osservato in prima persona come questo tipo di stigma sociale ferisse la loro sicurezza in se stessi e il loro senso di autostima. A differenza dell'immigrazione italiana negli Stati Uniti, le ondate migratorie dall'Italia al Canada sono avvenute soprattutto dopo il 1945. Negli anni '70, più di 150.000 italiani immigrati ed etnici vivevano già a Montreal, una città di poco più di 2.500.000 abitanti (Ornstein 2007). Mentre la maggioranza francofona della classe operaia della città sperimentava lo sfruttamento e l'umiliazione per mano dell'élite anglofona e poteva in qualche modo essere accogliente, i pregiudizi anti-immigrati a Montreal potevano essere intensi. Dopo essere emigrati in Canada, i miei genitori hanno inizialmente trovato lavoro nell'industria dell'abbigliamento e col tempo hanno goduto della mobilità verso l'alto. Ma a prescindere dal successo che i miei genitori hanno avuto—gestendo piccole imprese di successo, diventando proprietari di casa e vedendo i loro figli frequentare l'università—mio padre, in particolare, ha avuto difficoltà a superare i suoi sentimenti di inadeguatezza. Nato nella classe contadina, coltivava amorevolmente un orto nel nostro cortile, che mia madre artigiana evitava, ma che aiutava a curare la sua anima ferita. Ironia della sorte, questi orti, che in passato erano stati disapprovati a Montreal come prova che gli immigrati italiani non erano altro che bifolchi, oggi ricevono grandi elogi da alcune delle stesse persone che vedevano i primi immigrati italiani come nient'altro che *voleurs de job*—ladri di *lavoro*.

Gli accademici a guardia del mio colloquio di lavoro trovavano difficile credere che gli abruzzesi o i miei genitori immigrati potessero essere
cosmopoliti. Eppure, gli scritti di James Clifford (1992), Ulf Hannerz
(2005) e Arjun Appudarai (2011) dimostrano chiaramente che il cosmopolitismo non è dominio delle élite; al contrario, può svilupparsi dal basso
verso l'alto, include forme vernacolari o operaie ed emerge in qualsiasi
mondo sociale multicentrico che include una serie di influenze, persone,
beni e visioni del mondo. Infatti, gli immigrati che provano un profondo
senso di consanguineità con il loro villaggio possono sentirsi radicati in
più luoghi allo stesso tempo, sia abbracciando che rifiutando aspetti della
cultura cui sono esposti per scelta, attraverso il loro lavoro o a causa della
loro prole. Come ha osservato Richard Werbner nella sua ricerca con i Kalanga del Botswana, un senso di appartenenza non nega l'apertura alla
differenza culturale (2004). Nel caso dei miei genitori, il loro lavoro in
fabbrica alla Jocardi in Chabanel Street, che produceva giacche e cappotti
di fascia alta, e le varie piccole imprese che avevano posseduto nel corso
degli anni, gli hanno permesso di conoscere noti stilisti, giornalisti e politici. Il direttore de *La Presse*, il giornale francese di Montreal, regalò a mia
madre una spilla portata da uno dei suoi viaggi lontani; era un segno
dell'amicizia che avevano maturato nel corso degli anni e che mia madre
aveva cara. Dopo le frequenti rapine nella zona di St. Lawrence, ancora da
sviluppare, dove i miei genitori avevano i loro negozi, i miei genitori deci-
sero di chiudere il business. Durante questo periodo mio padre lavorava
in un negozio di alimentari e mia madre disegnava, cuciva e modificava
abiti per donne benestanti e professioniste di mezza età, la cui vita sembrava eccitante e piena di possibilità. Quando i miei fratelli e io siamo cresciuti, abbiamo intrapreso carriere diverse (commercio, giurisprudenza e
istruzione superiore) in Canada e negli Stati Uniti, e spesso abbiamo portato a casa un gruppo eterogeneo di amici e colleghi: francofoni, anglofoni
di estrazione irlandese, inglese e americana, insieme a persiani, egiziani,
ucraini e greci. Entrambi i miei fratelli e io ci eravamo sposati al di fuori
del nostro gruppo etnico—un pakistano, una canadese afro-métis e
un'ebrea del New England—cosa non comune in quell'epoca, e i miei genitori, con la loro istruzione limitata, condividevano pasti e animate conversazioni con marxisti-leninisti, attivisti sindacali, membri del parlamento, professori universitari, bibliotecari e drammaturghi. Ci aspettavamo
che mio fratello maggiore, un monogamo seriale, si presentasse al nostro
pasto domenicale settimanale con una delle sue numerose fidanzate, in-
variabilmente cresciuta in una piccola città fuori Montreal. È così che mi
sono familiarizzata con gli *abitanti* del Québec rurale, di cui avevo letto

soltanto in libri come *Kamouraska* (1970) di Anne Hébert. Come molti immigrati italiani dell'epoca, i miei genitori interagivano con *i paesani* (gente che proveniva dal loro villaggio e cittadine circonvicine) e con italiani di altre regioni d'Italia, ma i siciliani, i pugliesi e i friulani, di cui non condividevano i dialetti, sembravano spesso altrettanto stranieri, se non di più, degli amici dei loro figli. Nel corso degli anni, gli appartamenti del fiveplex e del triplex dei miei genitori, situati di fronte a dove vivevamo noi nel quartiere di St. Michel, furono affittati a italocanadesi, francocanadesi, cileni, marocchini, ruandesi e colombiani, gente di tutte le estrazioni sociali: studenti, insegnanti, ingegneri, grafici, funzionari, impiegati, pensionati, disoccupati e beneficiari del welfare.

L'ospitalità e l'apertura dei miei genitori verso il mondo, tuttavia, coesistevano insieme al loro disprezzo per il cibo francocanadese e ai loro percepiti atteggiamenti liberali verso il sesso, così come un razzismo appena celato verso il recente afflusso di haitiani e musulmani che si erano trasferiti nel quartiere. Nonostante le loro posizioni razziste, i miei genitori finirono per accettare nella nostra famiglia mia cognata afrométis, ma mia madre non era troppo entusiasta di sentire che mio marito e io stavamo per adottare dal sistema di affidamento due ragazze afroamericane già cresciute. In questo, non erano più razzisti di alcuni parenti borghesi americani della famiglia di mio marito, che deploravano la "mancanza di igiene" dei messicani che incontravano nei viaggi all'estero e si lamentavano del "rifiuto" da parte degli italiani di parlare inglese in Italia. Vale la pena di notare che gli immigrati senegalesi a Sasso hanno vissuto esperienze simili a quelle dei miei genitori immigrati. Hanno sperimentato l'emarginazione da parte della popolazione autoctona maggioritaria e, allo stesso tempo, si sono fatti beffe della mancanza di raffinatezza culturale degli italiani che mercanteggiavano con loro sulla pubblica piazza dove vendevano i loro prodotti. Se questi esempi mostrano qualcosa, è che il cosmopolitismo di per sé non si traduce necessariamente in un bene maggiore. Al contrario, spesso comporta ciò che Mamadou Diouf sostiene essere "riti di esclusività sociale [che cercano di] preservare una cultura omogeneizzata che esclude i valori stranieri" (Diouf 2000, 694).

2. CFA: COME FROM AWAY (Venire da lontano)

Nel 1997, ho accettato un posto come professoressa associata nel Dipartimento di Folclore della Memorial University di St. John's, in Newfoundland, Canada. Anche se la mia decisione di accettare il lavoro era agrodolce, dato che stavo lasciando mio marito in USA, non vedevo l'ora di tornare a casa. Al colloquio di lavoro, ricordo di aver vissuto due momenti intensamente canadesi. Durante il mio giro dell'isola, quando mi sono fermata per una pausa in un piccolo negozio, ho scoperto che avevano la mia delizia preferita fin dall'infanzia. Mentre sollevavo la mia May West, una torta bianca a forma di luna ripiena di crema alla vaniglia e ricoperta di cioccolato fondente, ho avuto la sensazione di ritornare ai tempi della scuola elementare a Montreal. Ricordavo il negozio di alimentari dei miei genitori tra Belanger e la 9th Avenue, il nostro appartamento al secondo piano, proprio sopra il negozio, il cortile privato con facile accesso alla casa dei miei zii e alle uscite di sicurezza del teatro *7ème art*, che usavo per vedere di nascosto i film americani doppiati in francese. Tutto ciò di cui avevamo bisogno era nelle vicinanze: le case dei nostri cugini, raggiungibili a piedi, la panetteria Cousineau, con il suo delizioso pane francese e le torte belghe di riso, la farmacia di famiglia Favreau, con i suoi farmacisti francocanadesi, che erano sempre amichevoli e desiderosi di aiutare, e uno dei migliori negozi di dischi della città. Più lontano, in Jean Talon Street, avevamo la *Conca d'oro*, una rosticceria e pasticceria italiana, la chiesa de *La Consolata*, le banche con personale italofono e il *Patronato Italo-Canadese per l'Assistenza agli Immigrati*, un'associazione che forniva assistenza agli immigrati italiani, compresi i corsi di lingua del sabato mattina per le famiglie che volevano che i loro figli imparassero l'italiano standard.

Tutti questi luoghi esistono ancora oggi, ma ora si rivolgono in gran parte a una clientela etnicamente più diversificata di haitiani, algerini e vietnamiti, che si sono trasferiti nella zona e vi hanno stabilito le loro attività e luoghi di culto. Con le sue istituzioni formali e informali e la sua organizzazione, compresi i giornali in lingua italiana, le stazioni radio e le trasmissioni televisive domenicali, il nostro quartiere mostrava quello cui si riferiva Raymond Breton definendolo un alto grado di "completezza istituzionale" (Breton 1964: 193). Ciononostante, St. Michel era ancora un quartiere prevalentemente francofono e, come tale, aveva centri commerciali ben consolidati, bar, club, negozi di alimentari, parchi e ospedali, che avevano fornito servizi ai suoi residenti Québécois per molti anni. St. Michel, storicamente un quartiere a basso reddito e di classe operaia, aveva la sua giusta quota di ristoranti, che offrivano cibo e spuntini quebecchesi come hot dog al vapore, *poutine* (patatine fritte con cagliata di formaggio e salsa) e *paté chinois* (tortino dei pastori). E aveva anche istituzioni anglofone. Ho frequentato la St. Finbar Elementary e la John F. Kennedy High School, scuole in lingua inglese intitolate a figure cattoliche irlandesi, che riflettevano il credo religioso sia degli irlandesi che dei francesi in Canada.

Il secondo momento più intensamente canadese che ho vissuto durante il mio colloquio di lavoro alla Memorial University si è verificato quando il mio collega negli studi di folclore, Peter Narváez, ha sintonizzato la sua autoradio sulla stazione CBC (Canadian Broadcasting Corporation), mentre mi stava facendo fare un tour della penisola di Avalon.[3] Mi sono sempre piaciuti i reportage "person-on-the-street" e il programma della CBC "As it Happens", con famosi personaggi canadesi e politici francofoni, che sembravano venire da Shawinigan. Mi sentivo addirittura sdolcinata guardando alla televisione le pubblicità di Tim Hortons (negozio di caffè e ciambelle) nelle notti fredde e nevose nella mia casa di Pennywell Road, che si trovava proprio di fronte alla casa di Mary Walsh, un'attrice nel cast del noto show comico basato in Terranova, *This Hour Has Twenty-Two Minutes*. Arrivando a St. John's, pensai finalmente: "Sono a casa", ma feci presto esperienza di nuovi modi di essere emarginata nel paese in cui ero nata. In Québec, sono sempre stata un'etnica con il trattino, non canadese e non *une Québécoise de pure laine* (una quebecchese di lana pura). Facendo un lavoro sul campo in Italia, gli abitanti della città natale di mia madre mi vedevano come *l'Americana* (del Nord America), per nascita una "Fangarilli" (il nome del clan di mia madre) che parlava un dialetto antiquato, ma non era completamente italiana.[4] A Terranova io ero quello che i locali chiamavano un CFA (Come from Away) vale a dire, *Viene da Lontano*. Terranova ha aderito alla confederazione nel 1949, e negli anni '90 in questa provincia i canadesi erano ancora visti come outsider. In questo contesto, mi collocavo come canadese, non come italocanadese, e l'identità residua di Terranova pre-confederazione rendeva l'essere "canadese", un Altro, una persona con cui non si condivideva la nazionalità. Anche se il Québec è culturalmente e geograficamente più vicino a Terranova di quanto non lo sia all'Ohio, all'Indiana o al Texas, e anche se non venivo dal talvolta vituperato bastione anglosassone del potere e del privilegio (vale a dire Toronto), provenivo comunque dalla terraferma. Da una prospettiva centro-italiana, comunque, Terranova e l'Abruzzo hanno molto in comune: entrambi sono stati storicamente sottosviluppati, ed entrambi si sono liberati solo di recente dalla dipendenza economica dalle loro capitali (Ottawa e Roma).

Il mio viaggio di ritorno in Canada non è stato affatto semplice e ha incluso molte soste lungo la strada: la scuola di specializzazione nel Midwest, un matrimonio italoebraico a Montreal, oltre un anno di lavoro sul campo in Italia e un trasferimento in Texas poco prima della par-

tenza per Terranova. Mentre Terranova aveva soltanto una piccola popolazione francofona, la sua comunità italiana era ancora più piccola.
Come ho scoperto, la vita a Terranova era, per certi versi, più familiare
di quanto mi aspettassi. Come Montreal, St. John's è ricca di spettacoli
musicali e teatrali, ha una comunità artistica ben consolidata e, come il
Québec, Terranova nutre un movimento separatista. Quanto ai particolari del mio retaggio culturale, ero etnicamente distante dalla maggioranza degli abitanti di Terranova, che erano in gran parte di origine irlandese e inglese. Tuttavia, in un modo più astratto, ma comunque pal-
pabile, mi trovavo nella mia "casa e terra natia" e il quintessenziale sot-
toprodotto del multiculturalismo degli anni '70 di Pierre Elliott Trudeau,
che promuoveva l'idea del Canada come mosaico culturale, un luogo in
cui gli immigrati potevano acculturarsi nella loro nuova società senza
dover perdere la loro identità linguistica ed etnica.

3. MODELLI DI INSEDIAMENTO E INVISIBILITÀ ETNICA

I miei genitori e i miei fratelli si sono trasferiti in luoghi sempre più
grandi lasciando il loro piccolo villaggio in Abruzzo per una città minera-
ria in Belgio e poi per il distretto dell'abbigliamento a Montreal. Al contrario, io ho lasciato la vita frenetica della grande città per le cittadine universitarie del Midwest americano e alla fine ho trascorso molti anni a College Station, la sede della Texas A&M University. Ho passato i primi due
anni lontano da Montreal lavorando per il mio master in cultura popolare
alla Bowling Green State University di Bowling Green in Ohio, con un periodo più lungo all'Indiana University di Bloomington per il mio dottorato in folclore e studi americani. La sede di Alfred Kinsey, Bloomington, è
una piccola città con una ricca vita culturale di film di repertorio, caffè
bohémien e ristoranti etnici. College Station, pur avendo una popolazione
molto più numerosa di Bowling Green o di Bloomington, sembrava più
piccola e più insulare. Come montrealese, la mia incapacità di camminare
o prendere l'autobus per andare al lavoro era già abbastanza difficile da
superare, ma il caldo soffocante del centro del Texas, con la sua architettura suburbana e la mancanza di cultura pubblica, mi mettevano in contrasto con il mio stesso ambiente. Come molti miei colleghi, che hanno frequentato la scuola di specializzazione sulla East Coast o in posti come la
California, con il suo clima temperato, ero un pesce fuor d'acqua.

Il senso di alienazione, tuttavia, si estendeva anche al mio posto di lavoro e alla progressiva cancellazione della mia differenza etnica in una
città che favoriva la conformità culturale sopra ogni cosa. Non solo ero
una "partner placement" assunta in un dipartimento che storicamente era

stato ostile ai folcloristi, ma ero un'etnografa, una studiosa che sfidava i metodi letterari di ricerca riconosciuti. Mentre mi sentivo socialmente, culturalmente e disciplinarmente dislocata, la mia etnia, che era stata costantemente in primo piano nella mia esperienza a Montreal, da un punto di vista sia positive che negativo, era ora relegata nell'ombra. Gli irriducibili Aggies ai quali insegnavo alla Texas A&M esaltavano con ardore la loro "normalità" in opposizione ai loro rivali della University of Texas at Austin, che erano considerati "strani". Perciò non era una sorpresa che gli studenti cechi, tedeschi e messicani di seconda o terza generazione nei miei corsi parlassero raramente della loro etnia. Erano prima di tutto e principalmente americani. Allo stesso modo, nella maggior parte delle mie interazioni con la gente o con i negozianti del mio quartiere, io ero soltanto un'altra yankee, un'accademica trapiantata, che parlava inglese e aveva un insolito cognome. Come studente internazionale negli Stati Uniti, ero stata considerata canadese, ma in Texas, sia la mia nazionalità che il mio background culturale non venivano riconosciuti. Da un giorno all'altro, sono diventato una persona etnicamente invisibile senza un'enclave o una comunità intellettuale congeniale da chiamare mia.

Il mio senso di dislocazione, tuttavia, è iniziato ancora prima del mio colloquio di lavoro in Texas. Rivolgendomi a un membro di facoltà più anziano e affermato dell'A&M per chiedere come cercare una posizione di partner placement, mi fu risposto di rendere il mio CV più simile a quello di uno studioso di letteratura inglese. Le mie esperienze di lavoro con il *Centro Donne* (un'associazione no-profit di donne italiane immigrate a Montreal), la *Federazione Italiana Lavoratori Emigrati e Famiglie* (un gruppo che organizzava eventi comunitari e forniva servizi agli italiani che vivevano all'estero), CIBL105 (una stazione radio francofona, dove suonavo musica popolare italiana), giornali e teatro in lingua francese e inglese, e organizzazioni folcloristiche del settore pubblico in Canada e negli Stati Uniti: tutto questo doveva essere cancellato. Tutti noi dobbiamo inquadrare il nostro background per interessare potenziali datori di lavoro, specialmente quelli di noi che lavorano in discipline sottorappresentate. Ciò che mi ha irritato, tuttavia, è che sia la mia esperienza comunitaria che il lavoro etnografico sul campo dovevano essere declassati per apparire rispettabili. Ho avuto la netta impressione che questo periodo della mia vita dovesse essere rappresentato come una breve deviazione nel percorso diretto a diventare l'accademica che sono oggi. Naturalmente nulla potrebbe essere più lontano dalla verità. L'attivismo sul campo dei miei primi anni di studio e lavoro non solo mi ha plasmato come persona, ma è al centro di ciò che faccio nella professione che ho scelto di folclorista. Non tutti nel dipartimento si sarebbero sentiti offesi dal mio eccentrico curriculum, ma come giovane studiosa che stava salendo di grado, non potevo fare a meno di provare rabbia, risentimento e un profondo senso di perdita nel dover eliminare queste parti della mia identità. La mia laurea in cultura popolare non mi ha facilitato le cose, poiché le visioni tradizionali della letteratura inglese si contrappongono allo studio di forme di intrattenimento di massa commercialmente motivate, che ancora oggi sono spesso viste come grossolane e prive di valore estetico.

L'ironia è che mentre i membri della facoltà di inglese pubblicavano scritti sull'aumento dei club di libri della classe media, di programmi televisivi e film popolari, io sono stata criticata da un collega per non aver insegnato Mark Twain in un corso che ho sviluppato sulla stand-up comedy femminile. Sono convinta che se avessi insegnato il canone riconosciuto o se fossi stata un uomo, quel collega non si sarebbe sentito così a suo agio nel dirmi cosa includere nel mio programma. Il mio corso ha finito per basarsi pesantemente sul lavoro orientato alla performance, sugli scritti femministi sull'umorismo e sugli studi culturali, e ho chiesto ai miei studenti di recitare un numero di stand-up comedy della durata di cinque minuti. Allo stesso modo, quando ho insegnato il primo corso di "Introduzione agli studi culturali" nel dipartimento, uno studente laureato mi ha riferito che una dei miei colleghi gli aveva detto che il mio corso non poteva essere veramente qualificato come "studi culturali". Il mio corso influenzato dalla scuola di Birmingham, con letture di Gramsci, Williams, Marx, Adorno, Marcuse, Hall, McRobbie e Mercer, era semplicemente troppo sociologico ed etnografico agli occhi di questa particolare critica. Quando mi sono avvicinata a questa collega e ho suggerito che, provenendo da diversi background disciplinari, lei e io potevamo avere una concezione diversa del campo interdisciplinare degli studi, lei ha gentilmente annuito, ma era abbastanza chiaro che non considerava legittima la mia prospettiva. All'inizio della mia carriera d'insegnante ho giurato che avrei fatto ampio riferimento alla mia formazione, anche se ciò facesse sollevare le sopracciglia di qualcuno, e che fin dall'inizio non mi sarei trasformata in una tradizionale studiosa inglese né avrei potuto farlo, anche se ci avessi provato. Sapevo anche che decidere di perseguire un nuovo progetto nell'area della stand-up comedy femminile avrebbe inevitabilmente suscitato la disapprovazione di alcune fazioni del Dipartimento di inglese e che avrei potuto anche avere problemi nel ricevere finanziamenti dall'università per la mia ricerca. Alla fine, la libertà accademica mi ha permesso di non demordere, ma non sempre mi ha reso simpatica ai colleghi di mentalità meno aperta.

Ma se la mia formazione ampiamente interdisciplinare in sociologia, folclore e cultura popolare era fuori luogo, lo era anche la mia etnia. A Montreal, ero inevitabilmente etnica. Negli Stati Uniti, per la maggior parte del tempo, la mia etnia scompariva. Ero soltanto una "bianca" e, nei rari casi in cui il mio retaggio italiano veniva riconosciuto, era considerato quasi ornamentale. In altri momenti, però, emergeva fragorosamente in primo piano. Quando mi presentai alla valutazione del terzo anno alla Texas A&M, c'era un nuovo rettore che voleva mostrare i suoi muscoli, e inaspettatamente finii nel mirino della sua nuova amministrazione. Venendo a sapere che il voto del College sul mio caso era equamente diviso, mi sono sentita sconfitta. Sembrava che tutto ciò per cui avevo lavorato così duramente fosse stato buttato nella fogna a causa delle tattiche di paura instaurate da un nuovo regime, che si sentiva perfettamente autorizzato a cambiare le regole in corso d'opera. Evidentemente, gli accademici pigri come noi avevano bisogno di maggiori incentivi per assicurarsi che lavorassimo di più. Mi sono consultata con un collega molto anziano sulla revisione da parte del College. Non sapeva bene come interpretare questa decisione, ma mi assicurò che, se le mie pubblicazioni fossero state stampate prima dell'assegnazione della cattedra e se avessi dimostrato di avere un nuovo progetto di ricerca in corso, sarei stata a posto. Così, oltre ad avere il manoscritto di un libro che aveva ricevuto un resoconto positivo da parte dei lettori ed era stato accettato per la pubblicazione da una prestigiosa casa editrice accademica; un altro libro di cui ero coautrice che era in fase di revisione presso una seconda prestigiosa casa editrice accademica; articoli sulla rivista di punta della mia disciplina e numeri speciali accettati o in corso di stampa, dovevo dimostrare di aver avviato un progetto di ricerca completamente nuovo che si sarebbe tradotto in pubblicazioni dopo lo scatto di ruolo.

Col senno di poi, il collega più anziano mi aveva consigliato bene dicendomi di non dare troppo peso a questa valutazione, ma aveva anche chiarito che non approvava il mio disgusto nudo e crudo per il Dean's Advisory Committee (membri di facoltà che fanno raccomandazioni al Preside) e per il vertice dell'amministrazione. Sembra che io sia stata scarsamente istruita nell'uso delle gentili maniere anglosassoni, dato che non sono riuscita a mostrare la giusta deferenza verso un sistema che avrebbe dovuto premiare coloro che lavorano duramente. Quando mi fu detto di non fare troppo la "testa calda", con riguardo alla situazione in cui mi trovavo, da uno studioso la cui bianchezza e correttezza erano ineccepibili, divenne abbondantemente chiaro che non sarei mai diventata davvero una componente a pieno titolo del club. Se avessi lasciato che la mia "testa calda" avesse la meglio su di me, avrei potuto, in qualsiasi momento, correre il rischio di essere troppo etnica e, così facendo, mettere in pericolo la mia appartenenza alla società dei professori che sono orgogliosi di vivere secondo i principi della fredda razionalità. L'università neoliberale di oggi è piena di amministratori e fissata su schemi sempre più complessi di metriche e standard per misurare la produttività accademica.

Le decisioni che vengono prese dalle burocrazie universitarie, tuttavia, accadono in un contesto più ampio di politiche dipartimentali e disciplinari e di amministrazioni che cambiano e ripensano costantemente i modi con cui la facoltà viene valutata, come se soltanto i rigidi sistemi di metriche possano decidere il destino dei professori aspiranti alla cattedra o di ruolo. Ci vogliono far credere che le metriche e gli standard esistano soltanto per trattare tutti allo stesso modo. Ma gli standard devono sempre essere interpretati e le metriche complesse possono essere usate per rafforzare pregiudizi, così come per minarli. Ho ascoltato gli avvertimenti del nuovo regime; ho lavorato molte ore per assicurarmi che tutte le mie pubblicazioni uscissero prima della cattedra e, per mia fortuna, la valutazione della mia cattedra è andata liscia. Quando è arrivato il mio momento, l'ho superato a pieni voti, ma mi sono preoccupata ansiosamente durante l'intero procedimento, come la maggior parte dei giovani studiosi, perché sapevo che i criteri per ottenere la cattedra e la struttura di merito su cui si basa sono imperfetti. Nel corso della mia carriera, ho visto rifiutare la cattedra a giovani accademici promettenti e promuovere candidati con basso rendimento perché era la cosa politicamente più opportuna da fare. Il Dipartimento di inglese alla Texas A&M è composto da molti docenti di talento e laboriosi che hanno ricevuto il riconoscimento che meritano, ma per quelli di noi che esistono in discipline emarginate ed ereditano storie preesistenti che non sono di nostra creazione, la strada da percorrere, almeno dal mio punto di vista, è stata più difficile di quella della maggior parte degli altri.

Le mie esperienze di emarginazione etnica e l'emarginazione che ho sperimentato come studiosa di estetica populista in una disciplina spinta alla periferia degli studi accademici si sono ripercosse l'una con l'altra in modi complessi. Mentre tutti gli individui conoscono per esperienza un'identità multidimensionale, il senso di emarginazione è accresciuto per gli immigrati e gli etnici, che vivono nel punto d'incontro tra le culture e devono negoziare quotidianamente un'identità differenziale.[5] Negli Stati Uniti, dove le questioni razziali hanno una particolare centralità, la visibilità è il fulcro attorno al quale ruota la politica dell'identità e la questione centrale per molti etnici europei è la scelta tra assimilazione oppure quella che Herbert J. Gans ha chiamato "etnia simbolica" (Gans 1979). Nel Québec degli anni '70, il principale simbolo di identità era la lingua e la politica etnica di quel periodo, basata sulla lingua, ha contribuito a dettare una dinamica sociale molto diversa. Allora, molti immigrati europei ed etnici *potevano* essere accettati, a patto di tenere la bocca chiusa, sia letteralmente che figuratamente, e la vita quotidiana imponeva una strana alternanza comportamentale tra invisibilità e ipervisibilità.

Spostandomi tra i contesti canadese e americano, e anche quando mi sposto dal campo degli studi sul folclore al più ampio spazio disciplinare dell'inglese, sperimento qualcosa di simile: la mia identità di altro tipo di canadese, di etnica italiana di prima generazione, di folclorista, rimane invisibile finché non attiro l'attenzione su chi sono. Volare fuori dalla portata del radar ha i suoi vantaggi, ma può anche essere depotenziante, perché ti lascia con la sensazione di essere insincera se non parli e vulnerabile se lo fai. In Québec, prima della Rivoluzione Tranquilla, i francofoni venivano rimproverati dagli anglofoni perché non "parlavano bianco", un fenomeno che la poetessa Michèle Lalonde ha affrontato in modo ormai famoso nella sua poesia del 1968 con lo stesso titolo, in cui ha considerato l'insulto come emblema di tutti i tipi di rapporti di potere espressi attraverso il linguaggio. Anche se gli immigrati italiani del secondo dopoguerra che vivevano a Montreal imparavano spesso il francese come seconda lingua, erano abbastanza intelligenti da capire che l'inglese era la lingua del denaro e, in quel periodo, la maggior parte degli italiani mandava i propri figli alle scuole inglesi. Anche noi abbiamo imparato a parlare bianco, non *dago*, e a non attirare l'attenzione o l'ira di chi era al potere. In questi giorni, mi trovo più a mio agio con uno studioso post-coloniale dei Caraibi e un economista dell'Asia meridionale cresciuto a Roma, persone il cui senso di identità traslata e di solidarietà etnica risuona con il mio. Cercando di mantenere la rotta in un dominio straniero e di fare causa comune con altri immigrati, la mia esperienza non è così diversa da quella dei miei genitori, anche se, lavorando nel mondo insulare dell'accademia, non ho sperimentato le interazioni interclassiste nella stessa misura in cui le hanno vissute loro.

Certo, i folcloristi non sperimentano l'intensa discriminazione che subiscono le minoranze etniche o i gruppi linguisticamente emarginati, ma non c'è dubbio che siamo lontani dai corridoi del potere nell'accademia. Non è un caso che io sia dedita alla visione populista della cultura del folclore, e non posso fare a meno di sentire che questo impegno è legato a un periodo storico in cui si è formato il mio senso di sé, il momento della storia del Québec in cui la cultura degli immigrati italiani era spesso svalutata o fraintesa. Laddove alcuni dei miei amici anglofoni in Québec non vedevano altro che kitsch e cattivo gusto nei pavimenti in ceramica dei miei genitori, nel pavimento di marmo della veranda davanti a casa, nei divani ricoperti di plastica e negli ornamenti da giardino fatti a mano, io vedevo significato, bellezza, creatività e sfida nei confronti di una società che spesso poteva essere ostile. Perciò, scoprire un campo che ha come presupposto lo studio della cultura espressiva di gruppi emarginati è stata un'esperienza liberatoria, ed elaborare le implicazioni di un'estetica populista è stato il cuore del mio progetto di studiosa.

La questione del populismo e della cultura ci riporta alla vignetta che ha aperto questo saggio: il conflitto su chi possa essere considerato cosmopolita. Non sono andata in concreto a cercare i cosmopoliti della classe operaia, ma per la gente di Sasso, questa era una caratteristica essenziale della vita sociale della loro cittadina. Solo uno studioso predisposto a visioni elitarie della diversità culturale non riconoscerebbe questa sfaccettatura della società sassanese o la liquiderebbe come insignificante. Le classi di professionisti dicono di apprezzare i viaggi e l'educazione formale perché espongono la persona ad altri modi di vedere il mondo e forniscono una visione più ampia dell'umanità. "Viaggiare allarga la mente", o almeno così si dice. Avere una visione più aperta della vita sociale è certamente auspicabile, ma se si negano i modi in cui i viaggi e l'educazione sono legati al privilegio di classe, la visione tradizionale del cosmopolitismo spesso non diventa altro che ideologia borghese, una carta da giocare in una partita di status sociale. Qui, trovo ironico che i sedicenti arbitri del cosmopolitismo fossero i più provinciali, del tutto riluttanti ad ammettere che gli abitanti di una piccola città del centro Italia potessero essere altro che bifolchi. Sono ancora convinta che avere una visione ampia e transculturale dell'universo sia auspicabile. Ma la mia esperienza a proposito della posizione di lavoro in America per cui ho fatto il colloquio—non meno della mia esperienza come etnica in Québec, canadese in Texas o CFA in Terranova—mi ha mostrato che il nostro rispetto per la differenza culturale non può mai essere considerato da solo. Emerge sempre in particolari situazioni sociali, è sempre legato e sviluppa il suo significato nel contesto di particolari condizioni materiali, di politiche negli intergruppi, nelle dinamiche di visibilità o udibilità e di gerarchie di status, e il nostro senso di sé è profondamente plasmato da queste forze. Ed è per questo che il nostro lavoro di studiosi dell'Italia e della diaspora italiana è così essenziale.

Seguendo le avventure dell'identità italiana mentre si snoda attraverso le condizioni storiche del Mediterraneo e, infine, del mondo, sviluppiamo una prospettiva unica sulla politica della cultura. In questo senso, forse, il fare studi italiani e di folclore è un progetto che attiene a un cosmopolitismo più profondo, che sa da dove viene e vede dove sta andando.

EPILOGO: INTERSEZIONALITÀ NELL'IDENTITÀ ETNICA ITALIANA

Dalla pubblicazione di una prima diversa stesura di questo articolo, ho continuato a riflettere sulle complessità dell'identità degli immigrati italiani, e in questo epilogo, voglio esaminare le mie precedenti interpretazioni attraverso la lente dell'intersezionalità, una prospettiva femminista che esplora come le relazioni tra molteplici dimensioni di identità e sistemi di oppressione modellano la maniera in cui sperimentiamo il nostro posto nel mondo. La nozione di intersezionalità, per esempio, mi ha permesso di capire le caratteristiche del cosmopolitismo degli immigrati, che erano solo implicite nel mio lavoro precedente. Sia nel discorso accademico che in quello laico, il presupposto raramente riconosciuto del cosmopolitismo è che sia il dominio delle élite ricche e istruite. Il mio lavoro ha cercato di mettere in luce il pregiudizio di classe sotteso a questo punto di vista, mostrando che i membri della classe operaia possono giustamente rivendicare un'identità cosmopolita. Come ho dimostrato in questo capitolo, gli italiani del secondo dopoguerra che emigrarono per trovare lavoro e migliori prospettive spesso vissero in diversi paesi, tra cui Belgio, Svizzera, Francia, Germania, Canada, Stati Uniti e Australia, parlarono più lingue e svilupparono legami familiari e culturali con i nuovi mondi sociali in cui si trovarono. Il disagio che alcuni provano con riferimento alla nozione di una classe operaia cosmopolita rivela che la categoria del "cosmopolita" non è una singola identità, ma è piuttosto un'identità implicitamente intersezionale, sia colta che borghese (o *petit bourgoise*).

Letto in questa luce, il capitolo ha cercato di rivelare l'intersezionalità non marcata inerente a questo termine e di ammettere altre posizioni di classe nell'identità del cosmopolita. Questo concetto aiuta anche a evidenziare alcune dinamiche sociali del cosmopolitismo dei migranti. Per esempio, alcuni immigrati italiani che hanno sperimentato la mobilità verso l'alto possono aver scelto di transvalutare le loro radici enfatizzando i loro legami con la più alta cultura italiana: Dante e Michelangelo, Gucci e Prada. Altri riconoscono il loro background di classe operaia italiana, ma lo trasformano attraverso la nostalgia, dipingendo l'Italia del passato come luogo deputato a valori superati di duro lavoro, frugalità e stretti legami familiari. In entrambi i casi, è la complessa intersezione di cultura e classe nel contesto della migrazione che modella il modo in cui i migranti comprendono se stessi e la propria identità sociale.

La nozione di intersezionalità mi ha anche aiutato ad acquisire nuove prospettive sulla collocazione di genere nell'esperienza immigrata ed etnica. Durante il mio lavoro sul campo nel villaggio italiano di Sasso nei primi anni '90 (Del Negro 2005), le complesse relazioni tra genere ed etnia hanno informato i modi in cui sia gli estranei che i membri della mia stessa famiglia hanno interpretato la mia identità. In una serie di culture italiane, gli uomini sono spesso rappresentati come intrinsecamente mobili e le donne come abitanti della sola sfera domestica. In questo contesto, una donna nella sfera pubblica è, per definizione, problematica, e come italo-canadese di prima generazione che torna al paese di mia madre, io stessa ero doppiamente problematica. L'intersezione tra il genere e le mie radici italocanadesi e migranti ha alimentato le paure degli italiani nei confronti della modernità nordamericana vista come luogo di compromesso morale e ha fatto sì che alcuni sassanesi mi guardassero con sospetto. Se fossi stata un maschio, una persona da cui ci si aspetta che lasci il seno della famiglia in cerca di lavoro o di avventura, i miei motivi e il mio comportamento non avrebbero attirato così tanto scrutinio. Inoltre, le caratteristiche più sottili della mia identità—una donna sposata da poco che ha lasciato suo marito per proseguire i suoi studi—hanno ulteriormente alimentato i dubbi che alcuni nutrivano sulla mia presenza nella comunità. Tutto ciò metteva in discussione la mia virtù di donna, lasciandomi vulnerabile alle molestie sessuali e dando agli uomini sposati e non sposati la licenza di farmi proposte indecenti. I giovani di Sasso mi vedevano come un'incognita e temevano che potessi essere una studentessa universitaria che si era degnata di venire a osservarli. Forse il più grande complimento che ho ricevuto durante il mio lavoro sul campo in Italia è arrivato da mio cugino Umberto, quando ha dichiarato che ero "proprio come loro" al termine di alcuni giorni trascorsi con lui e i suoi amici. Come giovane gay che si confrontava con l'omofobia della cultura italiana, credo che Umberto fosse maggiormente in grado di vedere oltre l'identità doppiamente compromessa che l'intersezione del mio genere e della mia etnia produceva. E il mio status di persona etnica che ritornava nella terra dei suoi genitori ha anche dato forma alla mia comprensione degli altri. Nel mio lavoro sul campo sono arrivata a sentire un senso di familiarità e parentela con i cugini che conoscevo appena, poiché avevamo in comune non solo il dialetto parlato insieme, ma anche analoghi stili di interazione, umorismo e valori culturali.

L'intersezionalità può plasmare la nostra comprensione della nostra esperienza personale, ma può anche informare la nostra lettura dei testi mediatici. Come cerco di mostrare nella mia analisi della comica nonna italiana immigrata in *Nonna Maria's Cantina Canadese* (Del Negro 2021; *Cantina Canadese di Nonna Maria*), una serie di video su YouTube con un enorme seguito tra i membri della diaspora italiana, siamo sempre più della somma dei nostri svantaggi. Una marionetta geriatrica *senza* filtri sociali, Nonna Maria non solo sopravvive, ma prospera, malgrado le condizioni ostili che le donne della sua generazione hanno affrontato, e rifiuta sprezzantemente di essere zittita o costretta a sentirsi invisibile, nonostante la sua età avanzata, la sua lingua ibrida italoquebecchese e la svalutazione della sua cultura di immigrata. Osservando Nonna Maria attraverso la lente dell'intersezionalità, direi che dobbiamo prendere in considerazione le dimensioni più ovvie della sua identità: classe operaia, italiana del sud e immigrata, nel contesto della sua età, una caratteristica che è così spesso trascurata nell'analisi culturale contemporanea. Come anziana, Nonna è parzialmente sollevata dalle pressioni dell'eteronormatività. Non più in grado di avere figli, posizionata al di fuori delle pressioni del mercato del matrimonio (Nonna ha un marito di nome Luigi) e vista come donna che ha superato l'apice della sessualità, non ha l'obbligo di rendersi desiderabile per gli uomini. Mentre Nonna perde posizione perché non può più procreare, guadagna potere per il suo ruolo di anziana, imponendo il rispetto dovuto alla sua esperienza e acquisendo la capacità di parlare francamente o addirittura aggressivamente. Come donna al crepuscolo dei suoi anni, non solo gode di una maggiore libertà di espressione, ma è meno legata alle ristrette visioni di femminilità.

Per quelli di noi che sfidano facili categorizzazioni, si sentono cronicamente fuori posto, ipervisibili o invisibili, e abitano confini linguistici, culturali o di altro tipo, l'idea di intersezionalità ci permette di resistere a visioni unitarie dell'esperienza umana. Ci aiuta anche a capire le differenze all'interno di una categoria d'identità e la relazione tra una data categoria d'identità e forme multiple e sovrapposte di oppressione. La mia vita è stata plasmata in modo indelebile dalla discriminazione che ho visto i miei genitori subire e dalle mie esperienze come italocanadese cresciuta durante il periodo del separatismo del Québec, che ha costantemente cercato di distinguere i cosiddetti "quebecchesi di lana pura" dai figli degli immigrati. L'intersezionalità richiama anche la nostra attenzione alle particolarità delle situazioni sociali individuali. Da giovane in Québec, sentivo contemporaneamente di appartenere e di non appartenere. Ero dolorosamente consapevole del fatto che, mentre non avevo problemi a iscrivermi a una scuola di lingua inglese, i miei fratelli di lingua francese, che avevano trascorso la maggior parte della loro vita in Belgio, venivano allontanati dalla scuola francofona del nostro quartiere perché erano visti come una minaccia alla cultura del Québec. Ero anche consapevole del senso di inadeguatezza che provava mio padre, a causa della sua mancanza di istruzione e dei sentimenti complessi che questo suscitava riguardo alla mia stessa carriera nell'accademia. Nel contesto di fenomeni come questi, la nozione di intersezionalità ci mostra che il nostro senso di sé è poroso, che non è mai attaccato alle nostre esperienze personali dirette, ma attira dentro di sé le esperienze della nostra famiglia, del nostro entourage e delle comunità più ampie in cui siamo inseriti.

Se l'attenzione alle nostre molteplici e intersecanti dimensioni di identità può far luce sulle esperienze di emarginazione, può anche illuminare le forme di privilegio. Non c'è dubbio che gli immigrati italiani siano stati cittadini di seconda classe in Québec, ma io non ho vissuto sulla mia pelle le forme di razzismo istituzionalizzato che gli indigeni e le persone di colore hanno subito in Canada. Naturalmente, la nozione di intersezionalità è emersa dalla tradizione del femminismo nero. Fondata sulle intuizioni di Sojourner Truth, del Combahee River Collective, di Kimberlé Crenshaw e di Angela Davis (Carilli 2021), l'intersezionalità ci aiuta a capire come gli aspetti interdipendenti delle nostre identita: genere, etnia, lingua, razza, orientamento sessuale e abilità, siano costituiti da molte parti mobili che si mettono in azione in modi complessi in contesti diversi. In certe situazioni, gli elementi interconnessi dell'identità possono rafforzarsi a vicenda. Essere un maschio bianco ed eterosessuale, per esempio, può cementare la propria posizione all'interno di una struttura di potere, ma aggiungere altre categorie al mix, come l'etnia italiana o ebraica, può servire a destabilizzare i sentimenti di fiducia in se stessi e i diritti che altri danno per scontati. Infatti, la storia rivela chiaramente che questi "bianchi onorari" possono vedere la loro appartenenza razziale messa in discussione o revocata in qualsiasi momento (Jacobson 1998). Argomentando contro l'opinione che l'intersezionalità sia poco più di una forma di "Olimpiadi dell'oppressione", in cui i teorici definiscono identità sempre più particolareggiate e competono per vedere chi è il più emarginato, Jane Campbell e Theresa Carilli (2021) suggeriscono che l'intersezionalità ci mostra che la nostra posizione nella società non è basata solo su una parte della propria identità e che non esistono due appartenenti allo stesso gruppo che facciano la stessa esperienza. In definitiva, l'intersezionalità aiuta a far luce sui modi in cui gli attori sociali gestiscono gli intrecci dei sensi di sé che una persona può avere e rivela come le esperienze vissute da ognuno di noi siano informate da forze sociali più ampie e siano modellate da complesse relazioni di privilegio e disuguaglianza. L'intersezionalità può anche indirizzarci verso opportunità di resistenza e di azione. In questo senso, offre forti prospettive potenziali sulle dinamiche della vita sociale e della cultura.

Note

[1] Avevo seguito corsi di studi etnici nei miei piani di Master e di Dottorato, avevo lavorato a stretto contatto come studentessa di dottorato con un noto storico dell'immigrazione e dell'etnicità, insegnato due diversi corsi nel dipartimento di studi etnici della Bowling Green State University, dove avevo fatto il Master, ho condotto ricerche sul campo e pubblicato ricerche scientifiche sulla comunità italiana a Montreal, e avevo appena intrapreso nuovi progetti sui comici ebrei (2010), l'umorismo italopolacco di Judy Tenuta, (2018) e la stand-up comedy di Shazia Mirza, una comica musulmana del Regno Unito. La ricerca in questo settore mi ha anche portato a esplorare la rappresentazione delle donne ebree nei film di Woody Allen (2014).

[2] La Rivoluzione Tranquilla fu un periodo degli anni '60 contrassegnato dalla secolarizzazione, dalla battaglia per i diritti della lingua francofona e dall'ascesa di un movimento separatista che chiedeva l'indipendenza del Québec. La crescente minaccia alla sicurezza pubblica da parte delle fazioni militanti del *Front de Libération du Québec* (il Fronte di Liberazione del Québec)—ivi incusi gli attentati, i rapimenti e l'assassinio del ministro del lavoro Pierre Laporte—culminò infine nella crisi dell'ottobre del 1970 e nella dichiarazione del primo ministro Pierre Elliott Trudeau del War Measures Act, durante un periodo di pace apparente. La decisione del governo federale di inviare soldati a guardia della Collina del Parlamento e a pattugliare le strade di Montreal, dove venne imposto il coprifuoco e ci furono arresti massicci senza giusto processo, fu ampiamente criticata da giornalisti e politici.

[3] La CBC è un'amata istituzione culturale in Canada, e questo non è sfuggito all'attrice coreano-canadese Sandra Oh, che in una recente apparizione al *Saturday Night Live* ha mostrato il suo orgoglio canadese indossando una maglietta con il logo della CBC.

[4] La folclorista Kimberly Lau osserva dinamiche simili in un racconto autoetnografico del 2002. Come figlia di una madre giapponese-hawaiana e di un padre cinese-americano, il rapporto di Lau con la sua identità asiatica non è mai stato semplice. Infatti, il suo saggio rivela giustamente come il suo senso di sé e la percezione che gli altri hanno di lei variano molto a seconda del contesto e della regione, così come i suoi sentimenti di insicurezza etnica. A una conferenza sugli studi asiatici americani, cui ha partecipato per cercare potenziali candidati per il suo dipartimento, Lau si è sentita a disagio e fuori posto. Non solo sentiva di non essere abbastanza asiatica a paragone di tutti gli altri partecipanti alla riunione, ma non era nemmeno l'americanista asiatica che tutti davano per scontato che fosse. Si è sentita doppiamente fuori luogo: culturalmente e disciplinarmente. Nella East Coast, la parlata con le inflessioni della California del Sud di Lau (cioè l'accento di "Valley Girl") a volte faceva ridere, ma, in molti modi, lei stessa poteva essere il suo peggior critico, cercando di sedare i suoi dubbi sul fatto di poter legittimamente rivendicare la propria identità asiatica prendendo lezioni di cinese, che, come si è scoperto, si sono rivelate disastrose, perché non percepiva le sfumature tonali.

[5] Storicamente, il folclore è stato definito come dominio esclusivo di comunità strettamente connesse e omogenee, legate da una cultura condivisa. Il lavoro di Richard Bauman sull'identità differenziale (1971) mostra invece che il folclore può effettivamente fiorire in situazioni in cui le persone non hanno necessariamente una singola cultura comune. Bauman sostiene che la cultura espressiva può essere pienamente compresa solo prendendo in considerazione la base sociale riccamente complessa da cui si sviluppa. In questa riconcettualizzazione del campo di indagine, non solo diventa possibile studiare le interazioni tra gruppi disparati che entrano in contatto l'uno con l'altro, ma

diventa anche possibile analizzare il processo attraverso il quale queste differenze potrebbero essere scambiate e assimilate in contesti di azione situata e di performance.

Opere citate

Appadurai, Arjun. 2011. "Cosmopolitanism from Below: Some Ethical Lessons from the Slums of Mumbai." *The Salon*. 4: 32-43.

Bauman, Richard. 1971. "Differential Identity and the Social Base of Folklore." *Journal of American Folklore* 84 (331): 31-41.

Berger, M. Harris e Giovanna P. Del Negro 2004. *Identity and Everyday Life: Essays in the Study of Folklore, Music, and Popular Culture*. Middletown, CT: Wesleyan University Press.

Breton, Raymond. 1964. "Institutional Completeness of Ethnic Communities and the Personal Relations of Immigrants." *American Journal of Sociology* 70 (2): 193-205.

Campbell, Jane e Theresa Carilli. (a cura di). 2021. *Intersectional Media: Representations of Marginalized Identities*. Lanham, Maryland: Lexington Press.

Clifford, James. 1992. "Travelling Cultures." In *Cultural Studies*, a cura di Lawrence Grossberg, Cary Nelson, e Paula A. Treichler 96-116. New York: Routledge

Del Negro, Giovanna P. 2021. "Intersecting Dimension of Identity in 'Nonna Maria's Cantina Canadese'." In *Intersectional Media: Representations of Marginalized Identities*, a cura di Campbell e Theresa Carilli, 9-24. Lanham, Maryland: Lexington Press.

Del Negro, Giovanna P. 2018. "Petite Flower, Giver Goddess, and Duchess of Discipline: Sexual Non-Conformity, Play, and Camp Humor in the Performance of Judy Tenuta. In *Gender and Humor: Interdisciplinary and International Perspectives*, a cura di Delia Chiaro e Raffaella Baccolini, 288-297. Routledge Research in Cultural and Media Studies. New York: Routledge.

Del Negro, Giovanna P. 2014. "Woody's Women: Jewish Domesticity and the Unredeemed Ghost of Hanukkah to Come." In *Woody on Rye: Jewishness in the Films and Plays of Woody Allen*, a cura di Vincent Brook e Marat Grinberg, 143-170. Waltham, MA: Brandeis University Press.

Del Negro, Giovanna P. 2010. "The Bad Girls of Jewish Comedy: Gender, Ethnicity, and Whiteness in Post WWII America." In *A Feminine Mystique? Jewish Women in Post War America*, a cura di Hasia R. Diner, Shira Kohn, e Rachel Kranson, 144-159. New Brunswick, NJ: Rutgers University Press.

Del Negro, Giovanna P. 2005. *The Passeggiata and Popular Cuture in an Italian Town: Folklore and the Performance of Modernity*. Montreal: McGill-Queen's University Press.

Del Negro, Giovanna P. 2004. *The Passeggiata and Popular Culture in an Italian Town: Folklore and the Performance of Modernity*. Montreal: McGill-Queen's University Press.

Del Negro, Giovanna P. 2003 (1997). *Looking Through My Mother's Eyes: Life Stories of Nine Italian Immigrant Women in Canada*. Second Edition. Montreal: Guernica Press.

Diouf, Mamadou. 2000. "The Senegalese Murid Trade Diaspora and the Making of a Vernacular Cosmopolitanism." *Public Culture* 12 (3): 679-702.

Gans, Herbert J. 1979. "Symbolic Ethnicity: The Future of Ethnic Groups and Cultures in America." *Ethnic and Racial Studies* 2 (1):1-20.

Hannerz, Ulf. 2005. "Two Faces of Cosmopolitanism." *Statsvetenskaplig Tidskrift* 107 (3): 199-213.

Hannerz, Ulf. 1990. "Cosmopolitans and Locals in World Culture." *Theory, Culture, and Society* 7: 237-251.

Harney, Robert. 1980. "The Padrone System and Sojourners in the Canadian North, 1885-1920." In *Pane e Lavoro: The Italian-American Working Class*, a cura di George E. Pozzetta, 119-137. Toronto, Ontario.

Harney, Robert. 1979a. "Men Without Women: Italian Migrants in Canada, 1885-1930." *Canadian Ethnic Studies* 11(1): 29-47.

Harney, Robert. 1979b. "Montreal's King of Italian Labour: A Case Study of Padronism." *Labour/Le Travailleur* 4(2): 57-84.

Harney, Robert. 1979c. "The Italian Community in Toronto." In *Two Nations: Many Cultures*, a cura di Jean Leonard Elliott, 220-236. Toronto, Ontario: Prentice-Hall.

Harney, Robert. 1978. "Boarding and Belonging." *Urban History Review* 78 (2): 8-37.

Harney, Robert. 1977. "The Commerce of Migration." *Canadian Ethnic Studies* (9): 42-53.

Harney, Robert. 1974. "The Padrone and the Immigrant." *Canadian Review of American Studies* 5 (2): 101-11.

Hébert, Anne. 1970. *Kamouraska*. Paris. Editions du Seuil.

Jacobson, Mathew. 1998. *Whiteness of a Different Color: European Immigrants and the Alchemy of Race*. Cambridge, Massachusetts: Harvard Press.

Lalonde, Michèle. 1967. "Speak White." *Terre des hommes: poème pour deux récitants*. Montreal: Éditions du Jour.

Lau, Kimberly J. 2002. "The Text which Is Not One: Dialectics of Self and Culture in Experimental Autoethnography." *Journal of Folklore Research* 39 (2/3): 243-359.

Ornstein, Michael. 1987. "Ethno-Racial Groups in Montreal and Vancouver, 1971-2001: Demographic and Socio-Economic Profile." *Institute for Social Research*. 1-28. Toronto: York University.

Werbner, Richard. 2004. "Cosmopolitan Ethnicity, Entrepreneurship, and the Nation." In *Reasonable Radicals and Citizenship in Botswana: The Public Anthropology of Kalanga Elites*, 63-85. Bloomington: Indiana University Press.

Werbner, Pnini. 2006. "Vernacular Cosmopolitanism." *Anthropology News* 47 (5): 7-11.

Triangolazioni che si evolvono entro le zone di confine Canada-Italia-USA[1]

LUISA DEL GIUDICE

INTRODUZIONE

L'idea di questo saggio ha avuto origine nel corso di una tavola rotonda organizzata in occasione dell'incontro annuale dell'Italian American Studies Association (IASA), tenuto all'Università di Toronto, in Canada, dal 16 al 18 ottobre 2014: "Academics in the Canada-Italy-US Borderlands". Il nostro obiettivo era prendere in considerazione le identità transnazionali degli accademici che hanno effettivamente attraversato tre confini, in particolare quelli tra l'Italia del secondo dopoguerra, il Canada e gli Stati Uniti. I relatori hanno riflettuto sul modo in cui un'intima coscienza delle nostre identità nazionali multiple ha influito sulla nostra ricerca, sui nostri scritti e sulla nostra vita, in tutte e tre le nazioni. Cosa avevamo da dire noi, iscritti italo-canadesi-americani della nostra associazione, sulla triade delle nostre lealtà? Rappresentavamo uno spettro geografico canadese, una gamma di identità regionali americane e italiane, e tuttavia eravamo tutti parte dello stesso gruppo di immigrati italiani del dopoguerra, tutti italiani del centro-sud, parlavamo tutti un dialetto italiano e l'italiano standard. Tra tutti, rappresentavamo un'ampia quota di spazio geografico, culturale e linguistico. Emblematicamente, ognuno di noi aveva fatto della questione dell'identità italiana e della diaspora italiana il fulcro della propria vita professionale.

Insieme ai miei colleghi, quindi, e come studiosa diasporica, trinazionale e bi-continentale che ha attivamente attraversato queste divisioni per decenni, ho riflettuto sul modo in cui queste identità multiple hanno influenzato la mia vita personale, la mia coscienza e il mio lavoro di studiosa sia nel mondo accademico che nella sfera pubblica non-profit. Cosa c'era di unico in *questa* triangolazione? Quali traduzioni culturali e linguistiche ha comportato? (Ricordiamoci che la *trans-latio/translatione*, per un millennio, si era riferita al trasferimento *culturale*, piuttosto che *linguistico*). Come mi sono identificata strategicamente e perché? E che tipo di sforzi accademici aveva prodotto? In questo saggio rifletto su queste domande. Ma, dato lo stato attuale della pandemia, questo saggio esplora anche considerazioni più recenti sulla ricerca, l'identità diasporica e la (im)mobilità in quest'epoca del COVID. Cioè, il tema iniziale della triangolazione si è evoluto ad abbracciare le sfide attuali poste dalle restrizioni geografiche e gli aspetti esistenziali negativi di un'esistenza sempre più virtuale, rispetto all'identità personale e professionale, mentre si pone la domanda elusiva dello spazio al quale io possa appartenere esattamente. Infine, questo saggio considera anche le sfide insite nel mantenere identità triangolari intergenerazionali.

TRIANGOLAZIONI: METODOLOGICHE, METAFORICHE E IL MIO SISTEMA PERSONALE DI POSIZIONAMENTO GLOBALE

Mia figlia, che ha conseguito il dottorato di ricerca in Scienze Ambientali (specificamente in Ecologia delle Zone Umide), mi ha fornito quello che per me era un nuovo descrittore metaforico per le mie esplorazioni, quando mi ha spiegato che la "triangolazione" è un procedimento di base con cui i cartografi, i navigatori e i sistemi di posizionamento globale fissano i loro orientamenti, richiedendo tutti un minimo di tre punti per la navigazione (vedi Figura 1). Ho trovato che la triangolazione è una metafora molto utile,[2] adatta alle mie navigazioni basate su tre punti. E ho riflettuto sul mio approccio tripartito alla vita personale e professionale, avendo finalmente raggiunto un maggiore equilibrio bilanciando i tre punti: 1. cervello, cuore e mani; 2. cioè: pensare, sentire, fare; 3. cioè: ricerca, spiritualità, azione sociale. Raggiungere questo modo di vivere equilibrato, complesso, ma tridimensionale, era per me essenziale e ambito, ed era stato raggiunto a caro prezzo nel percorso di apprendimento di una vita, vale a dire attraverso tentativi ed errori, battute d'arresto e salti in avanti.

Ma lasciatemi iniziare collocando geograficamente me stessa, secondo un personale Sistema di Posizionamento Globale, che identifica la mia specifica triangolazione: sono nata a Terracina (in provincia di Latina), nell'Italia centrale, sono emigrata a Toronto da piccola, con mia madre e due sorelle a metà degli anni '50, sono tornata in Italia diverse volte negli anni '70, ivi compresi due anni per studiare letteratura italiana medievale e rinascimentale all'Università di Firenze, quindi mi sono trasferita a Los Angeles nel 1981 per conseguire un dottorato in letteratura italiana. Per ironia della sorte, è stato proprio in quell'estremo lembo di terra del Pacifico che sono "tornata" al mondo contadino e migratorio italiano della mia famiglia, in modo profondo, con una dissertazione sul canto popolare (la cui ricerca sul campo si è estesa attraverso le regioni d'Italia: dall'Appennino Pavese a Terracina, insieme a diverse altre fonti regionali italiane rappresentate a Toronto). Questo *voltafaccia* accademico mi ha indirizzato verso nuove mete e nuovi obiettivi socio-politici,[3] cioè l'ascolto delle voci ancestrali per ricostruire, per me stessa e per la mia generazione, le conoscenze di base della cultura orale e della storia orale italiana. Inoltre, col tempo, mi ha portato a collocare il mio lavoro di studiosa in ambienti pubblici, oltre che accademici, almeno per quanto possibile, data la generale ostilità o indifferenza verso questo materiale all'interno del mondo accademico italiano. Sono stata costretta a fondare e dirigere un Istituto Italiano di Storia Orale (IOHI) pubblico non-profit per proseguire nell'impegno che mi ero prefissata.

Quindi, per quanto riguarda i calcoli triangolari necessari per la navigazione, ci sono stati molti viaggi epocali nella mia vita, a cominciare da quello fatto su un transatlantico dal porto italiano di Napoli, fino a Halifax, in Canada, nel pieno inverno del 1956 con mia madre e due sorelle, inaugurando ufficialmente la nostra vita di emigranti (immediatamente seguito da un viaggio in treno di circa 30 ore da Halifax a Toronto). Ci sono stati i nostri primi "viaggi di scoperta" in Italia all'inizio degli anni '70, quando io adolescente e una sorella maggiore ventenne abbiamo scoperto per la prima volta il nostro luogo d'origine e di appartenenza. Quel primo viaggio ha fatto nascere un impegno intellettuale che sarebbe durato per tutta la mia vita a imparare tutto ciò che potevo sulla cultura, la lingua e la storia italiana, e poi trovare il modo di condividerlo con gli altri. Poco dopo, ho fatto molteplici e più formali ritorni in Italia, per studiare presso istituzioni italiane. E poi, col tempo, ho viaggiato come devono fare gli etnografi/folcloristi, dato il nostro presupposto disciplinare che la ricerca implica forme di "viaggi di scoperta" intellettuale—di noi stessi, e non di rado, verso destinazioni di lavoro sul campo in terre lontane. Infatti, tra i primi "italocanadesi" a intraprendere quel tipo di viaggi c'è stato Giuseppe Francesco Bressani,[4] un gesuita italiano inviato in *New France* all'inizio del XVII secolo. Bressani, gesuita e *voyageur*, è stato considerato il primo scrittore italocanadese, ed era un etnografo degli Huron e degli Algonchini.

Per quanto riguarda la triangolazione, al di là delle propensioni metaforiche, nel mio campo dell'etnografia (ma non solo in questa disciplina),
la triangolazione si riferisce ad approcci multidirezionali e multi-
metodologici, in cui si cerca di corroborare i risultati utilizzando diversi
set di dati e quadri di analisi (vedi Figura 2). Nella ricerca storica orale, ho
usato il termine per riferirmi al processo di contestualizzazione dell'intervista personale facendo riferimento a parametri storici, socio-economici
e culturali, al fine di collocare e comprendere correttamente ciò che veniva
osservato e descritto (Del Giudice 2009a). Dai primi studi etnografici sulla
canzone tradizionale italiana a Toronto, alla raccolta di ballate nell'Appennino Pavese, all'indagine sul *neo-tarantismo* nel Salento, in Puglia, a
temi non legati alla musica, come i guaritori nel Lazio meridionale, alle
storie orali della diaspora in California—progressivamente informate da
prospettive e sensibilità auto-etnografiche—sono arrivata ad abbracciare e
praticare consapevolmente diverse triangolazioni, sia per quanto riguarda
il contenuto scientifico che le modalità di rappresentazione.

La mia persona di studiosa si è evoluta dall'esperienza di un'immigrata di origine contadina del Sud Italia e di prima generazione con
formazione universitaria in una comunità italiana di Toronto nel secondo dopoguerra, fino alla fondazione dell'Istituto Italiano di Storia Orale
a Los Angeles. Il mio cambiamento è derivato dai tradizionali contesti
accademici e pubblici e li ha attraversati, resistendo consapevolmente ai
radicati paradigmi accademici italiani. Si tratta di un approccio che ha
cercato di combinare il settore accademico e quello pubblico, sia scritto
che orale, in campi d'indagine (per esempio, il folclore, la storia orale)
che a loro volta sono a cavallo di diverse metodologie e modalità di rappresentazione. Come e perché il mio percorso accademico si è evoluto in
questo modo particolare? E perché, come studiosa di storia orale e di
cultura orale della diaspora italiana, ciò ha richiesto che assumessi una
posizione di difesa?

I miei venti anni di formazione a Toronto continuano a risuonare
nella mia vita e nel mio lavoro, riaffermati dai miei ritorni stagionali alla
mia famiglia, ora composta da mia madre, le mie tre sorelle e le loro famiglie, che vivono lì, e con le quali ho mantenuto legami molto stretti.
Nei primi anni della mia assenza, tornavo solo per visitare la famiglia,
ma col tempo, il Canada è entrato a far parte anche della mia vita professionale di studiosa.[5] All'inizio, ho incorporato il lavoro sul campo a

Toronto in materia di canto popolare per integrare nel percorso del mio dottorato la ricerca in Italia. I miei primi studi sul campo riguardanti il folclore degli immigrati si sono svolti alla metà degli anni '80 (finanziati da una borsa di studio del Multicultural Directorate) per analizzare la cultura canora tradizionale ancora presente tra gli immigrati italiani. I miei studi sono proseguiti con una successiva ricerca autofinanziata su architettura, guaritori, cantine e utopie alimentari tra gli italocanadesi (http://luisadg.org/wp/about-2/). Mi sono concentrata sulle pratiche culturali e sulla visione del mondo degli italiani di origine contadina a Toronto, mentre facevo la stessa cosa per la cultura contadina in Italia (dalle ballate narrative nel nord al *neo-tarantismo* nel sud), e alla fine ho esteso la ricerca tra vari gruppi negli Stati Uniti, facendo la spola tra le tre zone culturali, portando così la conoscenza e l'esperienza diretta dei tre ambienti culturali a plasmare la mia comprensione di ciascuno di essi individualmente e della loro interazione triadica. Il mio lavoro si è evoluto sempre più verso l'auto-etnografia, mentre riflettevo, scrivevo e presentavo a modo mio questa cultura contadina natia, assimilata e trasformata.

Il mio mondo e il mio lavoro sono quelli del revival popolare transcontinentale e della difesa, più o meno "in sincronia" con gli etnografi italiani in Italia, e all'interno di altre diaspore italiane. Ciò vale a dire che la sfera di attività, cui ho dedicato le mie energie professionali, è stata, da un lato, ricordare, documentare, adattare e trasformare; e dall'altro, resistere e trovare modi per promuovere l'inclusione e l'equità su una varietà di fronti: per la giustizia alimentare, per le voci delle donne, per i visionari artisti immigrati, per il sostegno italiano ai diritti degli indigeni e al Black Lives Matter, e per ampliare la portata degli "Italian Studies". Prima *mi sentivo* spesso lontana, un'estranea, marginale, perché lavoravo davvero ai margini (delle discipline e dei gruppi sociali). Oggi so che quel lavoro risponde alle sensibilità attuali, in quanto ci sforziamo di vivere all'interno delle nostre stesse culture radicate, creando così visioni alternative del mondo, che valorizzano nozioni di cultura e di vita progressive, egualitarie, inclusive e più democratiche. Anche la distanza sembra essersi accorciata, grazie in parte ai social media, dove i mondi accademici (e altri mondi professionali) ci permettono di rimanere concentrati e connessi globalmente su questioni che condividiamo attraverso le diaspore, dove i margini e i confini sembrano scomparire.[6] E, naturalmente, grazie anche al privilegio di viaggiare e al diritto stesso di libera circolazione.[7] Oggi, mi sento ben preparata per le sfide di un mondo globalizzato. Abbraccio quel mondo.

Negli anni '80, tuttavia, la distanza sembrava molto più vasta. Presentava le proprie sfide esistenziali. Il mio impegno verso la cultura degli immigrati della mia coorte di Toronto era un caso di "distanza che rende il cuore più affezionato"? Un modo per avvicinare quel mondo al mio sulla costa del Pacifico? Di assicurarmi che avrei avuto bisogno di tornare più volte per visitare la mia famiglia, al fine di perseguire la ricerca accademica? Può darsi. Ma se non altro, la distanza mi ha fornito una prospettiva, mi ha aiutato a vedere più chiaramente un contesto più ampio, e a discernere certe ragioni intime, non meno che modelli più ampi, di movimento, avvicinamento e allontanamento. Tale ricerca mi ha anche aiutato a sviluppare strategie personali di sopravvivenza culturale italiana attraverso la trasformazione e il (ri)uso, in una sorta di bricolage potenziato. Poiché posso essermi sentita in molte periferie – geografiche, sociali e di altro tipo – mi sono identificata o almeno non sono rifuggita dai margini, usando la retorica dei margini, delle voci prive di diritti, dell'invisibilità, come hanno fatto altri studiosi in una serie di discipline, compresi quelli che si occupano di studi sulla diaspora (italiana e più generale), sul folclore, sul genere, sugli studi etnici e sulla storia orale. Questi campi mi hanno forse attratto *perché* studiano i margini?

D'altra parte, più recentemente, nel nostro mondo sempre più multicentrico e consapevolmente globalizzato, il *topos* stesso della marginalità e dell'"outsider" può non essere più sufficiente o, almeno, può aver perso parte della sua efficacia. Ogni "margine" può essere al "centro" di altre reti, sociali e non. Siamo tutti al centro di qualcosa, così come siamo tutti ai margini di qualche altra cosa. In ogni caso, c'è potere e forza di prospettiva nei cosiddetti "margini", come molti studi recenti di genere, razza/etnia e postcoloniali hanno sostenuto.[8] Questo luogo/spazio o vantaggio marginale migliora la comprensione (attraverso l'esperienza personale) e quindi concede opportunità di collegamento ad azioni compassionevoli, alla solidarietà, alla proiezione globale, specialmente in contesti di pace e giustizia sociale. Ci avverte anche delle dinamiche, dei pericoli e delle vulnerabilità di coloro che vivono ai margini, privi di diritti, per esempio i migranti irregolari e i rifugiati.

Punto di vista da Toronto: Visione del mondo e resistenza. Ho iniziato considerando brevemente alcune delle divisioni triangolari e binarie che ho vissuto, ma qui mi soffermerò su come il crescere a Toronto abbia fortemente influenzato la mia visione del mondo e il mio lavoro di studiosa. Toronto aveva la più numerosa popolazione italiana del secondo dopoguerra in Canada (oltre mezzo milione), con una porzione significativa rappresentata da immigrati di prima generazione.[9] Così, sono cresciuta tra altri italiani di prima generazione che parlavano in dialetto. Il mio primo corso di lingua italiana all'Università di Toronto era per dialettofoni. Una parte significativa dei miei coetanei apparteneva a questo gruppo minoritario della classe operaia italiana che — se allora non si esprimeva troppo apertamente — ha poi trovato sempre più la sua voce, ma che già allora era arrivato a costituire una parte significativa e visibile del tessuto sociale di Toronto. C'era forza nei numeri. E c'era la capacità di mantenere molte tradizioni e abitudini culturali, pur formando una presenza economica significativa in una città in rapido sviluppo, gran parte della quale costruita da italiani. Mi ci è voluto un po' di tempo (e una certa distanza) per riconoscere gli aspetti potenzianti di questo ambiente relativamente egualitario, multietnico e composto da un gran numero di immigrati come modello *civico* positivo e, quindi, per sostenere in seguito (e ancora oggi) un tale modello. Non dobbiamo temere gli immigrati (classe operaia e non), come l'amministrazione della destra radicale statunitense ci ha recentemente incoraggiati a fare, ma dobbiamo piuttosto accoglierli e dare loro l'opportunità di lavorare, costruire, contribuire.

Rivedendo il mio periodo di vita in Canada (anni '50 – '70), mi rendo conto che il Canada offriva soprattutto opportunità educative e altri servizi sociali a un segmento più ampio della popolazione (inclusi i nuovi immigrati) di quanto sarebbe stato accessibile negli Stati Uniti. (Certamente, oggi, gli Stati Uniti sembrano riflettere un maggior grado di segregazione nell'istruzione e nel tessuto sociale). Date le condizioni economiche della mia famiglia, suppongo che se fossi cresciuta negli Stati Uniti, avrei avuto molte meno possibilità di permettermi le esorbitanti tasse d'iscrizione per l'ammissione a un'università di prim'ordine. Rimango per sempre grata per la mia educazione all'Università di Toronto (e ancora più grata per la borsa di studio quadriennale basata sul merito all'University College, che mi ha permesso di continuare gli studi). Infatti, quando leggo dei debiti paralizzanti che gli studenti americani accumulano ancora oggi per la loro istruzione, considero a dir poco miracoloso che dopo 11 anni di istruzione universitaria (alle Università di Toronto, di Firenze e di Los Angeles), il mio debito totale ammontava a 2.000 dollari canadesi nel 1987! Una borsa di studio di due anni del governo italiano per gli italiani che vivono all'estero mi ha consentito di studiare all'Università di Firenze; proprio come le esenzioni dalle tasse scolastiche e gli incarichi di assistente all'insegnamento alla UCLA. Ma la società canadese, più in generale, fornisce servizi vitali ai suoi cittadini. A titolo di esempio, permettetemi di ricordare il suo sistema sanitario più accessibile che, per esempio, ha sicuramente permesso a mio padre malato di vivere fino alla veneranda età di 84 anni, nonostante i suoi molti problemi di salute, tra cui le malattie cardiache, che hanno richiesto interventi chirurgici di triplo e poi quadruplo bypass. Anche lui fu per sempre grato al Canada, e non sentì alcuna nostalgia dell'Italia né alcuna voglia di tornare, tanto erano stati duri gli anni che vi aveva trascorso. In virtù di queste esperienze personali in Canada (e in Italia), alcuni "triangolari", come me, hanno finito per diventare sostenitori dell'istruzione universale, dell'assistenza sanitaria e della riforma dell'immigra-zione negli Stati Uniti; vale a dire che tale triangolazione ha influenzato direttamente i nostri punti di vista politici e sociali.

È stato però lo specifico ambiente della Toronto italiana degli anni '60 e '70, che ha segnato così significativamente il mio senso della cultura italiana e ha guidato il mio eventuale riallineamento con la ricerca etnografica e storica orale, che è diventato una vocazione più che un semplice interesse. Perché altri del gruppo di persone con esperienze simili alla mia, *non* si erano allineati alla propria cultura e storia italiana e *non* ne avevano fatto il fulcro della loro vita professionale, mi chiedevo? A essere onesti, però, potrei essere stata semplicemente fortunata ad aver scoperto il folclore e la mitologia, l'etnomusicologia e la storia orale, come aree formali di studio, mentre ero alla University of California a Los Angeles. Sono stata quindi in grado di abbracciare queste discipline e di ri-orientare il mio impegno di studiosa. Le facoltà di italiano, nella mia esperienza, erano generalmente avamposti coloniali, limitanti, a volte politicamente non illuminati, che difendevano un canone letterario ristretto, e semplicemente non fornivano gli strumenti per intraprendere un lavoro etnologico e culturale, e nemmeno per porre questioni socio-culturali più ampie per fare questo tipo di lavoro.

Anzi, a volte negavano con forza questa possibilità. Ancora, sebbene non sia stato universalmente così in tutta la diaspora, come ho appreso in seguito, rivedendo il recente libro *Italian Music in Australia*, professori come Antonio Comin sono stati pochi e lontani tra loro.[10] Nel mio sporadico insegnamento all'interno del Dipartimento di Italiano alla UCLA, ho cercato di incoraggiare questa riscoperta culturale, condividendo con gli studenti l'evoluzione e trasformazione del mio percorso accademico e personale.

L'allontanamento geografico da Toronto e la distanza dall'Italia, la costante triangolazione culturale, i viaggi tra Stati Uniti, Canada e Italia, e un nuovo obiettivo accademico, che richiedeva una ricerca diretta sul campo in tutti e tre i paesi, hanno favorito connessioni personali con reti globali di studiosi attivisti. Tali collaborazioni e interazioni mi hanno aiutato a sviluppare un senso di resistenza critica (e una rete di resistenza) ai modelli *mainstream* degli Italian Studies, così come a infondermi la fiducia necessaria per perseguire un'alternativa, al di fuori degli studi letterari convenzionali—nonostante gli svantaggi di lavorare in gran parte all'esterno, al di là del pallido sostegno e riconoscimento istituzionale. Il mio status alla fine è cambiato in meglio, dato che l'insieme di pubblicazioni, organizzazione, esperienza internazionale e difesa sociale mi ha dato maggiore notorietà e credibilità. Tuttavia, l'energia necessaria per mantenere quella spinta e quella volontà, una volta così forte, di impegnarsi, di combattere, di lavorare senza sosta per far progredire gli studi etnografici e folcloristici, è in qualche modo diminuita. Oggi, preferisco riflettere su quel percorso e passare il testimone, incoraggiando una generazione più giovane per la quale, spero, il mio tipo di lavoro può essere rilevante.

Punto di vista dalla Los Angeles mediterranea. Come ha funzionato per me, residente a Los Angeles dal 1981, la mia ricerca italiana, italocanadese e italoamericana? Los Angeles è uno dei luoghi più cosmopoliti della terra, una frontiera per l'innovazione e la creatività, un ambiente abbastanza aperto e liberatorio per i molti che hanno continuato a venire a lavorare e vivere qui. Per quanto riguarda i colleghi canadesi nel sud della California, ho appreso l'interessante fattoide (a un raduno di ex allievi dell'Università di Toronto fatto dal Console canadese negli anni '90) che "Los Angeles era la quinta città più grande del Canada"![11] Non ero davvero sicura se questa affermazione fosse stata fatta per scherzo, ma sembrava credibile. (Affermazioni simili sono state fatte per molti altri gruppi etnici e nazionali a Los Angeles: per esempio, che la nostra città ospitava il più grande gruppo di armeni al di fuori dei confini nazionali dell'Armenia; aveva il maggior numero di nativi americani del paese, e così via). Avendo incontrato un buon numero di canadesi un po' "nascosti" (anche canadesi italiani) a Los Angeles, non ho trovato l'affermazione particolarmente stravagante. Oggi, naturalmente, diversi gruppi su Facebook permettono un accesso più diretto l'uno all'altro (per esempio, Canadians in LA), e sembrano essere attualmente concentrati su questioni di cittadinanza, regolamenti COVID, restrizioni di viaggio e regole. Le statistiche confermano che il maggior numero di immigrati dal Canada negli Stati Uniti si trova in California e Florida, con la California in testa di circa il 50% (secondo il Censimento del 2000, dei 141.181 canadesi, che vivono negli Stati Uniti, 99.139 erano in California). Dubito che questi numeri tengano conto di coloro che "transitano" qui come migranti non stanziali, come molti continuano ad essere, specialmente a Los Angeles, per esempio, in particolare nell'"industria dell'intrattenimento".[12] Sarebbe interessante rivedere queste cifre a partire dalle elezioni presidenziali americane del 2016, dato l'ostile cambiamento radicale anti-migrazione che hanno causato, anche contro i vicini "amici". Gran parte di quest'assurdità sembra essere stata invertita dalla successiva amministrazione Biden, ma il COVID-19 ha limitato ancora una volta la mobilità, questa volta per tutti, anche per i più privilegiati. I canadesi si dirigono ancora verso sud come "snow birds" (che svernano in climi più caldi), come turisti a breve termine o per lavoro, da decenni e probabilmente da più tempo. Per quanto riguarda gli inverni canadesi, sono stata a lungo convinta che bastava mostrare a un canadese una palma e ti avrebbe seguito quasi ovunque (specialmente in Florida o in California)!

A questa canadese-americana-italiana del sud, l'ambiente mediterraneo della California sembra fornire maggiori affinità naturali con l'Italia, come a molti italiani, permettendo più espressioni delle nostre radici meridionali e mediterranee attraverso l'agricoltura, la viticoltura, l'architettura, persino il retaggio della lingua romanza e della religione cattolica, di quanto non sia generalmente il caso per altre regioni del Nord America.

Questo fatto ambientale di per sé ha avuto ripercussioni sul mio lavoro. In parte, mi ha attirato nella California del sud, e in seguito mi ha certamente trattenuto in quella zona (fortemente secondato dal matrimonio e dalla famiglia). Inoltre, ha avuto un impatto significativo sulle ricerche relative al cibo e sul lavoro nel settore pubblico, ivi inclusi Slow Food e l'*Accademia Italiana della Cucina*. Dopo tutto, la California meridionale, e Los Angeles in particolare, formano una mecca del cibo mediterraneo sulla costa occidentale degli Stati Uniti.

Lati esistenziali negativi e positivi della triangolazione (cfr. Moto perpetuo). La triangolazione geografica di cui ho appena descritto le virtù, tuttavia, ha anche dovuto pagare il costo esistenziale dei sentimenti di nostalgia per i luoghi del passato, dell'inquietudine, della mancanza di una casa (o, effettivamente, di un senso sfuggente e multicentrico di "casa" — sia personale che professionale) e della costante ricerca di appartenenza a una comunità. Per anni, mentre vivevo a Los Angeles, anche dopo che era diventato chiaro che non mi sarei stabilita altrove, ho continuato ad avere la sensazione di essere soltanto di passaggio (con sgomento della mia giovane famiglia). Man mano che mi rendevo conto che avrei vissuto per sempre in città e avrei cresciuto una famiglia, ero terrorizzata dalla prospettiva della stasi. Avevo bisogno di costruire modi per sentirmi più radicata. Mi chiedevo se qualcuno avesse mai deciso davvero di stabilirsi a Los Angeles. Los Angeles è, naturalmente, un paradiso per i transeunti, la transitorietà sembra costituire l'essenza stessa della città. Per fortuna, alla fine mi sono adattata, ma l'adattamento richiedeva che la mia mobilità fosse assicurata. Ho avuto la grande fortuna di poter continuare a vagabondare e nemmeno la precoce maternità mi ha impedito di viaggiare molto, soprattutto per attività "professionali", ma, come ha capito la mia famiglia, anche per ragioni esistenziali fondamentali. A volte portavo i bambini con me, come nei primi viaggi di lavoro in Italia, ma per lo più potevo lasciarli alle cure di mio marito e della nostra babysitter. Sono eternamente grata al mio marito illuminato ed economicamente stabile, che mi ha sostenuta professionalmente, e che mi ha consentito i rari privilegi di poter viaggiare spesso e di impegnarmi in aree di studio che non erano supportate istituzionalmente, per lo meno non nelle nostre istituzioni locali.

Ciononostante, la triangolazione si è rivelata piuttosto impegnativa, professionalmente parlando. Per una serie di ragioni, trovare "case *istituzionali*" in cui praticare la mia specializzazione in folclore e storia orale si è rivelato così difficile che ho dovuto costruirmene una mia: l'I.O.H.I.

Essendo un'anima naturalmente parsimoniosa, sono stata in grado di fare molto con poco, *arrangiarmi*, salvando una parvenza di identità professionale. Dopo tutto, noi italiani siamo costruttori, non è così? Ho imparato a costruire la mia casa, da sola. Piuttosto che soccombere alla dispersione diasporica che porta alla frammentazione, ho preferito resistere, rendendomi conto che potevo semplicemente abitare in almeno tre luoghi contemporaneamente. Si potrebbe andare e tornare, di volta in volta, girando per il mondo in conferenze internazionali, insegnando e continuando la ricerca. Nel frattempo, ho riflettuto su queste triangolazioni, ho curato volumi, ho messo insieme una famiglia collegiale in molti luoghi diversi—anche se gli studiosi con cui condivido più strettamente i miei interessi rimangono quelli della Sezione Mediterranea dell'American Folklore Society.

Il mio triangolo esistenziale mi ha reso abbastanza attenta al "cambio di codice" socio-linguistico e vigile nel negoziare le identità culturali, come situarmi o posizionarmi all'interno della triangolazione in ogni specifico momento. Aspiro a mantenere tutti i punti in equilibrio (=triangolo equilatero), e a raggiungere un orientamento stabile all'interno della triade—anche se mi trovo sempre più frequentemente a favorire gli spostamenti verso un quarto o quinto punto, estendendo la mia attività alla ricerca di una maggiore "cittadinanza" globale. I triangoli possono quindi effettivamente diventare poligoni, mentre mi sforzo di creare reti personali e professionali, più e più volte, cercando e rinnovando il cambiamento dall'interno, puntando a variazioni complessive di paradigmi.

Un'altra strategia al servizio di una più estesa giustizia sociale è quella di collegare, laddove possibile, e da qualsiasi punto di vista ci si trovi, le nostre conoscenze specifiche per affrontare questioni più ampie. Nel mio caso, scelgo intenzionalmente tradizioni e costumi delle radici culturali italiane per raggiungere quella realtà sociale più ampia, applicando le mie competenze accademiche e organizzative per richiamare l'attenzione su istanze urgenti e attuali di diritti umani e giustizia sociale. Per esempio, la creatività individuale e l'abbraccio della comunità (Watts Towers); accogliere lo straniero e nutrire i poveri (le tavole di San Giuseppe); verità e riconciliazione (Campagna anti-Colombo). Visto in retrospettiva, ho pochi dubbi che lo stato esistenziale dell'essere e del vivere fra più culture abbia guidato la scelta delle materie della mia ricerca, le mie tendenze interpretative e i miei programmi pubblici. Per esempio, le tavole di San Giuseppe rappresentano un'usanza, presa dalla stessa diaspora culturale italiana e siciliana, di praticare l'ospitalità e la giustizia alimentare. Ma per ampliare il suo impatto in un contesto di diaspora, bisogna andare oltre l'insulare, il locale e l'endocentrico, per abbracciare incroci culturali più ampi, che devono essere tutti appresi, praticati e perfezionati. Certo, gli indigenti possono non essere più italiani, ma un tempo gli immigrati italiani si sono trovati in circostanze simili, decenni e persino un secolo prima. I miei compagni immigrati, che poi sono diventati cittadini (triangolati o meno), dovrebbero essere incoraggiati a ricordare, a coltivare l'empatia e a diventare alleati degli ultimi arrivi. In una recente ricerca storica orale, ho conosciuto Sabato (Sam, Simon) Rodia, il cosiddetto artista "outsider" delle Watts Towers. Come emarginato e vituperato italiano del sud, che viveva in un periodo di acuta ostilità verso questo gruppo etnico in America, la sua risposta è diventata un'intensa creatività, un'arte straordinaria e un approccio comunitario quando ha aperto le braccia a tutti quelli intorno a lui, nel monumento che ha chiamato: *Nuestro Pueblo*. La sua pratica ci permette di richiamare i valori della creatività personale per superare le difficoltà e la capacità dei nostri sforzi (anche se non pari all'arte di Rodia) di raggiungere la comunità e creare un terreno comune. Questo è ciò che la Watts Towers Common Ground Initiative cerca di fare in circoli sempre più ampi (Del Giudice 2014).

Come ultimo esempio del perché e del percome della mia ricerca, in relazione a mondi triangolati e a istanze sociali sfaccettate, la vera *raison d'être* dei miei studi sul folclore è stata un'amplificazione della parola parlata e cantata (cioè della cultura orale) al di là di qualsiasi cultura scritta e letteraria, quindi dei dialetti locali rispetto all'italiano standard e distaccato dalla cultura orale; delle tradizioni locali rispetto alla cultura nazionale e ufficiale; dei molti e dei diversi contro l'ortodosso, l'uniforme e il dogmatico. Tale era l'intima cultura italiana, che avevo vissuto personalmente, crescendo a Toronto e che esprimeva anche la classe sociale alla quale appartenevamo. È stato il desiderio di capire quel mondo, le sue radici e le sue fonti, che mi ha portato a uno studio più formale, aiutandomi così a comprendere meglio le ingiustizie storiche e l'omertà subita da un'intera classe di contadini diventati italiani della diaspora.

Sì, in qualche strano modo, questa disciplina in sintonia con l'oralità, queste specifiche aree di studio antropologico derivavano entrambe da (e amplificavano) il mio personale senso della nostra inascoltata, invisibile, sempre marginalizzata, casta di *outsider*. Senza dubbio, il fattore "genere" ha intensificato ulteriormente questo stato esistenziale, mentre lo vivevo. Ero una studiosa della cultura popolare italiana e della storia orale in un mondo accademico prevalentemente maschile di studiosi della letteratura italiana. Non c'è da meravigliarsi se ho percepito la riluttanza di quell'ambiente a collaborare con me, cioè a collaborare con (scusate l'immodestia) una donna capace di parlare, colta (autrice di molte pubblicazioni), direttrice di un'organizzazione di studio non-profit coronata di successo, strategicamente posizionata tra il settore accademico e quello pubblico — tutti aspetti ideali che venivano propugnati proprio in quel periodo storico alla UCLA (per esempio, "UCLA in LA"). La mia organizzazione aveva già raggiunto proprio quell'interazione ed era pronta ad aiutare uno dei suoi dipartimenti a centrare quegli stessi obiettivi. Ma, ahimè, il rigido distacco disciplinare unito alle attuali ben note dinamiche di genere, ai pregiudizi di classe sociale e alle strutture interne di potere, sempre più evidenziate dal movimento MeToo, in retrospettiva rendono il mio specifico caso ridicolmente ordinario. A quell'epoca, però, l'esclusione e l'indifferenza si rivelarono devastanti e il chiaro rifiuto sconcertante. Può forse offrire qualche tipo di conforto il venire a sapere oggi tutte le strategie usate contro le donne, che *allora* non avevo identificato, ma che da allora sono state rese abbondantemente chiare, grazie alle testimonianze di tante donne. Compiango tutte le donne capaci, il loro talento non realizzato (o non pienamente compiuto), cadute nel dimenticatoio, spesso grazie a sistemi di esclusione radicati e basati sul genere. Il nostro dolore si alza in un grido ovattato. D'altra parte, le strategie e la determinazione, che ho appreso da un padre immigrante e duro lavoratore, mi hanno insegnato a persistere, a resistere, a continuare sulla mia strada e a sopravvivere come meglio potevo. Eppure, anche la rabbia persiste ed è talvolta debilitante.

Confini e attraversamenti di frontiera. Non mi sento a mio agio di fronte a muri e gerarchie: muri nazionali, divisioni sociali, tribalismi (in particolare italiani), persino barriere tra lavoratori accademici e intellettuali (cioè professori, assistenti, studiosi indipendenti, vale a dire quelli dentro le sacre mura paragonati a chi è fuori; quelli con un lavoro sicuro e gli altri sempre in lotta). Questa avversione è profonda. Ho cercato con convinzione di gettare ponti su queste divisioni, anche rischiando, a volte, la censura e l'alienazione dalla mia stessa "tribù", perché credo che questo sia ciò che tutti noi dobbiamo cercare di fare: cioè agire per promuovere la pace, l'equità, la giustizia. Come si realizza questo? Permettetemi di presentare un paio di esempi. Desidero fare del bene, anche se cerco di superare le inevitabili accuse di "buonismo", imparando ad ascoltare quelli *al di fuori del* mio gruppo etnico, nella speranza di trovare la via giusta, di creare effettivamente forti legami di fiducia e di rispetto reciproco e diventare una vera alleata. Questo è successo nel caso del ponte italo-africano-americano sostenuto dalle Watts Towers, in cui il mio obiettivo secondario (e triangolare) era anche quello di trovare uno spazio per una presenza italiana, e quindi di triangolare etnicamente, aggiungendo l'eredità italiana di Rodia per formare forse dei paralleli tra una migrazione precedente e una più recente in un luogo dove la consolidata comunità africana e il successivo afflusso latino non hanno sempre convissuto pacificamente (vedi Del Giudice 2014).

Forse un'altra istanza di attraversamento dei confini può essere rappresentata da un'emergente alleanza indigena/italiana. Questo costituisce un superamento di confini razziali che, fino a poco tempo fa, non avevo sperimentato personalmente.[13] Insieme ad altri studiosi di storia e cultura italoamericana abbiamo fatto circolare una petizione nazionale per sospendere il Columbus Day come festa nazionale,[14] facendo contemporaneamente circolare un'altra petizione locale per far rinominare la giornata a Los Angeles come "Sabato Rodia Italian Heritage Day". L'8 ottobre 2018 si è tenuto il primo Indigenous Peoples Day nella storia di Los Angeles. Non solo ho contribuito a celebrare la nuova festività tanto attesa, ma ho anche partecipato a una tavola rotonda nella City Council Chambers, la sede ufficiale in cui aveva avuto luogo l'opposizione tra un sostenitore indigeno e un difensore di Colombo, per spiegare perché, come italoamericana (e come italocanadese), sostenevo i Popoli Indigeni e la loro celebrazione e perché non sostenevo la comunità italiana arroccata intorno a una figura storica come Colombo. Argomentavo che, in ogni caso, avevamo eroi migliori da celebrare, più vicini all'esperienza reale degli immigrati italiani, e certamente più attenti alle questioni di equità sociale e anticolonialismo. In Canada, per decenni, abbiamo riconosciuto pubblicamente la terra dei Primi Popoli su cui ci troviamo, come apertura rituale di routine di molte conferenze (per quanto imperfetta e inadeguata possa essere), in eventi sia accademici che pubblici. Non sono sicura che tali riconoscimenti pubblici e segni (abbastanza modesti) di rispetto e giustizia da parte dei popoli colonizzatori abbiano un effetto molto concreto nel tempo (simbolicamente parlando) a favore del riconoscimento e affermazione dei diritti e della dignità dei popoli "First Nation", ma sembrerebbe che forse puntino in una direzione più positiva. Anche se restano da realizzare progressi più tangibili. Ad esempio, la continua scoperta di corpi di bambini sepolti nelle scuole residenziali gestite dalla Chiesa cattolica sta assumendo una veste di criminalità difficile da comprendere. Non sono certa che questi torti possano mai essere riparati o perdonati. Nella nostra modesta campagna contro il Columbus Day, abbiamo cercato soprattutto di impedire che continui la cancellazione, l'invisibilità e l'oppressione dei Popoli Indigeni.

Quanto al risanamento di altri tipi di ferite storiche, che riguardano specificamente gli italiani (anche se solo simbolicamente), ho considerato la mia cattedra di Visiting Professor in Etiopia per tenere un seminario di storia orale, come mezzo per offrire un mio piccolo contributo nel rimediare a un torto dell'epoca coloniale italiana, fornendo diversi strumenti chiave (fisici, metodologici e teorici) per aiutare gli etiopi a documentare i loro racconti, le loro lingue, la loro storia. Sono riuscita a donare una videocamera, insieme ad altre attrezzature per le quali avevo raccolto donazioni a Los Angeles, al fine di fornire mezzi di ricerca essenziali ai miei studenti dell'Università di Addis Abeba. Si può facilmente immaginare quanto mi sono commossa, quando uno studente ha commentato: "*Ora* ci sentiamo dei veri folcloristi"! Ho colto l'occasione per mostrare le tecniche di lavoro sul campo intervistando Tafesse Woubshet, il creatore di Fregenet, una fondazione con base a Los Angeles che ha finanziato un'eccellente scuola elementare (e un centro comunitario) ad Addis (vedi: http://fregenetfoundation.org/), il quale si trovava ad Addis in quel momento, presentando così agli studenti gli etiopi della diaspora in mezzo a loro. Uno studente e io abbiamo visitato la scuola, il che ha cagionato il mio coinvolgimento negli sforzi di raccolta fondi da parte di questa fondazione etiope diasporica con sede a Los Angeles.

Mobilità, casa e comunità. Il concetto di localizzare la "casa" e una comunità di appartenenza si sta rivelando uno sforzo che dura tutta la vita e richiede un costante posizionamento e riposizionamento (psicologico) — ma questo è vero per quanto riguarda tutte le persone in movimento, nelle diaspore, sia forzate che "volontarie". Sono stata assillata da queste questioni ancor prima di lasciare Toronto e dare inizio alla mia abitudine di viaggiare per tutta la vita... In effetti, la storia del "Brutto Anatroccolo" è stata una delle narrazioni interiori che mi definiscono: se solo potessi trovare la mia *vera* famiglia, mi sentirei finalmente a casa. Forse la maggior parte degli adolescenti vive questi sentimenti di alienazione, che li spingono verso viaggi alla scoperta di se stessi. Il mio vagabondaggio e la mia irrequietezza possono esserne stati un caso estremo. Anche se sembra non finire mai. A partire dall'inizio del nuovo millennio, in seguito a diverse delusioni professionali, mi sono imbarcata nuovamente in altri tipi di viaggi interiori, pellegrinaggi ed esplorazioni di varie tradizioni di fede, cercando di allinearmi maggiormente a una famiglia *spirituale* e una casa *spirituale* che mi accompagnassero ovunque, in modo da potermi sentire a casa ovunque. E così si è dimostrato, anche se so che queste conquiste sono sempre e per sempre transitorie.

Inoltre, con mia grande gioia, ho scoperto che la comunità può essere *creata*, fatta nascere quasi dal nulla, attraverso sforzi *intenzionali* e mirati. Così ho cercato abitualmente di creare tali comunità—attraverso programmi comunitari italiani, cene di famiglia, riunioni di amici, progetti di editing, circoli di donne, gruppi interreligiosi e persino l'organizzazione di gruppi di lavoro. Tutte queste iniziative costituivano mezzi adatti a convocare la comunità e focalizzare l'attenzione su una serie di questioni e di pratiche, a volte in ambienti intimi, a volte in arene pubbliche, attingendo periodicamente al mio personale triangolo Italia, Toronto, Los Angeles. Cercare di vivere profondamente dentro e attraverso questi siti geografici e umani successivi mi ha aiutato a capire meglio e a situarmi meglio intimamente, mentre navigo tra me, voi e noi, rimanendo allo stesso tempo in perpetuo movimento, sentendomi "a casa" in più luoghi e con persone diverse. Anche un luogo tanto diffuso e transitorio come Los Angeles è arrivato a farsi sentire sempre più come casa—forse, ironicamente, l'unico tipo di luogo in cui una transiente può sentirsi "a casa".

Movimento perpetuo. Il bisogno di rimanere in movimento, tuttavia, specie all'interno del mio triangolo Italia-Canada-USA, è profondo ed essenziale per il mio senso di sé e di benessere. È iniziato consapevolmente alla fine degli anni '70, quando ho deciso di fare un trasferimento senza precedenti (per il mio genere e i miei colleghi di studio e di vita) a Firenze, in Italia, da sola, per studiare per due anni. Là, non conoscevo nessuno e mi sono semplicemente lanciata in un nuovo ambiente. Il soggiorno a Firenze ha rappresentato un lungo periodo di lontananza da casa, poca comunicazione con la famiglia e un solitario procedimento di identificazione. (Ha anche dato il via al mio salto successivo, con la triangolazione negli Stati Uniti.)

Agli occhi dei miei genitori, forse, solo una ragione educativa (la concentrazione sugli studi italiani, nientemeno) avrebbe potuto legittimare un viaggio così lungo lontano da casa. Ma una volta che la mia famiglia ha accettato il fatto che avevo intenzione di proseguire nella mia istruzione e diventare una studiosa (qualunque cosa ciò potesse significare, non ne avevano davvero idea), fui in grado di usare questo obiettivo come motivazione per giustificare ulteriori esplorazioni lontane dalle mie origini, a piccoli passi incrementali. Alla fine, mi sono trasferita a Los Angeles, in California, e non sono più tornata a casa per vivere vicino alla mia famiglia d'origine. Quella separazione iniziale da casa negli anni '70 ha rotto l'incantesimo. Le corde strettamente legate alla famiglia si sono allentate, la distanza è aumentata, e insieme si sono rivelate cruciali per il mio progetto di conoscenza di me stessa e del mondo. Ironicamente, è ovvio, quel progetto di vita mi ha riportata più volte ai miei primissimi e secondi punti di partenza, mentre cercavo di capire quelle culture, storie e diaspore, e di situare il mio luogo di origine e di appartenenza.

Le distanze mi hanno anche lanciato in processi di intensa autoriflessione, di scrittura e di indipendenza senza legami. Oggi, mi considero una studiosa indipendente "estrema",[15] completamente priva di istituzioni, e libera di vagare accademicamente, ovunque io sia chiamata: dal condurre workshop per il Veterans History Project nelle Isole Marianne Settentrionali, al tenere lezioni in una scuola etnografica scozzese sul campo, al presentare il discorso di apertura in una conferenza di Island Dynamics in Cina. Tendo a dire "sì" alle opportunità che mi si offrono, specialmente quelle rare e inaspettate. Più lontane sono, meglio è. (Tutto ciò, ovviamente, prima della pandemia). Mentre molti dei miei viaggi hanno avuto ragioni professionali, altri sono stati invece per piacere personale, anche se, spesso, sono stati i primi a dar luogo ai secondi. Per esempio, una delle mie ultime avventure pre-pandemiche mi ha portato a Santiago de Compostela, in Spagna, per una riunione della S.I.E.F., seguita da una lunga passeggiata sul Cammino dei pellegrini. Facebook è diventato un compagno costante su cui condivido viaggi, incontri, avvistamenti e riflessioni. Eppure, anche le avventure più a portata di mano mi intrigano. Durante l'estate del 2014, ho fatto il mio secondo viaggio intracontinentale (Toronto-Oregon-California) su strada, con la figlia che ho menzionata all'inizio di questo saggio. Nel veicolo fornito dalla Oregon State University per la sua ricerca, con una canoa legata sul tettuccio (forse una perfetta icona canadese: vedi Figura 3), ci siamo imbarcate in quella che ho immaginato come una replica, in parte, delle rotte occidentali di scoperta dei *voyageurs* canadesi lungo il French River (vedi Figure 4 e 5). Ho assaporato il valore simbolico del nostro percorso sulle tracce di questo viaggio esplorativo.

Il bisogno di essere in movimento ha finito per diventare più pervasivo, più profondamente radicato, portandomi ben oltre il mio triangolo essenziale. Francamente, trovo sempre più difficile stare ferma (a parte lo stare seduta quanto necessario per scrivere, ma oggi, anche quello...). E anche se rimango una sostenitrice dell'immobilità (prescritta nell'arte della "direzione spirituale", vedi Del Giudice 2009b), sembra che io preferisca camminare, nuotare, in breve, adottare varie forme di meditazione *in movimento*. Mi impegno in frequenti peregrinazioni, pellegrinaggi, anche all'interno della mia stessa città di Los Angeles—documentando paesaggi, persone e luoghi mentre vado. Amici, famiglia e colleghi sanno che amo *andare* e sono spesso sbalorditi dai luoghi che appaiono nel mio feed di Facebook, senza mai sapere dove sarò la prossima volta. Non mi pongo più la domanda di dove potrei essere, perché sospetto che la risposta rimanga gnomica: ovunque, da nessuna parte, da qualche parte o meglio ancora *in viaggio* (con una macchina fotografica e un taccuino in mano). Ho persino immaginato che il mio prossimo progetto sarà qualcosa sulla falsariga di "Notes from the Road", un genere di viaggio non tanto insolito, dopo tutto. O forse dovrei semplicemente concentrarmi su "Immagini dalla strada", cioè meno parole e più fotografie. Sento di essere più felice quando viaggio *ovunque*, ma in particolare in posti dove non sono mai stata, e mi sento più lucida quando mi trovo tra un posto e l'altro, riflettendo su *là* mentre sono *qua*; o *qua* mentre sono *là*. Devo confessare che recentemente ho fatto domanda di una borsa di studio per scrittori dell'AmTrak (American Railways) che mi avrebbe permesso di scrivere mentre viaggiavo su un treno, una perfetta attuazione del paradigma del pensare-mentre-si-è-in movimento. Sfortunatamente, troppi altri autori condividevano desideri simili al mio, così non mi hanno assegnato il contributo. Ma so che sono più vigile mentalmente quando sono lontana da casa mia, scrivendo in un caffè o in una biblioteca dopo l'altra (anche se mai la stessa per molto tempo). Una volta diventata una *habituée*, il lavoro diventa più difficile. Casa, in qualche modo, è diventata sinonimo del mio computer portatile. Oggi, naturalmente, mi rendo conto che ho usato il mio portatile solo una manciata di volte negli ultimi due anni, poiché sono stata in gran parte chiusa in casa per la pandemia. Queste gravi limitazioni hanno devastato non solo la mobilità in sé, ma anche i sogni di mobilità.

Forse, la mia inquietudine può anche rappresentare un'espressione di qualche malessere più profondo. In breve, ci sono altri aspetti negativi che potrei menzionare (cfr. Lati esistenziali negativi e positivi della triangolazione)? Sentimenti di esclusione. La realizzazione che nessun punto o gruppo del mio triangolo, forse meno di tutti gli italocanadesi, aveva prestato molta attenzione alle proprie diaspore di colleghi all'estero né al loro lavoro di studiosi. Gli italiani, d'altra parte, avendo scoperto di recente di avere rimosso un proprio passato di emigranti, stanno a malapena facendo i conti con un intero, consistente gruppo di studiosi che si sono impegnati ad approfondire la *loro* diaspora italiana per decenni. Gli italiani sembrano più interessati a studiare il loro esodo più recente, la cosiddetta "fuga dei cervelli", che le diaspore precedenti, così lontane e apparentemente estranee, così rimosse dalla politica e dalla storia italiana contemporanea.

Essere una transnazionale non legata alle istituzioni ha fornito altre sfide, ovviamente, anche se sono arrivata ad abbracciare il mio peculiare stato, come libera di muovermi, cittadina multipla, e studiosa indipendente, italiana, italocanadese, californiana-italiana in parti uguali—cioè una studiosa allo stesso tempo dentro e fuori, sia accolta che esclusa. Sono andata avanti, tuttavia, come orchestra di una sola musicista, battendo sul mio piccolo tamburo di Facebook il ritmo delle cose che faccio e che più mi interessano, tendendo attentamente l'orecchio a ciò che segue e, occasionalmente, aprendo anche la strada.

SULL'ESCLUSIONE E L'APPARTENENZA

Una parola su esclusione e appartenenza. Ironicamente, può darsi che il più grande senso di divisione non derivi dall'essere un italiano diasporico in sé, ma piuttosto quando la diaspora si confronta con gli stessi "italiani reali (cioè, contemporanei)".[16] Naturalmente, ogni studiosa della diaspora italiana riconoscerà o avrà sentito lei stessa intimamente il pungolo dell'esclusione, in varia misura, quando si trova faccia a faccia con l'ufficialità italiana (consolare, culturale, universitaria) e i suoi rappresentanti all'estero o semplicemente con gli italiani appena arrivati. Questo può avvenire sotto forma di vera e propria esclusione (ad esempio, promuoviamo la cultura italiana, non la cultura della diaspora italiana; questo è un dipartimento di italiano, non di Italian Americana; o, in alternativa, le migrazioni che studiamo non sono le nostre, ma le migrazioni mediterranee e sub-sahariane *in* Italia). Oppure, l'esclusione può avvenire sotto forma di micro-aggressioni più sottili (ad esempio, concedere occasionalmente uno spazio ai programmi sulla diaspora italiana, ma non necessariamente frequentarli di persona). Ho persino sentito dire che gli studi delle migrazioni italiane non hanno un posto appropriato all'interno dei dipartimenti di Italian Studies, ma potrebbero essere meglio ospitati nei dipartimenti di antropologia o storia o studi etnici – come *se* fossero davvero benvenuti in tali dipartimenti. Spesso, le questioni relative alla diaspora italiana sono escluse da questi dipartimenti perché giudicate troppo specifiche dal punto di vista etnico o perché sono pertinenti solo a una migrazione storica, che potrebbe sembrare non più rilevante. L'emarginazione all'interno dei margini presenta una sfida speciale.

Ma ci sono molti altri modi di settorializzare le varie diaspore italiane e di sentirsi esclusi. Racconterò brevemente un esempio. Proprio di recente, ho accettato l'invito a far parte dello sforzo di ricostituzione del capitolo dell'ISSNAF–Italian Scientists and Scholars in North American Foundation[17] di Los Angeles, fondata nel 2007: "per rendere la diaspora intellettuale italiana in Nord America accessibile, nutrita e riconosciuta ". È sorprendente che abbiano scelto l'etichetta di italiani "diasporici" (normalmente usata per identificare le migrazioni trascorse), mentre allo stesso tempo non accolgono effettivamente questa ex diaspora tra i loro membri. Si fa il "distinguo" dall'"altra" diaspora italiana enfatizzando la natura intellettuale del gruppo. A un esame più attento del nuovo sito web, ho notato che solo gli "italiani di prima generazione" possono iscriversi.[18]

Mi sono chiesta se, essendo emigrata dall'Italia a soli 4 mesi, avevo le qualifiche necessarie per diventare socia. Forse tecnicamente, per diritto di nascita, ma non culturalmente? Ma a quanto pare ero stata identificata come intellettuale italiana attiva negli Stati Uniti, altrimenti non sarei stata invitata a partecipare. O ero semplicemente "passata" come "vera" italiana perché avevo imparato bene l'italiano e sapevo, più o meno, come comportarmi nei formali circoli intellettuali italiani?[19] Ero stata invitata perché *non ero* percepita come una tipica "italoamericana" (qualunque cosa ciò possa significare)? Non lo so. Ma so che mi sono rapidamente allontanata dallo sforzo posto in atto dall'organizzazione, un'organizzazione con il più alto imprimatur del governo italiano.

I partecipanti all'incontro probabilmente non sapevano che avevo trascorso la mia vita professionale nell'analizzare proprio tali questioni di identità e che non prendevo questa materia alla leggera. Tali atti discriminatori, a mio avviso, continuavano a mettere in luce la tendenza degli italiani a dividere gli irregolari (emigranti, residenti *ius soli*) dagli italiani più "autentici", e una nazione italiana che continuava ad agire come se fosse assediata da coloro che non le appartenevano veramente, che non erano "abbastanza italiani". Inoltre, mi sembra che i cittadini italiani contemporanei dovrebbero considerare le loro diaspore come un ricco percorso che apre il mondo intero e quindi una risorsa positiva. Probabilmente stiamo ancora agendo in base a troppi stereotipi, con un'idea troppo ristretta di cosa significhi essere italiano oggi, non riuscendo a riconoscere pienamente le molte traiettorie e geometrie, i molti incroci e le molteplici esperienze di vita degli italiani e delle loro molte diaspore. Gli italiani (come me) viaggiano, ritornano e si avventurano fuori, ognuno con le sue storie uniche di italianità, tessendo il loro itinerario su un arazzo più grande, grande come il globo.

TRIANGOLAZIONE INTERGENERAZIONALE

Come contenitrice di "transnazionalità", non sono ancora sicura di aver fatto un favore alle mie due figlie, trasmettendo loro il senso tangibile del mio triangolo multinazionale, con l'intento di legarle a tutti e tre i luoghi. Sono responsabile della loro componente canadese e italiana, sebbene il legame italiano sia stato riaffermato anche dagli impegni professionali miei e di mio marito in Italia. Loro hanno anche profondi legami con la California storica, grazie alla precoce presenza degli antenati di mio marito da entrambi i rami della sua famiglia, e uno dei quali fondò addirittura una comunità utopica nella Central Valley. Resta da vedere se le nostre figlie considereranno questa triangolazione come un aspetto positivo della loro vita, ma sospetto che lo faranno. Credo che questi luoghi—Italia, Canada, California—siano profondamente radicati nella loro psiche come lo sono diventati nella mia. Chiaramente, il legame italiano è forte per la figlia maggiore, Elena, lei stessa con un recente dottorato di ricerca in Ecologia delle Zone Umide e studentessa dell'UCLA all'estero, avendo vissuto a Venezia (per studiare la laguna veneziana), mentre era iscritta all'Università di Padova. Il legame è reso più forte dal suo recente matrimonio (a Venezia) con un navigatore veneziano. Mentre contempla la propria famiglia e il proprio senso di casa, anche lei aspira a trasmettere il bilinguismo e il biculturalismo, che coltiverà nella sua prossima generazione in via di sviluppo. Lei e il suo marito marinaio sperano persino di aggiungere al mix linguistico domestico il dialetto veneziano che, per caso, è il dialetto che suo padre dialettologo conosce meglio, oltre a essere la lingua intima della famiglia di suo marito.

Raggiungere una soglia generazionale solleva di nuovo la questione della triangolazione. Cosa comporta esattamente la triangolazione, in pratica? Coloro che aspirano a crescere i figli in un ambiente italiano, fuori dall'Italia, conoscono gli sforzi e le risorse estreme e dispendiose in termini di tempo che un folclore pluriculturale richiede. Le sfide sono tali da intimidire. Ed è una scommessa. Posso testimoniare che abbiamo "fatto i salti mortali" per crescere entrambe le nostre figlie come persone bilingui e biculturali, creando un bozzolo italofono nella Los Angeles anglofona, cioè comprando libri per bambini italiani, video e tutti i film della Disney in italiano (il che, all'epoca, richiedeva un triplex AIWA capace di riprodurre cassette VHS in formato PAL). Abbiamo cercato di ricreare una vita domestica interamente italiana, in casa parlavamo solo italiano, anche se con qualche sforzo per mio marito, Edward Tuttle, un dialettologo italiano della UCLA, ma angloamericano; e anche per me, una studentessa di italianistica, ma con l'italiano come seconda lingua. Mangiavamo cibi italiani, insistevamo sulle tradizioni italiane, viaggiavamo soprattutto in Canada e in Italia. Eravamo così coerenti con la nostra politica linguistica che la nostra figlia più giovane, solo molto più tardi, ha confessato quanto fosse stato traumatico andare all'asilo e non essere capita da nessuno, perché parlava solo italiano. D'altra parte, mentre ero borsista Fulbright all'Università di Pavia nel 1991, dove sono arrivata da sola con una bambina di 4 anni, Elena, e una di 3 mesi, Giulia, abbiamo sperimentato una sorpresa linguistica più positiva. Lì, Elena frequentava la scuola materna canossiana del quartiere, dove le suore si meravigliavano del suo italiano piuttosto sofisticato e adulto: un trionfo per i suoi orgogliosi genitori! Riflettendo, mi sono resa conto che le bambine avevano parlato *solo* un italiano da adulti, dato che né io né mio marito avevamo familiarità con l'italiano dei bambini e potevamo offrire loro soltanto un vocabolario più maturo, come facevano i nostri colleghi e amici. Per lo più ha funzionato. Le ragazze hanno parlato tra loro in italiano fino a quando la più giovane, Giulia, aveva circa 10 anni. Poi, come ci si poteva aspettare, la situazione si è spostata linguisticamente a favore dell'inglese. I frequenti viaggi in Canada, e le visite reciproche dei nonni italocanadesi a Los Angeles, hanno fatto sì che le ragazze sperimentassero anche il terracinese, il nostro dialetto familiare parlato, oltre all'italiano più standard, tra mio marito e i miei genitori. I loro zii e cugini in Canada, così come i loro parenti più lontani a Terracina e i più recenti suoceri a Venezia, li tengono altrettanto cari, in un legame reciproco che abbiamo contribuito a forgiare. Avevamo fatto tutto il possibile per gettare le basi delle loro competenze linguistiche italiane, come genitori che acculturano i loro figli.

Tutto questo trasferimento culturale ha richiesto impegno personale, un'attenta pianificazione e risorse non indifferenti in termini di mobilità, ma non ci siamo mai pentiti dello sforzo continuo e costante che questa trasmissione culturale ha richiesto. Come genitrice triangolare, ho considerato un solenne dovere trasmettere alle mie figlie ciò che sapevo, oltre a fornire collegamenti attivi con molteplici contesti geografici, culturali e familiari. L'Italia e il Canada hanno occupato un posto così importante nella mia vita e nella mia psiche, che non avrei potuto immaginare di non trasmettere loro questi doni. Il triangolo fedele regge fino a ora. Così come le nazionalità multiple. Che fortuna per loro, ne sono convinta, che in primo luogo abbiamo sentito questo dovere triadico e, in secondo luogo, che siamo stati in grado di mettere insieme le risorse necessarie per compierlo. Avevamo fiducia che una tale eredità non si sarebbe rivelata un peso, ma che piuttosto sarebbe stata un arricchimento, un dono di espansione del mondo per loro e poi per le loro famiglie. In qualche modo, la mia italianità diasporica e triangolata, così come l'identità del mio marito, anglocaliforniano italofilo, sono state trasmesse senza diminuire alcuna di queste componenti, per esempio le storie, le tradizioni, i cibi e le pratiche della famiglia italiana, canadese e californiana. Esse rimarranno al sicuro per un'altra generazione, spero. Almeno, voglio credere che sia così. Anche se quello che verrà dopo non mi riguarderà del tutto. Abbiamo passato il testimone. Adesso spetterà a loro decidere quali parti della loro eredità sono vitali, volute, realizzabili.

(IM)MOBILITÀ, CONFINI E SFIDE PANDEMICHE

Recentemente, tuttavia, una chiave inglese è stata gettata negli ingranaggi per quanto riguarda la triangolazione geografica e la paura della stasi appare di nuovo alla mia porta. La pandemia COVID-19, con le sue restrizioni di viaggio (anche tra paesi vicini che prima erano molto aperti l'uno all'altro, per esempio, Canada, Italia e Stati Uniti) e le frontiere chiuse, ha messo in pericolo il mio triangolo equilatero costruito con cura, per non parlare delle minacce alla vita e all'integrità fisica che il virus stesso presenta. Sebbene non siano così restrittive come in Italia, dove i residenti sono stati pesantemente monitorati e non è stato permesso loro di viaggiare a più di pochi metri dalle loro case, né come in altre aree del Nord America, dove il tempo e gli spazi più piccoli di vita urbana hanno precluso un riposo all'aria aperta, anche noi abbiamo vissuto restrizioni nella California del Sud. Noi, come tutti gli altri, ci siamo adattati a una vita molto ridotta, per lo più limitata alla casa e al giardino, alle passeggiate sulla spiaggia o nei giardini botanici e ai pranzi e alle cene nel nucleo familiare.

La vivace mobilità che mi ha definito per decenni, e che mi ha permesso di accogliere e realizzare un'identità diasporica e multinazionale, è seriamente minacciata dalle circostanze attuali. Oggi mi pongo questa domanda: chi sono io se non posso più godere della mia mobilità? Come può essere diventata così fragile e vulnerabile? E cosa succederà a quella triangolazione accuratamente strutturata se due dei suoi punti crolleranno davanti alla minaccia virale? La quarantena e i divieti di viaggio hanno provocato un terrore che si accumula lentamente. All'inizio, e come altri hanno espresso, il puro terrore della malattia ci ha tenuti vicini a casa, *molto* vicini a casa. Abbiamo abitato la casa più pienamente, esplorando tutte le parti del nostro habitat domestico, come mai prima d'allora. Ho vagato per questi paesaggi domestici, esplorando soffitte e scantinati, armadi e ripostigli, trovando fotografie, archivi e collezioni multimediali, e facendo anche scoperte sorprendenti mentre immaginavo e mi impegnavo in nuovi progetti di ricerca e scrittura. Tra questi, le interviste fatte a mio padre sulle sue esperienze di guerra, dalle quali ho appreso i dettagli di come sia stato un internato militare italiano nei campi di concentramento tedeschi. Attualmente sto mettendo insieme i pezzi di quel racconto.[20] Ho persino appreso che è stato insignito (postumamente) della Medaglia d'Onore per questo servizio in una "Resistenza senza armi". Da allora ho digitalizzato una vasta collezione di fotografie e altre registrazioni sonore, esaminando gran parte di quel materiale, mentre comincio anche a raccogliere storie e idee per le mie memorie multigenerazionali.

Eppure, il pedaggio intellettuale di COVID-19 è stato grande, dato che ho cancellato una conferenza dopo l'altra e, come risultato, sono sprofondata nello sconforto scientifico e personale. Sì, so di avere molte benedizioni da contare insieme alla gratitudine per una vita privilegiata, ma la mobilità accademica è la roccia su cui ho costruito la mia vita. Come faccio a sostenere le mie attività professionali e la mia persona nel mondo nello stato attuale? Come posso motivarmi e mantenere lo slancio per continuare la ricerca e la scrittura sulla diaspora, la mobilità, le migrazioni, se questi sforzi non sono legati anche a frequenti viaggi per presentare libri, articoli, progetti di studio? Come posso evocare energia esistenziale in *questo* vuoto? Come sarà la vita accademica collaborativa in un ambiente interamente virtuale? La mobilità può essere ridefinita e trasmutata, metaforicamente parlando? Certo, i social media e le possibilità digitali hanno dimostrato che potrei effettivamente sostenere una notevole quantità di mobilità professionale in formato virtuale, ma il virtuale sarebbe sufficiente? L'impatto della ridotta mobilità fisica può essere rivalutato e trasformato? Cosa ne sarà di quel nucleo triangolato più profondo *senza* mobilità? Non posso fare previsioni. Ma ho il sospetto che, una volta che il peggio di questa immobilizzazione e valutazione sarà passato, comincerò ad andare avanti, come anima piena di risorse che sono sempre stata. Eppure, devo confessare che questo tunnel COVID, continuo e apparentemente senza fine, sta veramente mettendo a dura prova questa mia intraprendenza.

La distanza dalla famiglia italocanadese intorno a Toronto si sta rivelando particolarmente logorante, mentre prego che riuscirò a vedere mia madre, che ha 95 anni, alla fine della pandemia, indenne dal terrore virale. Improvvisamente, limitare fisicamente l'accesso a lei su tutti i fronti, anche da una parte della famiglia, è sembrato critico. Dopo un anno e mezzo senza visite, mentre prima erano la norma due o tre volte l'anno, ho cominciato a disperare di vedere mai più la mia famiglia a Toronto. Solo di recente, proprio nel momento in cui il 5 luglio 2021 sono state tolte alcune restrizioni di viaggio per i membri della famiglia, ho prenotato due biglietti per Toronto (senza rendermi conto che l'apertura era ristretta ai canadesi che dovevano tornare a casa solo per viaggi essenziali, per cui entro 24 ore mi hanno avvertita di cancellare il biglietto aereo del mio marito americano). I doppi test, la costante sorveglianza da parte delle autorità canadesi, compresa una visita a casa di mia madre da parte della polizia, per non parlare del pesante carico di moduli da riempire e delle molteplici precauzioni da prendere, sono stati tutti scoraggianti, ma ne è valsa la pena. Per due settimane gloriose a Toronto, una visita quasi normale ha riacceso il mio spirito e quello della mia famiglia, con la vita all'aperto tra piante di pomodori e lattuga, gelsi e frutti di bosco. Ho assaporato ogni momento prezioso come un vino frizzante. Ci siamo divertiti in compagnia gli uni degli altri. Parte dell'equilibrio triangolato era stato ristabilito, anche se l'Italia avrebbe dovuto aspettare.

Ma, al di là del familiare e del collegiale, cosa significa un mondo ristretto e limitato per chi ha una visione del mondo fondamentalmente aperta e senza confini? Questa era la visione del mondo che avevo sostenuto nella maggior parte delle mie ricerche negli ultimi decenni, per esempio, sul terreno comune intorno alle Torri di Watts, con le braccia aperte a chiunque; accogliendo gli stranieri e nutrendo i poveri nel mitico luogo di abbondanza, conosciuto come *Cuccagna,* e nelle Tavole di San Giuseppe. La sfida della quarantena, ho concluso, è rimanere a cuore aperto, a prescindere da tutto. Mi sto lentamente rendendo conto che avere un cuore aperto non ha bisogno di essere predeterminato da qualcosa di personale, almeno per il momento, che si può adattare creativamente. Oggi, coordino mensilmente la preparazione, con la mascherina, di pasti per i senzatetto al PATH (People Assisting the Homeless), radunando intorno a me una comunità. Offro maggiori donazioni agli sforzi locali e globali per aiutare i rifugiati e coloro che soffrono la fame: al momento i dollari sostituiscono l'assistenza sul campo. Intraprendo anche progetti globali al posto di reali viaggi internazionali: per esempio, la Guida Internazionale delle Risorse del Folclore e dell'Etnologia dell'American Folklore Society che ho proposto e curato, da realizzare in collaborazione con la S. I. E. F. (Société Internationale d'Ethnologie et Folklore) e I.S.F.N.A.R. (International Society for Folk Narrative Research). Sostituti come questi dovranno bastare, fino a quando altri viaggi non saranno di nuovo fattibili, quando saremo liberati dalla necessaria "prigionia" del COVID. E continuo a sostenere i candidati politici che condividono i miei ideali e l'impegno per il bene comune. Ma mi riposo anche più frequentemente, mentre contemplo la ripresa. E per qualsiasi azione che verrà in futuro, l'immobilità è ora necessaria, se vogliamo tornare a una vita più allargata con maggiore proposito e senso di scopo, facendo crollare e/o espandendo le mie triangolazioni, come il futuro richiede o permetterà.

APPENDICE

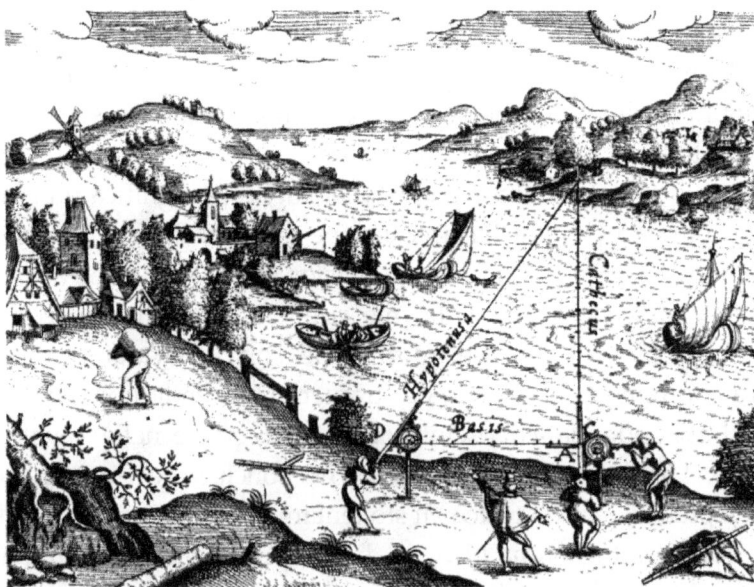

FIGURA 1. Illustrazione di Levinus Hulsius (1550 - 1606), bibliotecario, scrittore, notaio pubblico, editore, stampatore e incisore tedesco. Fu anche costruttore di strumenti scientifici, linguista, e lessicografo.

FIGURA 2. Le triangolazioni nel design sembrano catturare meglio in forma visiva la maggiore conoscenza e "vista" che deriva da questa metodologia. Credito fotografico: tomsturm-Fotolia.

FIGURA 3. In un viaggio verso ovest, dal Michigan all'Oregon, per restituire il veicolo di ricerca che mia figlia, Elena Tuttle, aveva impiegato in un progetto di indagine sui Grandi Laghi con il suo consulente di dottorato, il professor Dennis Albert.

FIGURA 4. Seguendo i viaggi sul fiume francese dei *voyageurs* canadesi.

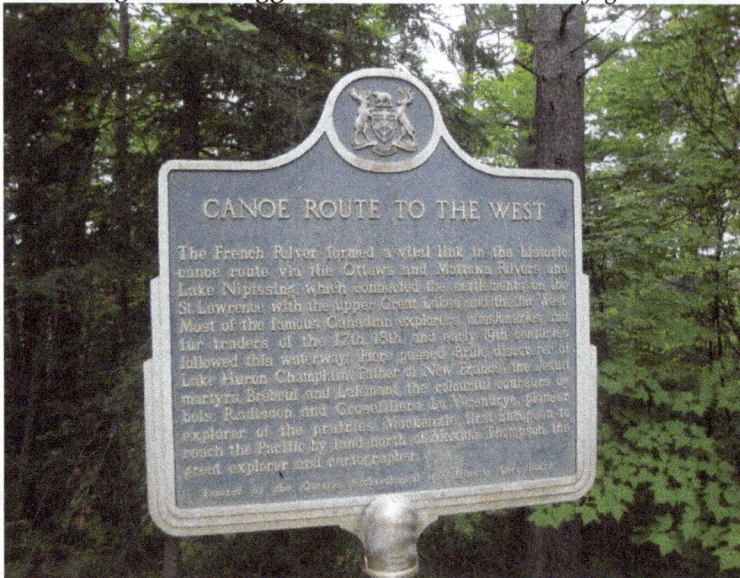

FIGURA 5. Seguendo i viaggi sul fiume francese dei *voyageurs* canadesi.

Note

[1] Questo saggio rappresenta una revisione sia del mio contributo (con lo stesso titolo) che della mia introduzione a: *Triangulations Within the Canada-Italy-USA Borderlands* (a cura di Luisa Del Giudice, New York: Bordighera Press, 2020). Quel volume è il risultato di una tavola rotonda (infra.) che includeva Pasquale Verdicchio e Giovanna del Negro—i cui contributi sono stati anche pubblicati nel volume. Desidero ringraziare il Preside Anthony Julian Tamburri del John D. Calandra Italian American Institute, ancora una volta, per una borsa di ricerca residente (15 ottobre-9 novembre 2018) sul tema "Transnazionalismo e identità", che mi ha permesso di concentrarmi su questo scrit-

to e ha incoraggiato un ulteriore sviluppo del tema, nonché per avermi invitata a contribuire a questo volume. Ringrazio sinceramente Edward Tuttle, Laura Ruberto, ed Elena Tuttle, per le loro attente letture delle precedenti bozze di questo saggio e per i loro suggerimenti, molto utili per la revisione. Qualsiasi sbavatura persistente è strettamente dovuta alla mia vena di testardaggine.

[2] Sono diventata ossessiva e ho esplorato diversi triangoli e ho considerato tutti i tipi di identità triangolari. Cosa ho scoperto? Che i triangoli possono essere sia "buoni" che "cattivi". Ad esempio, dal lato negativo: in politica, negli anni '90 negli Stati Uniti, la triangolazione è stata associata all'allora presidente Bill Clinton, che si posiziona sempre tra destra e sinistra. Nella psicologia della famiglia, la triangolazione si riferiva alla disfunzionalità familiare e all'indirezione (in gergo, per esempio: "giocare un genitore contro l'altro"). Ma, poiché tendevo a identificarmi con il lato positivo dei triangoli geografici, mi sono concentrata sui triangoli buoni, quelli più vicini a casa, e sui triangoli con ulteriori possibilità metaforiche. Per esempio, mi sono ricordata della stabilità fisica del tre, trattata in un filmato di *I Build the Tower*, un documentario sulle monumentali Watts Towers costruite da un immigrato (Byer e Landler 2006), in cui Buckminster Fuller riflette su come l'artista visionario Sabato (Sam) Rodia abbia intuito l'assoluta stabilità naturale del triangolo e quindi costruito la sua impresa di ingegneria intuitiva (la torre più alta è di 99 piedi e mezzo di cemento armato, il tutto su una base di 14 pollici), essenzialmente componendo triangoli.

[3] Per un resoconto più dettagliato di questo percorso autobiografico, si veda: Del Giudice 2017.

[4] Il gesuita padre Francesco Giuseppe Bressani, un missionario italiano nato a Roma nel 1612, trascorse diversi anni in Québec per servire i francesi, poi gli Algonchini e gli Huron. Dopo essere stato catturato e torturato dagli Irochesi, trascorse la maggior parte del suo tempo nell'avamposto missionario Sainte Marie tra gli Huron, fino alla sua distruzione da parte degli Irochesi. Nel 1650, Bressani tornò in Italia. Morì a Firenze nel 1672. La *Breve relatione d'alcune missioni... nella Nuova Francia* di Bressani (*Relazioni dei Gesuiti*, Macerata 1653) può essere considerata precorritrice della scrittura canadese italiana. Un premio letterario biennale a suo nome è stato istituito nel 1986 dal Centro Culturale Italiano di Vancouver: F. G. Bressani Literary Prize, in occasione del Centenario di Vancouver e del lancio della Prima Conferenza Nazionale degli Scrittori Italo Canadesi (cfr. Ciampolini 2011). Per un'edizione e una traduzione in inglese del racconto di Bressani, si veda Francesco Guardiani (a cura di), Francesco Giuseppe Bressani, *Breve relatione d'alcune missioni dei PP. della Compagnia di Gie-sù nella Nuova Francia,* Toronto: Legas, 2011.

[5] Solo una decina di anni fa mi è venuto in mente di ripercorrere il triangolo *al contrario*, cioè di tornare in Canada, riattraversando il confine *come* studiosa, attraverso lezioni (York Univ., Univ. of Toronto, Univ. of Guelph) e conferenze (Canadian Society for Italian Studies, IASA, Italian Canadian Archives conference at the University of Guelph), riferendo sulla ricerca italocanadese, e sull'iter di studiosa etnografica e storico-orale indipendente che avevo percorso.

[6] Da quando ho consegnato l'articolo, su cui si basava il saggio originale, nel 2014, le diaspore hanno continuato a incontrarsi, non solo su Facebook e altri social media, come avevano fatto per anni prima, ma anche formalmente e di persona — un altro esempio della comunicazione continua tra le diaspore che si è verificata in conferenze e incontri sulle migrazioni negli ultimi anni. Mi riferisco alle conferenze diasporiche a più fasi a: Melbourne (4-8 aprile 2018), New York (1-3 novembre 2018), Genova (27-29 giugno 2019) e la quarta prevista a Buenos Aires (30 novembre-2 dicembre 2021) ma rinviata, importanti iniziative con cui la diaspora incontra se stessa *nella* diaspora, oltre che in Italia (vedi: *Diaspore Italiane: Italia in Movimento*, https://www.diasporeitaliane.com/). Ho presentato "Beating the Drum: Italian Traditional Music Advocacy in the Diaspora" (https://www.youtube.com/watch?v=zVEE 6yo79Gw) all'incontro di Melbourne, e ho partecipato al secondo incontro all'Istituto Calandra, per una felice coincidenza, grazie alla mia contemporanea borsa di ricerca residente. Avrei dovuto presentare questo lavoro sulle triangolazioni all'incontro di Buenos Aires, ma ho ritirato la mia proposta, a causa della variante Delta e la riluttanza a partecipare a un altro incontro virtuale. Il mio obiettivo fondamentale era quello di aver finalmente incontrato di *persona*, in Sud America, un altro importante settore della diaspora italiana.

[7] Ricordiamo tuttavia che questo non è necessariamente nuovo per la mia generazione, perché anche i migranti del XIX secolo potrebbero essere considerati migranti globali, parte di comunità transnazionali e mobili in molti modi, come la studiosa di migrazioni Donna Gabaccia ha ripetutamente chiarito. E notiamo anche che, mentre io e altri come me (cioè gli accademici "tra la classe più

mobile del nostro tempo"), possiamo sperimentare la mobilità come positiva, non è così per tutti coloro che sono in movimento: "I mobili come noi godono della libertà di movimento di persone, beni e idee, e sperimentano la vita in movimento come ampiamente positiva, per esempio con la capacità di lavorare a distanza o di avere accesso illimitato alla cultura di consumo online. Per una sottoclasse molto più ampia di persone, tuttavia, la vita in movimento è stata debilitante, se non devastante, specialmente per coloro che sono stati classificati come "illegali" da quegli stessi regimi di sicurezza" (Fogu, Hom, Ruberto 2019, 1).

[8] Il mio contributo personale a questo discorso, come si applica al lavoro accademico e pubblico, così come all'advocacy sociale all'interno della diaspora italiana nello specifico, può essere trovato in Del Giudice 2009b.

[9] Confermato da Donna Gabaccia (via comunicazione e-mail), in cui riferisce che: "Toronto ospita la quarta più grande popolazione italiana fuori dall'Italia, dietro San Paolo, Brasile, Buenos Aires, Argentina, e New York City, rispettivamente. Al censimento del Canada 2016, c'erano 511.680 canadesi italiani residenti nella Greater Toronto Area [...]. A partire dal censimento del 2000, 692.739 newyorkesi hanno dichiarato di avere antenati italiani, il che li rende il più grande gruppo etnico europeo della città.

[10] Nella mia recensione pre-pubblicazione di *Italian Music in Australia* (Barwick e Sorce Keller 2013), inclusa nello stesso volume pubblicato (intitolato "Parallel Universes"), ho riflettuto sul lavoro di una vita di Antonio Comin all'Università di Flinders, che mi ha portato a pormi le domande "cosa sarebbe potuto essere", se tali sforzi fossero stati fatti all'interno del mondo accademico durante i miei anni universitari in Canada.

[11] Gli stati con il maggior numero di immigrati dal Canada sono la California e la Florida. Secondo il Census 2000, la California aveva il maggior numero di nati stranieri dal Canada (141.181), seguita dalla Florida (99.139). Gli altri 10 stati con il maggior numero di immigrati dal Canada includono New York (54.876), Michigan (49.515), Washington (47.568), Massachusetts (40.247), Texas (36.802), Arizona (26.323), Illinois (19.098) e Connecticut (19.083). Uno su 10 non immigrati ammessi come lavoratori temporanei, visitatori in scambio e trasferiti all'interno di un'azienda negli Stati Uniti proveniva dal Canada. Secondo i dati del Department of Homeland Security per l'anno fiscale 2002, 133.367 o il 10,3% dei quasi 1,3 milioni di non-immigrati ammessi negli Stati Uniti come lavoratori temporanei, visitatori in scambio o trasferiti all'interno di un'azienda erano canadesi nati all'estero. (Fonte: http://www.migrationpolicy.org/article/foreign-born-canada-united-states#4 [Cooper e Grieco 2004, accesso 3 ottobre 14]). Sarebbe interessante notare come questi numeri siano cambiati prima e dopo la recente presidenza repubblicana.

[12] Un nipote di Toronto si è talmente irritato per l'imperialismo culturale americano che per molti anni, da giovane adulto, mi ha inviato l'ignorata identità canadese "segreta" di molte celebrità di Hollywood. Un francobollo canadese del 2014 dedicato alla celebrazione di noti comici canadesi sembrerebbe sottolineare questo bisogno di riconoscere pubblicamente l'identità canadese, nella psiche canadese: https://www.vistastamps.com/itm/canada-stamp-2772-great-canadian-comedians-4-25-2014!

[13] Mi rallegro anche di iniziative promettenti e gruppi emergenti come "Italian-Canadians for Black Lives", così come il Frank Iacobucci Centre for Italian-Canadian Studies (Università di Toronto) e la sua conferenza-laboratorio *Indigenous-Italian-Canadian Connections: The Land We Are On,* parte di una serie di eventi "per promuovere la consapevolezza delle storie indigene e per costruire relazioni più forti tra le persone di origine italiana che vivono su Turtle Island e la nazione indigena", a cui partecipo regolarmente via Zoom.

[14] Questa campagna, orchestrata da me, Claudio Fogu, Laura E. Ruberto, e Joseph Sciorra, era rivolta principalmente alla delegazione congressuale italoamericana: https://nocolumbusday.wordpress.com/about/.

[15] *Nota bene*: questo è in gran parte dovuto alla stabilità economica non raggiunta attraverso le mie attività professionali, ma piuttosto attraverso le risorse offerte dalla professione di mio marito e dalle finanze familiari.

[16] Per una discussione più ampia degli italiani "reali" vs. diaspora, si vedano le introduzioni a entrambi i volumi I e II di *New Italian Migrations to the United States* (Sciorra e Ruberto 2017).

[17] "ISSNAF è un'organizzazione no-profit 501 (c)(3) la cui missione è quella di *collegare, potenziare* e *celebrare* la diaspora intellettuale italiana in Nord America. [...] Promuoviamo il networking e la cooperazione culturale, scientifica, accademica e tecnologica all'interno della nostra comunità e con organizzazioni pubbliche e private in Nord America e in Italia. ISSNAF è onorata e orgogliosa di essere sotto l'Alto Patronato del Presidente della Repubblica Italiana. ISSNAF è stata fondata nel 2007 da 36 eminenti scienziati e studiosi italiani in Nord America, tra cui quattro premi Nobel, sotto gli auspici dell'Ambasciata italiana a Washington, D.C. " https://www.issnaf.org/about.

[18] "La diaspora intellettuale italiana in Nord America è composta da studiosi, scienziati e tecnologi che 1. *sono italiani di prima generazione;* 2. sono in possesso di una laurea; 3. conducono o hanno condotto ricerche o sviluppi in qualsiasi disciplina; 4. hanno, o hanno avuto, almeno un anno di affiliazione con un'istituzione pubblica o privata in Nord America".

[19] Confesso che la mia risposta impulsiva da attivista non è stata esattamente educata e, a posteriori, deplorevole. Ho registrato la mia protesta uscendo dalla riunione di Zoom. Il bruciore del rifiuto percepito e l'ingiustizia hanno avuto la meglio su di me—ma ho concluso che, in ultima analisi, ciò che ISSNAF voleva essere non era affare mio.

[20] Ho presentato virtualmente questa ricerca in un panel con Laura E. Ruberto ed Elena Bellini al meeting annuale dell'American Folklore Society a Harrisburg, Pennsylvania, nell'ottobre del 2021. Il panel era intitolato "Oral, Written, and Material Narrations of Italian Captivity in WWII;" e il mio contributo: "Alberto Del Giudice: IMI-Italian Military Internee 1943-45."

Opere citate

Bressani, Francesco Giuseppe. 1653. *Breve relazione d'alcune missioni dei PP. della Compagnia di Giesù nella Nuova Francia,* a cura di Francesco Guardiani. Toronto: Legas, 2011.

Ciampolini, Anna Foschi. 2011. 8 giugno, "Francesco Giuseppe Bressani Literary Prize", in *The Canadian Encyclopedia,* https://www.thecanadianencyclopedia.ca/en/article/francesco-giuseppe-bressani-literary-prize.

Cooper, Betsy e Elizabeth Grieco. 2004. "The Foreign Born from Canada in the United States in 2000". In *The Online Journal of the Migration Policy Institute.* https://www.migrationpolicy.org/article/foreign-born-canada-united -sates-2000#4.

Del Giudice, Luisa. 2009a: "Speaking Memory: Oral History, Oral Culture and Italians in America", in *Oral History, Oral Culture and Italian Americans* (selected papers from the 38th AIHA annual meeting, Los Angeles, 2005), a cura di Luisa Del Giudice. New York: Palgrave Macmillan. 3-18.

Del Giudice, Luisa. 2009b. "Ethnography and Spiritual Direction: Varieties of Listening", in *Rethinking the Sacred*, Proceedings of the Ninth SIEF (Société Internationale d'Ethnologie et Folklore) Conference in Derry 2008, a cura di Ulrika Wolf-Knuts, Department of Comparative Religion, Åbo Akademi University, Religionsvetenskapliga skrifter: 9-23.

Del Giudice, Luisa. 2013. "Parallel Universe". In Linda Barwick e Marcello Sorce Keller (a cura di.), *Italy in Australia's Musical Landscape,* Melbourne: Lyrebird Press. 3-14.

Del Giudice, Luisa. 2013. *Italian Music in Australia* (Barwick e Sorce Keller 2013).

Del Giudice, Luisa. 2014. "Nutrire i poveri—Accogliere lo straniero: The Watts Towers Common Ground Initiative and St. Joseph's Communal Tables in Watts", in Regina Bendix e Michaela Fenske (eds.), *Political Meals (Politische Mahlzeit). Wissenschaftsforum Kulinaristik* (Forum Culinaristics), Münster: Lit-Verlag, 2014: 53-65.

Del Giudice, Luisa. 2014. *Sabato Rodia's Towers of Watts: Art, Migrations, Development.* (a cura di). New York: Fordham University Press.

Del Giudice, Luisa. 2017. "Introduction: A Convocation of Wise Women and Reflections on Lives of Learning", 1-39 e "Making Dead Bones Sing: Practicing Ethnography in the Italian Diaspora", 140-170. In *On Second Thought: Learned Women Reflect on Profession, Community, and Purpose.* Salt Lake City: Univ. of Utah Press.

Del Giudice, Luisa. 2020a. "Beating the Drum: Italian Traditional Music Advocacy in the Diaspora, in *Street Music and Narrative Traditions*, ed. by Sergio Bonanzinga, Luisa Del Giudice, Thomas McKean, Palermo: *Suoni e Cultura*, 2020: 129-140.

Del Giudice, Luisa. 2020b. *Triangulations within the Italy-Canada-USA Borderlands*. A cura di Luisa Del Giudice. New York: Bordighera Press.

Del Giudice, Luisa. "Alberto Del Giudice: IMI — Internato Militare Italiano 1943-45". Di prossima pubblicazione.

Del Giudice, Luisa, Claudio Fogu, Laura E. Ruberto, Joseph Sciorra, Geoffrey Symcox. 2017. "No Columbus Day" https://nocolumbusday.wordpress.com/about/.

Fogu, Claudio, Stephanie Malia Hom, Laura E. Ruberto. 2019: Introduzione al volume 9, Issue 1: Italia senza frontiere/Borderless Italy. *California Italian Studies*. https://escholarship.org/uc/item/ 30j9m648.

Ruberto, Laura e Joseph Sciorra. 2017. (a cura di). *New Italian Migrations to the United States*, Vol. 1: Politics and History since 1945; Vol. 2: Art and Culture since 1945. Champlain: University of Illinois Press.

La ricostruzione di sé: rappresentazioni visive italocanadesi

PASQUALE VERDICCHIO

Ritengo importante affermare fin dall'inizio che questo articolo non vuole essere esaustivo. Come ci si potrebbe aspettare, a parte i limiti imposti dal formato, ci sono molti fattori che definiscono la gamma e la portata di articoli come questo. Ad esempio, le preferenze soggettive di un autore confrontano le preferenze soggettive di chi vuole analizzare l'opera di tale autore.

Alcuni potrebbero non volersi identificare troppo da vicino con l'etichetta italocanadese, altri non considerano il loro lavoro come particolarmente indicativo dello scaturire o parlare da/a essa, altri ancora parlano da/a essa indirettamente. Ho cercato di trovare un equilibrio fra questi aspetti per dare forma a un testo che dovrebbe essere considerato una proposta di ulteriori esplorazioni.

Piuttosto che una ricerca sugli artisti visivi italocanadesi, questa è una rappresentazione di ciò che sono arrivato a conoscere nel corso degli anni, un compito reso ancora più arduo dalle difficoltà incontrate nel raccogliere materiali e informazioni. A differenza di altre comunità (in senso lato) e nonostante la presenza di Centri Culturali sparsi sul territorio nazionale, gli italocanadesi non sono stati i migliori sostenitori o promotori dei propri artisti e scrittori, in altre parole, della loro diversità culturale.

Ho dato all'articolo un titolo inteso a suggerire non solo i continui aggiustamenti di identità che la migrazione impone, ma anche un senso di gioia insito nella potenzialità dell'esplorazione del proprio senso di sé e della propria comunità attraverso azioni immaginative e creative. Affrontare tali riaggiustamenti attraverso atti creativi di autorappresentazione espande e valorizza i termini disponibili per poterli contestare, affrontare e modificare. La creatività è enormemente potenziante e, se messa in relazione con l'identità, il suo impatto sulle culture migranti o cosiddette 'minoritarie' è inestimabile. Benedict Anderson e Stuart Hall ci ricordano che non nasciamo con identità nazionali; che sono tratti formati e trasformati al nostro interno e in relazione ai sistemi di rappresentazione culturale di una nazione: "Le identità non dichiarano una qualche identità primordiale, ma piuttosto una scelta posizionale del gruppo a cui vogliono essere associate" (Anderson 133; Hall 107).

Un prezioso punto di partenza di quanto elaborerò nelle pagine a seguire, un ampliamento del senso che propongo, è necessario quando si tratta di società e culture che contengono in sé o sono contenute in una varietà di "nazionalità". I termini e/im-migrazione, multiculturalismo, mosaici culturali e *melting pot* suggeriscono tutti identità nazionali all'interno di altre identità nazionali, all'interno di concetti di nazionalità. Il contesto canadese è ulteriormente complicato dalle sue due personalità nazionali dominanti, quella del Québec e quella 'inglese'.

Su un binario parallelo, affrontando anche una realtà nazionale che ha unito lingue e culture diverse, si colloca l'opera monumentale di Antonio Gramsci. Il suo lavoro è particolarmente importante nell'affrontare questioni legate alle culture degli emigrati italiani. Gramsci offre strumenti che aiutano a elaborare una comprensione di come, nel corso di diverse generazioni, le culture italiane emigrate si sono adattate, integrate, acculturate e, in alcuni casi, assimilate, diventando invisibili all'estero. Di particolare importanza è un'esortazione (che riecheggia nella proposta di Hall) che ho personalmente preso a cuore per i suoi suggerimenti che la cultura è un insieme di relazioni continuamente attivo e mutevole. Al fine di facilitarne e incoraggiarne le analisi, Gramsci suggerisce che, per rimanere aperti alla più ampia gamma di possibilità partecipative e inclusive, bisogna impegnarsi in un'elaborazione critica e "consapevole di ciò che si è veramente [per conoscere] se stessi come risultato di un processo storico elaborato fino ad oggi, che ha depositato nel sé un'infinità di tracce senza lasciarne un inventario. Pertanto, è imperativo fin dall'inizio compilare un tale inventario" (vol. 2, 1363). Certamente questo è opera di generazioni: come elaboratori e operatori culturali di oggi occupiamo una posizione privilegiata. Nel clima socio-politico e culturale odierno, armati degli strumenti per "compilare un tale inventario", questo rappresenta un compito ancora più importante e urgente.

Mi sono sempre interessato agli effetti delle "immagini" rappresentative degli italiani, a maggior ragione quando i miei figli erano giovani consumatori di film e libri. Ero preoccupato per le immagini che avrebbero potuto incontrare nella cultura quotidiana del Nord America e per come esse avrebbero potuto condizionare la loro comprensione e costruzione di se stessi. Questi sono i momenti in cui attraversiamo le tre fasi citate da Philippe Descola per descrivere l'evoluzione di un antropologo: etnologo, etnografo, antropologo. Possiamo interpretare queste fasi come una progressiva acquisizione di coscienza e conoscenza della propria storia: quegli aspetti nascosti o dimenticati del nostro essere che formano le storie che ricordiamo e raccontiamo.

Questo processo di osservazione, ricordo, comprensione e valutazione è ciò cui ho fatto riferimento altrove come *re-storying*, una fusione di racconto e restauro. Un mettere insieme informazioni raccolte con l'intenzione di costruire una storia informata, possibilmente basata sulla comunità e storicamente pertinente. Per Descola il compito dell'antropologo è accumulare e inventariare le differenze [tra popoli e culture], per comprenderne sia le prossimità che le distanze. Certo: "per accumulare un tale inventario dobbiamo andare tra quelle popolazioni e osservare i loro costumi, il loro modo di fare, il loro parlare. È necessario condividere la loro quotidianità per molti anni, capire la loro saggezza, capire quello che fanno. In breve, si deve fare antropologia" (10). Essendo parte integrante e partecipante della popolazione che studiamo, di cui pratichiamo usi e costumi e con la quale condividiamo e utilizziamo il linguaggio. Insomma, la nostra è una sorta di antropologia autoriflessiva. Si potrebbe dire che oggi siamo posizionati abbastanza bene per affrontare tali compiti.

La mia speranza è che le proposte di Hall e Gramsci possano essere interpretate come suggerimento di una matrice generativa che si apre verso nuove possibilità esplorative. Il progetto che avevo immaginato nel mio *Devils in Paradise: Writing on post-emigrant cultures* era quello attraverso il quale si potessero seguire le storie dell'emigrazione, dell'immigrazione e delle difficoltà di adattamento, raccontate nei decenni precedenti, perché avrebbero potuto condurre a un nuovo linguaggio generato da quella narrazione storica.[1] Storie, che indagassero il panorama dei percorsi familiari e definissero l'humus in cui poteva aver luogo una convivenza non sempre pacifica, che riconoscessero le stesse problematiche di sopravvivenza all'interno di un paesaggio socioculturale canadese che era/è estremamente stratificato e frammentato. Per me le domande ruotavano intorno al potenziale equilibrio tra espressione e silenzio e se le opere italocanadesi potessero aiutarci a generare quesiti piuttosto che risposte su ciò che un posizionamento post-emigrante potrebbe implicare. Ho immaginato che fosse una fase in sintonia con le proposte sia di Hall che di Gramsci, in cui le realtà di emigrazione delle prime generazioni costituivano il substrato su cui le diversificazioni delle generazioni successive avrebbero potuto trovare una collocazione da cui continuare l'evoluzione delle culture trapiantate.

Poiché gran parte dell'emigrazione italiana si è verificata a causa delle incapacità della nazione d'origine, l'importanza di stilare un inventario che faccia riferimento alla storia e guardi al futuro attraverso le libertà di autorappresentazione non può essere sottovalutata. Tuttavia, mentre esiste l'opportunità di un'autovalutazione rigenerativa e di una contabilità storica, a volte capita che 'l'inventario' che ne deriva si sclerotizzi in un insieme di circostanze comode e familiari, un elenco di tratti, caratteristiche, rimpianti, lamentele e accuse. Se non viene sottoposto a una ridiscussione o a una funzionale disamina critica e creativa, rischia di sprofondare nella banalità. Mentre la scrittura critica sembra avere generalmente occupato una posizione primaria nell'espressione della cultura italocanadese, politicamente e culturalmente parlando questo approccio non ha necessariamente avuto un risultato fruttuoso. Sfortunatamente, buona parte degli scritti italocanadesi ha raggiunto un punto in cui ha preferito adagiarsi sulla comodità del suo catalogo di oggetti riconoscibili, situazioni familiari e scenari rassicuranti. Al contrario, l'ambito delle arti visive svela un insieme di referenti culturali che offre una visione più ampia su rappresentazioni potenzialmente innovative.

Mentre non sembra che la narrativa sia stata in grado di adottare un linguaggio che rifletta le lotte degli immigrati e attraverso di esso impegnare l'ufficialità dell'inglese e del francese, le arti visive ci sono riuscite in virtù della loro polivalenza. Qualsiasi antologia di scritti italocanadesi rivelerà sicuramente un paradigma rappresentativo riconosciuto che tende a manifestarsi come un'acquiescenza ai dettami e alle prescrizioni del multiculturalismo ufficiale. Il mio uso del termine *post-emigrante*, nei saggi di *Devils in Paradise*, intendeva suggerire che alcuni aspetti delle culture italocanadesi (e italoamericane) avevano raggiunto una sorta di limite o punto di transizione.[2] Considerando che la maggior parte della nostra produzione culturale non proviene da individui immigrati, ma da un miscuglio generazionale di scrittori, artisti e intellettuali, la fase post-emigrazione offre una prospettiva potenzialmente entusiasmante, che deve ancora essere analizzata e affrontata in modo completo o innovativo. Va da sé che, a questo punto della storia, gli italiani nordamericani hanno raggiunto un livello di esteriorità, rispetto all'esperienza diretta della migrazione e agli aspetti di adattabilità, che per il suo nuovo posizionamento potrebbe arricchire notevolmente il discorso su immigrazione ed etnicità.

Un tale cambiamento di prospettiva condiziona anche i termini della nostra rappresentazione delle prime lotte culturali degli e/immigrati, un punto cruciale che deve essere ripetuto e compreso. Per parafrasare Edward Said, come ulteriore collegamento nella sequenza indicata precedentemente, quello che "deve essere chiarito sul discorso culturale e sullo scambio all'interno di una cultura [è] che ciò che viene comunemente fatto circolare da essa non è 'verità' ma rappresentazione" (21).

Un modo per esplorarlo è attraverso un riaggiustamento delle coordinate della nostra attuale posizione culturale in relazione ai punti che ne costituiscono le coordinate formative. La collocazione dell'espressione post-emigrante impegna le sue rappresentazioni come termine primario di coinvolgimento, in relazione a un passato che può essere vissuto solo come memoria, un presente che è esperienza vissuta e un futuro che non è 'verità' perché deve ancora manifestarsi. Questo preludio intende fornire un contesto per una serie di approcci 'visivi' di artisti, registi e fotografi, il cui lavoro è parte attiva di una rivisitazione e ricreazione di quelle che potrebbero essere considerate immaginazioni convenzionali, consuete e restrittive della cultura italocanadese, delle tradizioni e attività all'interno del contesto canadese.

Naturalmente, lo spazio di un singolo saggio non può prendere in considerazione tutti e neanche una buona parte degli individui impegnati nelle varie pratiche artistiche. Mi occuperò quindi delle opere di un campione rappresentativo. Nell'interpretare il lavoro degli artisti visivi qui presentati sarà utile considerare come si possa cominciare a concepire la differenza tra racconto e narrazione. In primo luogo, ricordiamo le osservazioni di Pier Paolo Pasolini sul linguaggio del cinema, un monito a non prendere "alla lettera" ciò che vediamo: "mentre i linguaggi letterari fondano le loro invenzioni poetiche su una base istituzionale di lingua strumentale, possesso comune di tutti coloro che si esprimono parlando, i linguaggi cinematografici non sembrano avere una tale base: in realtà non condividono alcun linguaggio di comunicazione" (Pasolini, 167).

Qui possiamo cominciare a fare una distinzione tra racconto e narrazione. Il primo suggerisce forme comprensive di un inizio e di una fine, una relazione con ciò che si presume essere realtà. La seconda si apre a un processo di continua scoperta, con una consapevolezza e una conoscenza acquisita da un passato che proietta in avanti. Inoltre, il mio uso del termine *narrazione* si riferisce a contro-narrazioni, quelle che emergono dalle storie e delineano un senso diversificato delle sfere sociali e culturali in cui vivono. È anche un modo di considerare lo *storytelling* come un atto collettivo, interattivo e partecipativo. Ciò che consente questo tipo di narrazione è l'aspetto testimoniale di ogni storia raccontata, ascoltata e ri-raccontata. È un tropo accettato in letteratura che il ruolo del testimone o la funzione della testimonianza derivino dalla perdita della storia. Il testimone racconta ciò che non è più disponibile, visibile, che è stato perso, smarrito o distrutto a causa dell'oppressione, dello sfollamento, della migrazione. Il testimone fornisce quindi una registrazione storica del trauma, anche se non ha vissuto una situazione in prima persona. (57, 68). I testimoni culturali riconoscono e riferiscono sulla narrazione come attività comunitaria.

Mentre un'opera letteraria richiede che qualcuno la legga o la ascolti, un'opera visiva racconta con la sua presenza. In entrambi i casi, l'importante è che le storie vengano trasmesse agli altri (173, 178). Il recupero della storia, e attraverso di essa dell'identità, avviene e si costruisce a livello sia individuale che di gruppo, rilevante nel suo ruolo di ponte tra le generazioni. In che modo le immagini condizionano il linguaggio utilizzato per descriverle? Le immagini valgono davvero più di mille parole, come si suol dire, e in che modo quelle parole sono rappresentative del presente che le produce o di un passato storico? Sebbene non sia così antico come il proverbio stesso, oggi si stima che circa il 75% dell'apprendimento avvenga attraverso stimoli visivi. Secondo il neuroscienziato Dr. John Medina, "Più l'input diventa visivo, più è probabile che venga riconosciuto e ricordato".

Gli artisti di cui presento qui il lavoro si collocano tra i nostri intellettuali pubblici più creativi e importanti nel loro racconto ed elaborazione di spazi rappresentativi. Non dovrebbero essere presi come polena o portavoce, ma come "figure [...] che rappresentano visibilmente una prospettiva di qualche tipo, persone che fanno rappresentazioni articolate al proprio pubblico nonostante ogni sorta di barriere" (Said 12-13). È "l'impegno e il rischio, l'audacia e la vulnerabilità dell'intellettuale" che definisce la sua figura nell'interazione e nell'attivismo comunitario, al di là dell'anonimato e delle convenzioni (Said 10).

Ho sempre trovato particolarmente efficace il modo in cui Elio Vittorini ha dimostrato come le parole portano il senso della distanza e della memoria, come valorizzano la testimonianza al di là del loro significato letterale. Nella sua *Conversazione in Sicilia*, il protagonista Silvestro Ferrauto è in viaggio di ritorno nella natia Sicilia dopo un'assenza di quindici anni. Sul traghetto tra Reggio Calabria e Messina, alcuni compagni di viaggio chiedono a Silvestro da dove viene. Mentre il romanzo rappresenta abbastanza bene questo importante scambio, le dimensioni visive fornite dall'adattamento cinematografico di Danièle Huillet e Jean-Marie Straub del 1998: *Sicilia!*, espandono sulla rilevanza della testimonianza di Vittorini. In tal modo, le ragioni della domanda sono rese più evidenti. Silvestro è vestito con un abito che lo fa risaltare come viaggiatore insolito da quelle parti. Inoltre, è mattina presto e sta mangiando del formaggio. Questi indizi visivi portano al seguente scambio: "Non siete siciliano, voi [...] un siciliano non mangia mai la mattina. Siete americano, voi?" Al che Silvestro risponde "Sì, americano sono. Da quindici anni". È un meraviglioso sovvertimento delle ipotesi fatte sulla sua identità. Attraverso la sua cadenza siciliana e la costruzione siciliana della frase, egli rispecchia quella del suo interlocutore e rivendica la sua identità siciliana mentre sembra negarla.

Questo scambio mette in guardia dal privilegiare il letterale al di sopra dell'immaginativo e del creativo. Per consentire la progressione non lineare di narrazioni emarginate o non dominanti, le storie richiedono e trovano espressione attraverso altre forme e strutture alternative. Nei testi scritti il letterato potrebbe faticare a brillare attraverso il letterale e a trovare un modo per comunicare in maniera intelligibile a un pubblico generale, pur mantenendo ed esprimendo specificità culturali o linguistiche. Il cinema e la fotografia forniscono una sorta di traduzione intrinseca, che contiene una gamma ampliata di espressione e comprensione che funzionano come elementi negoziali della memoria culturale.

La mia categorizzazione di questi artisti italocanadesi come intellettuali pubblici vuole suggerire che le categorie convenzionalmente intese di regista, fotografo e artista sono troppo restrittive per descrivere veramente le loro attività. In maniera sintetica direi che le loro opere sono rappresentative di un commentario ampio, espansivo e incisivo sullo "stare nei mondi" delle loro rappresentazioni, innescando dialoghi e suggestive strategie narrative.

Questi artisti non si limitano a raccontare le *loro* storie, ma tessono narrazioni attraverso storie che condividono con gli altri, direttamente o indirettamente, e attraverso molteplici punti di vista, in tutti i loro successi, fallimenti, dolori, emarginazioni e integrazioni. Piuttosto che un'esperienza normativa italiana o un'italianità che nega la storia variegata dell'e/im-migrazione, questi artisti elaborano una diversità che spinge lo spettatore a proiettarsi verso un approccio culturale più comparativo. Dopotutto, le culture sono sistemi relativi, non assoluti, sia nella loro evoluzione che nella loro espressione.

Gli individui il cui lavoro illustrerò qui rientrano in tre categorie principali: artisti visivi (pittura, scultura), registi e fotografi. Quasi tutti si trovano a cavallo di queste categorie e si spingono al di là di esse nella scrittura, nella recitazione, ecc. Forse per riflesso dei nostri tempi, la categoria più popolare è il film, seguito da pittura, scultura e fotografia. Un aspetto interessante per molti di questi artisti è che, mentre il loro lavoro non si limita affatto agli ultimi decenni, sembra che ci sia un consolidamento, un aumento della presenza e delle presentazioni durante gli anni '80. I primi anni di quel decennio vedono anche il primo incontro di artisti, scrittori e accademici italocanadesi al Canadian Cultural Institute di Roma, che ha portato al primo incontro di scrittori italocanadesi a Vancouver (1985) e alla fondazione dell'Associazione degli scrittori italocanadesi.[3] Prima di addentrarmi in una panoramica generale della loro opera, ritengo importante ribadire un punto significativo. Sebbene "Italian Canadian" raccolga tutti questi artisti sotto un'unica etichetta, il loro lavoro è tutt'altro che univoco. Non esiste una dichiarazione definitiva di identità, sia essa etnica, nazionale o altro. Ed è qui che sta la ricchezza del loro lavoro. Naturalmente si fa riferimento a tradizioni culturali, diversità linguistiche, particolarità gestuali ed eventi biografici, ma nessuno di essi tende a radicarsi profondamente in una specifica identità.

LA PRATICA SOCIALE DELLA RAPPRESENTAZIONE

Come può essere considerato sotto un'unica intestazione il lavoro di un gruppo disparato di artisti, ognuno con le proprie affiliazioni ideologico-politiche e nozioni multiple sul significato di identità? Data la varietà di identità di genere, background culturali, linguistici e regionali di ogni individuo, la stessa etichetta italocanadese è poco chiara come termine identificativo. In un tale contesto è necessario considerare le arti visive in generale, ma più specificamente il cinema, più che un'espressione artistica ed estetica. A questo punto della nostra storia, è generalmente accettato che il cinema e le arti visive siano sistemi linguistici di significazione, intricate modalità di comunicazione. In quanto arti rappresentative, esse partecipano a processi in cui creare immagini, suoni e segni riflettono le relazioni sociali e rappresentano qualcosa al loro interno. Di conseguenza, la produzione e la riproduzione di immagini offrono approfondimenti sulle relazioni sociali in atto all'interno di una società. Guardando ancora una volta Pasolini, il fatto che il linguaggio visivo manchi di un dizionario definitivo di significati offre davvero una miriade di opportunità per comprendere come le immagini comunicano e danno significato.

ARTI VISIVE

La pittura, la scultura e la fotografia raccontano storie in modo diverso dalla cinematografia. La temporalità del film gli conferisce un senso narrativo privilegiato, che lo separa in qualche modo dalle altre arti visive. Dico in qualche modo, perché quel privilegio è più un risultato di come gli spettatori vivono tali opere, piuttosto che una qualità inerente alle pratiche stesse. Se consideriamo il corpo del lavoro di un artista, le sue narrazioni diventano molto più evidenti rispetto a quando le sue opere sono prese singolarmente. È lì che il mondo si apre nelle storie, nei tentativi di narrare, raccontare e descrivere, per dare un senso a ciò che è avvenuto prima e per muoversi verso ciò che potrebbe essere in futuro.

I rappresentanti dell'arte italocanadese non mancano.

Tanto per tracciare un elenco storico, ma limitato, nella Columbia Britannica lo scultore Charles Marega (Lucinico, 1871–Vancouver, 1939) ha lasciato un segno importante nel paesaggio di Vancouver. Tra le tante opere pubbliche, le più diffuse sono i due grandi leoni all'ingresso sud del Lion's Gate Bridge, a Stanley Park. Ancora dalla British Columbia, Sveva

Caetani (Roma 1917-Vernon, B.C., 1994) emigrò in Canada con i suoi genitori nel 1921. Si stabilirono nel Vernon, dove quella che un tempo era la loro casa ora ospita il Centro Culturale Caetani. Considerata il capolavoro della Caetani, la serie di 56 grandi e luminosi acquarelli, che raccontano la storia della sua vita, fu iniziata nel 1978 e completata nel 1989. La vita dell'artista è raffigurata nel contesto di un ampio insieme di riferimenti all'arte, alla storia, all'immigrazione, alla colonizzazione, alla salute mentale, al superamento delle avversità e alla celebrazione dello spirito creativo umano. La vita della Caetani è stata raccontata anche in *Sveva Caetani: Recapitulation* di Heidi Thompson e in due cortometraggi: *Sveva: Prisoner of Vernon* di Jim Elderton e *The Mystery of Sveva Caetani* di Agustin Luviano-Cordero.

Nella parte orientale del paese, Guido Nincheri (Prato, 1885–Providence, RI, 1973) emigrò a Montréal nel 1913. Sebbene abbia viaggiato e lavorato ampiamente negli Stati Uniti e in Canada, Montréal è il luogo in cui si parla principalmente del suo lascito artistico in conseguenza del suo famigerato affresco raffigurante Benito Mussolini a cavallo, circondato da un gruppo di fedeli seguaci, nella Chiesa della Madonna della Difesa. Nincheri realizzò affreschi e opere in vetro colorato e progettò diverse chiese, tra cui quella della Madonna della Difesa a Montréal e quella di Sant'Antonio da Padova a Ottawa. Mario Merola (1931) e Guido Molinari (1933 – 2004) di Montréal, e Severino Trinca (Villa Guardi, 1926 – Grosotto, 2017), emigrati a Vancouver e tornati in Italia nei loro ultimi anni di vita, chiudono questa parentesi di artisti italocanadesi anziani. Tutti e tre, come la maggior parte degli artisti qui citati, hanno contribuito al paesaggio canadese con opere d'arte pubblica, che ricordano lo spirito creativo delle comunità di immigrati. Il soggetto delle loro opere non fa necessariamente esplicito riferimento all'immigrazione o all'identità in senso stretto, ma le loro tecniche e strategie compositive riflettono un ereditato senso estetico che parla del potenziale delle tradizioni miste.

Mario Merola, figlio di padre italiano e madre francocanadese, ha studiato decorazione all'École des beaux-arts di Montréal dal 1946 al 1952. Si è poi recato a Parigi, dove ha studiato scenografia all'École supérieure des arts décoratifs. Successivamente ha frequentato il laboratorio di incontro di Place des arts, dopo di che ha iniziato a lavorare a Radio Canada come costumista. Durante quegli anni, mentre lottava per essere riconosciuto come artista, Merola ha prodotto numerosi murales che hanno costituito la base della sua ascesa nel mondo dell'arte. Tra questi ci sono un murale creato per il padiglione canadese all'Esposizione Universale di Bruxelles (1956) e altri nelle stazioni della metropolitana di Sherbrooke e Charlevoix a Montréal.

Questi ultimi non ebbero una gestazione facile, poiché l'artista dovette lottare per far riconoscere che le opere astratte erano appropriate per tali progetti pubblici. Pur essendo prevalentemente noto come artista astratto, Merola non è né prescrittivo né normativo nel suo approccio all'arte: "Non ho mai scelto di adottare un unico stile e renderlo sistematico. Ho sempre lasciato che le cose si muovessero a mio rischio; alcune opere sono di miglior livello di altre. Lo stile non è qualcosa che può essere imposto dall'esterno, è qualcosa che si impone dall'interno" ("Les artiste du metro"). Come insegnante sia all'Ecole de Beaux-Arts che all'UQAM (Université de Québec), e come presidente della Société des artistes professionels du Québec, Merola ha sostenuto artisti quali Marcelle Ferron, Jordi Bonet e Jean-Paul Mousseau nel promuovere l'accettazione dell'arte astratta nella metropolitana ("Mario Merola — Le metro de Montréal").

Guido Molinari, probabilmente uno degli artisti italocanadesi più noti, nasce a Montréal nel 1933. Il suo nome di battesimo: Dino Benito Claudio Guy Molinari, ricorda quegli anni della storia italiana e dell'integrazione nella società del Québec. Quando iniziò a farsi strada nel mondo dell'arte, l'artista autodidatta cambiò il suo nome in Guido e presto divenne "il maestro riconosciuto della pittura astratta in Canada" (Guido Molinari Foundation). Sebbene fosse membro dei *Plasticiens*, un gruppo di artisti impegnati nella ricerca geometrica astrattista, simile a quella in corso a New York e Parigi, il lavoro di Molinari ha mostrato una vena della sua filosofia di vita, che era di libertà ed esplorazione. Come osserva Leah Sandals in *"From Cutting-Edge to Razor-Edge: Why the Plasticiens Matter"*: "direi anche che gli artisti che chiamo Les Plasticiens — ovvero Molinari e Tousignant e Yves Gaucher e Charles Gagnon negli anni '60 — hanno fornito una vera alternativa al tipo di astrazione più in voga che veniva praticata altrove nel Nord America ... a New York, a Washington, a Toronto con Jack Bush, nella città di Regina con Kenneth Lochhead, e così via" (Sandals).

"Razor-edge" era un termine di Molinari, usato per descrivere le opere di Les Plasticiens in contrasto con le loro controparti americane. Sandals continua a chiarire: "la pittura americana dello stesso periodo viene definita "hard-edge" (pittura a contrasti netti), ma non sono mai "razor-edge".

Sono sempre un po' morbidi, a causa di sbavature di vernice o spazi grezzi tra le bande di vernice. Ci sono sempre piccoli segni, o qualcos'altro, che aprono uno spazio lirico, qualcosa che fa sì che le immagini accadano dentro e dietro la tela. E l'ideale, per quanto hanno espresso critici come Clement Greenberg e Michael Fried, era che tu comprendessi tutto quello che avevi bisogno di sapere in un istante. Al contrario, i Plasticiens hanno creato dipinti che sembrano svilupparsi nel tempo [e che vanno oltre lo spazio della tela]. Diventa piuttosto un movimento dinamico tra i colori, qualcosa di più vicino alla Op art. Perché non vedi mai un Molinari o un Tousignant in un istante: la manifestazione del colore continua a cambiare sotto i tuoi occhi" (Sandals).

In un certo senso questa è la qualità del "divenire" che assegnerei all'arte italocanadese in generale, qualcosa di cui Molinari si potrebbe dire un maestro. Attraverso questa prospettiva il termine "astratto" assume un significato diverso, comincia a definire l'indefinibile come trasformativo e informativo. Oggi la Foundation Guido Molinari di Montréal continua a far conoscere il suo lavoro, in quanto offre spazio espositivo anche ad altri artisti e promuove e sostiene quello delle nuove generazioni.

Infine, tra questa vecchia generazione di artisti che ha aperto la strada ad altri, ci sono gli ampi contributi di Severino Trinca all'arte pubblica a Vancouver. Mentre molte delle sculture dell'artista si trovano sul terreno della Simon Fraser University di Vancouver, il lavoro di Trinca è senza dubbio rappresentato al meglio da due pezzi situati presso il Centro Culturale Italiano. Il suo lavoro sarà stato condizionato dal ricordo della Seconda Guerra Mondiale, poiché le sculture celebrative in questo luogo sono una scultura commemorativa che onora i caduti della Guardia Alpina italiana sia della Prima che della Seconda Guerra Mondiale e un'altra scultura più astratta, che Trinca identificò come la figura di un romano disteso a terra che si rimpinza di cibo. La forma di questa scultura, tuttavia, potrebbe anche essere vista come una rappresentazione da parte dell'artista delle sue amate montagne italiane e delle difficoltà della guerra.

OGGI

Le opere di Julie Campagna (scultrice), Vince Mancuso (pittore, grafico), Davide Pan (scultore, grafico) e Vincenzo Pietropaolo (fotografo) includono tutte elementi di storia e di narrativa. All'interno di quelle che possono essere considerate opere singole o statiche rispetto alle immagini in movimento della cinematografia, gli aspetti esplorativi relativi alla preparazione dei materiali, le complicazioni emerse nel processo di rappresentazione, il transfert che si manifesta nel processo di trasformazione artistica e le fasi finali che portano alla conclusione del progetto, creano un parallelo con le strutture dello storytelling. Ciò che definisce questa generazione più recente di artisti, e quelli che seguiranno, è la distanza dall'esperienza diretta di immigrazione e una vita vissuta all'estero dato che, sebbene alcuni siano nati in Italia, sono emigrati con le loro famiglie in tenera età.

Le sculture di Julie Campagna sono principalmente di dimensioni molto ridotte. Modellati in cera e fusi in bronzo, i corpi, gli oggetti e le forme confluenti che modella riflettono l'impegno della scultrice nel valorizzare il tempo. L'approccio meditativo di Campagna alla scultura esalta ulteriormente tale valore e infonde in ogni pezzo la spazialità che il tempo consente. La scultrice sottolinea questi punti in un cortometraggio di Anya Chibis, in cui rivela anche come la sua vita e il suo spazio di lavoro supportino ulteriormente gli aspetti spaziali e temporali delle sue opere (Chibis). Alcune delle creazioni più affascinanti di Campagna sono quelle che emergono dal legno, detriti e radici. Sebbene alcuni materiali assumano sembianze umane, altri sono lasciati nella loro forma originale, suggerendo movimento, trasformazione antropomorfa o semplicemente nulla. Queste direzioni aperte suggeriscono un'origine condivisa e una diversificazione dell'identità, che invita la partecipazione dello spettatore, la possibile identificazione con gli oggetti e una condivisione nella narrativa propria dell'artista.

L'altro scultore che ho citato, Davide Pan, non è un artista facilmente classificabile. Principalmente scultore, lavora anche nelle arti grafiche, nella pittura e in una varietà di mezzi. Tuttavia, ognuna di queste designazioni tende a essere un po' restrittiva. Nato a Vicenza, Davide è emigrato in Canada da adolescente, con la sua famiglia. Ha studiato sia in Canada che all'Accademia delle Belle Arti di Venezia. Sebbene la sua pratica si sia sviluppata prima che emergessero queste etichette, oggi Pan potrebbe essere giustamente chiamato un artista "verde" o "ambientale", dato che il suo lavoro inizia con la raccolta di oggetti di scarto, cose che si ritiene abbiano esaurito il loro ciclo di utilità oppure sono in pezzi a causa dell'obsolescenza insita nella maggior parte dei prodotti del mondo contemporaneo.

Pan modella i materiali trovati in una varietà di forme e figurazioni sia umane che non umane. Nel corso di decenni, ha prodotto un ampio corpus di opere composte da materiali di scarto di fabbriche e di luoghi residenziali, raccolti da siti industriali, discariche e comunità locali. Quindi li modella e li salda in pezzi grandi e piccoli, in modo da mettere in luce l'incubo consumistico della nostra società. Forse è questo che dà a molte delle sue creazioni l'aspetto di angoscia, dolore ultraterreno e un senso contorto di sentirsi imprigionati all'interno di oggetti scartati. Le sculture di Pan sono la storia del nostro essere sulla terra e la sua è una cura, una carezza amorosa di tutto ciò che abbiamo plasmato in oggetti di obsolescenza programmata, per estrarre da essi alcune risposte. Riduce, riutilizza, ricicla, rimodella e, nel caso di Pan, possiamo aggiungere restoria. Con molte commissioni a suo nome, le sculture di Pan, situate in molti siti diversi, offrono un buon contrasto tra la rivisitazione del mondo consumato e il consumo dei paesaggi attraverso lo sviluppo.

Vince Mancuso, esperto in grafica, pittura, media digitali e insegnante, utilizza questa vasta gamma di abilità, approcci e interessi nella materia in questione per focalizzarsi su alcuni aspetti esistenziali di base, in merito a come vengono considerati gli artisti e il loro ruolo in un contesto di immigrazione. La maggior parte delle famiglie immigrate non vede la carriera artistica come ideale per il miglioramento sociale ed economico, nonostante le ricche tradizioni alle spalle, Come ha sottolineato Mancuso in un'intervista a Stella Jurgen, l'idea di "artista" per gli immigrati è romantica, legata al privilegio e a un certo status, tratti solitamente non associati alle comunità di immigrati, né dall'esterno né dall'interno. "Mio figlio lavora così tanto, ma ancora non so cosa fa" è un ritornello comune di una vecchia generazione di immigrati italiani con riguardo alle scelte artistiche o accademiche dei figli (Jurgen).

Lavorando contro questi presupposti, Mancuso ha iniziato la sua carriera artistica come grafico di successo per un'azienda pubblicitaria. Sebbene profondamente impegnato in questo campo, ha portato anche in questa professione il suo background culturale e di immigrato. Attingendo alle tradizioni siciliane dei suoi genitori e alle loro lotte di immigrati, Mancuso ha trovato ispirazione e un modo per generare un'identità culturale ibrida. Con il suo background greco-romano che gioca un ruolo importante nella formazione della sua mitologia personale, le rappresentazioni grafiche di Mancuso delle gesta di figure eroiche miste, estrapolate dalla mitologia antica e dai fumetti, diventano una rappresentazione appropriata delle lotte degli immigrati. Il risultato è una sorta di approccio storico/documentario/*mainstream* all'arte.

In una grande serie di dipinti, cui attribuisce il merito di aver "lanciato la sua carriera di vero artista negli anni '90", Mancuso affronta temi importanti per la cultura degli immigrati: la prima comunione, i raccoglitori di cicoria, il lavoro domestico, gli operai, il lutto, il cibo, il simbolismo religioso e i santi. Dipinto dal 1990-1992, il personaggio di spicco che fonde tutti questi elementi in una figura emblematica di quelle eroicità è San Cristoforo, che attraversa l'Atlantico in onore degli immigrati (Mancuso).

Questa serie è particolarmente interessante, perché riunisce vari aspetti delle pratiche artistiche di Mancuso. La *storyboard*, solitamente non associata a ciò che si potrebbe chiamare la pittura "formale", qui prende vita come ricco mezzo espressivo. Da allora in poi, inclusa la sua collaborazione con il fratello musicista Dominic per la realizzazione di performance audio/video, la vita artistica di Mancuso evidenzia che l'arte aiuta a vivere, ri-vivere, continuare e sperimentare di nuovo le culture tradizionali, generando e creando allo stesso tempo anche culture originali. Le esperienze parallele di origine/originali si realizzano pienamente attraverso l'accettazione e la performance di opere che rappresentano e mettono in risalto se stessi, la storia, la comunità e l'essere.

Il fotografo Vincenzo Pietropaolo è nato a Maierato, Calabria, Italia e si è trasferito in Canada con la sua famiglia all'età di 12 anni. Ha iniziato la sua avventura fotografica da giovane e ha pubblicato le sue fotografie nel 1973 su *This Magazine*. A proposito delle sue fotografie dei lavoratori immigrati in sciopero alla Falegnameria Artistica (Artistic Woodwork), Satu Repo scrive che "le foto erano notevoli sia per intensità che per intimità. Ti trovavi faccia a faccia con questi uomini, solenni, ma determinati, che esercitavano il loro diritto di organizzarsi. Non potevi fare a meno di condividere la chiara empatia del fotografo per loro" (Repo).

Pietropaolo è un fotografo pluripremiato, il cui lavoro mostra chiaramente quell'empatia mentre documenta le vite e i mondi dei lavoratori e degli immigrati. Sebbene abbia iniziato documentando la sua famiglia e la comunità italiana in cui vivevano a Toronto, ha rapidamente diretto il

suo sguardo verso altre comunità simili, di Toronto e dell'Ontario, provenienti da altre parti del mondo. Le sue fotografie sono state esposte e pubblicate ampiamente e hanno ricevuto prestigiosi premi fra cui il *Cesar E.
Chavez Black Eagle Award*. Come egli stesso ha affermato:

> nella mia vita la fotografia e l'immigrazione sono indissolubilmente le-
> gate. Col tempo, la fotografia è diventata per me una sorta di primo lin-
> guaggio. E l'immigrazione è la realtà sociale in cui sono radicato, cuore e
> anima. Essere un immigrato significa essere nato altrove; questo è un fatto
> ineludibile, che gioca un ruolo fondamentale e determinante nella propria
> vita. [...] Quando ho iniziato a sviluppare il mio interesse per la fotografia,
> prima ho documentato la mia famiglia poi la mia comunità. E, natural-
> mente, mi sono avvicinato al mio lavoro da un punto di vista che era di-
> ventato la ragione d'essere della nostra vita: immigrato e lavoratore.
>
> ("The Immigration Story of Vincenzo Pietropaolo ").

Il libro di Pietropaolo, *Harvest Pilgrims*, è un documento che illustra il
modo in cui si può costruire solidarietà con altre comunità di immi-
grati/migranti. Mentre non è direttamente riferita alla comunità italiana,
la sua documentazione dei lavoratori migranti in Canada fornisce un collegamento importante attraverso l'elemento lavoro/manovalanza. Il libro
contiene la narrazione personale di Pietropaolo delle questioni che riguardano questi lavoratori, accompagnata da fotografie e da una lettera scritta
dal fotografo a uno dei suoi personaggi. Fermin, al quale la lettera è indi-
rizzata, è probabilmente un amalgama dei vari lavoratori conosciuti negli
anni, è tornato nel suo paese natale, il Messico, dopo l'ennesima stagione
del raccolto in Canada. Nel tentativo di avvicinarsi a quei lavoratori attraverso la forma intima della scrittura di lettere, il gesto rivela come le
fotografie siano opera di qualcuno che valorizza la vicinanza ai suoi sog-
getti e non si limita a "scattare" o "catturare" immagini per un progetto.
Esse mostrano un approccio sensibile, uno sguardo premuroso, piuttosto
che un'osservazione oggettivante e distaccata.

Potremmo essere spinti a interpretare la lettera come un tentativo di
spiegare ciò che le immagini potrebbero non essere in grado di rappresentare completamente, tuttavia, preferisco leggere la lettera di Pietropaolo come un'innocente istantanea delle preoccupazioni del fotografo.
Non sarà una forzatura suggerire che l'attivtà fotografica di Pietropaolo

possa derivare dal suo interesse di lunga data per le raffigurazioni corporee degli operai italiani di Toronto, nella cultura dislocata della propria comunità. Attraverso quell'esperienza, Pietropaolo si avvicina alla similitudine di esperienze altrui di migranti e immigrati. E, forse, la lettera potrebbe servire anche come testimonianza di quelle rassomiglianze diversamente situate e di coordinate culturali fluttuanti. Con le parole "Ma sei anche un lavoratore [...] coltivi il nostro cibo" Pietropaolo va oltre, individuando la molteplicità di narrazioni che, di fatto, non si limitano a commentare le fotografie, ma rendono evidente un legame esistenziale ed essenziale: *sei un operaio come gli altri lavoratori e tutti dipendiamo dal nostro reciproco lavoro per sopravvivere.*

Il titolo *Harvest Pilgrims* suggerisce un'altra dimensione della migrazione. Se temporanea o permanente, la migrazione conserva un senso di movimento, una speranza di ritorno, un senso di connessioni multiple. Il termine *Pilgrims* (Pellegrini) reca un senso di devoto ritorno a un luogo significativo e definente. Potremmo descrivere come pellegrinaggio anche il nostro rapporto con alcune ricette preferite o fotografie oppure oggetti e pratiche culturali significative. Tutto questo è rappresentativo delle continue transizioni e dei vissuti tra terre, culture, lingue, ruoli e pratiche sociali.

FILM

In quanto arte del mondo contemporaneo, il cinema sembra essere il mezzo preferito dagli artisti italocanadesi. Nonostante abbia scelto di concentrarmi principalmente su registi che scrivono i propri testi, inizierò questa sezione parlando brevemente del lavoro di un attore, Tony Nardi. Attraverso la sua collaborazione decennale con molti registi, si potrebbe affermare che Nardi sia diventato il volto degli italocanadesi. Per quanto annoveri una serie di sceneggiature, regie e produzioni a sua firma, la sua attività principale è quella di attore. Ha realizzato collaborazioni con il regista Paul Tana in *Caffè Italia* (1985), e in altri due film che ha anche co-sceneggiato: *La sarrasine* (1992) e *La déroute* (1998). Onorato con una serie di importanti premi nel cinema, televisione e teatro (Genie Award, Canadian Screen Award, Jutra Award e Prix Guy- L'Écuyer), Nardi ha recitato in film di Atom Egoyan, André Forcier, Carlo Liconti e David Cronenberg).

Non essendo uno che rifugge dalle polemiche, proprio come argomento di molti dei suoi film, Tony Nardi ha affrontato il mondo dello spettacolo con un attacco filmato al suo conformismo e ai suoi atteggiamenti compiacenti. Il libro *TWO LETTERS... And counting!* (2013), raccoglie tre monologhi ispirati alla reazione dell'attore verso i contenuti culturalmente offensivi di una sceneggiatura per una serie televisiva cui avrebbe dovuto partecipare (Nardi).

Indirizzando inizialmente la sua lettera ai produttori e al direttore del casting della serie, Nardi la trasformò in un monologo teatrale recitato e filmato dal vivo davanti al pubblico. A questo fece seguire una seconda e una terza "lettera", pubblicando infine i testi in una raccolta.

Due lettere... E continua! si basa su due lettere effettivamente inviate a "intermediari" della scena culturale canadese: un produttore cinematografico/televisivo e due critici teatrali. *Lettera Uno* articola la lotta di un attore/scrittore contro gli stereotipi culturali del teatro/film/TV canadese. *Lettera Due* sfida i fraintendimenti sulla commedia dell'arte da parte dei critici e dei registi teatrali contemporanei. Esplora la storia canadese di una cultura teatrale "senza attori" per mano del "teatro dei registi", in cui si è incoraggiata la crescente tradizione di attori troppo preparati e di registi poco competenti. "*...And Counting!*" (Lettera Tre) è un post-mortem di *Due Lettere* e un viaggio nello stato attuale del teatro, della cultura (e dei finanziamenti).[4]

Forse la parte più significativa del monologo è la confessione da parte dell'attore dei timori che un artista/interprete deve superare, specialmente se è coinvolto nella presentazione e ri-presentazione di situazioni e individui estranei agli atteggiamenti convenzionali e prescritti nei confronti della società:

"Ho un archivio di paure... la più grande libreria di paure del mondo.

Paura di perdere la vista.

Paura di diventare insensibile.

Paura di avere troppa paura.

Paura di non avere abbastanza paura.

Paura di non provare più paura.

Paura che il domani non avrà molti domani...

e che troppi domani assomiglieranno a ieri.

Paura di essere frainteso.

Paura di essere compreso troppo bene.

Ho paura delle persone che temono le persone.

Temo la paura del fallimento più del fallimento stesso.

Temo il successo più della paura del successo.

Temo la mediocrità.

Ho paura di essere mediocre.

Ho paura di chi sa tutto".

"Temo chi dice di non sapere nulla... e lo dice troppo spesso.

Ho paura di me.

Ho paura di invecchiare.

Ho paura di non invecchiare abbastanza.

Temo che la paura di tutto ciò che temo possa essere la mia unica forza...

e quanto mi rende debole questo?

Temo la perdita di qualsiasi bambino in qualsiasi parte del mondo.

(Battito)

... Oh, ci sto annegando ... la paura che la gente abbia paura di essere libera ... veramente libera... e la paura che alcune persone sappiano chi ha il diritto di dire questo... e chi ha il diritto di dire quello... (è nel prologo ... probabilmente stavi parlando da solo mentre io cercavo di parlare con te) ... chiedendomi quando il mio "personaggio" sarebbe inciampato, caduto, sanguinando, umiliandosi e scusandosi per aver mai pensato di poter esprimere un pensiero libero, pubblicamente.

E temo di temere molto di più di quanto penso di temere".

(Nardi, 101-102)

Quale modo migliore per placare le proprie paure che affrontarle e definire i termini con i quali coinvolgere il mondo.

I registi che presento di seguito percorrono questo tracciato, mentre dialogano con se stessi, tra di loro, con le loro comunità e le situazioni socio-politiche in cui lavorano in Canada e all'interno della realtà del Québec. Lo fanno in una varietà di modi diversi. Alcuni direttamente, raccontando le loro esperienze da immigrati o figli di immigrati. Altri attraverso l'esplorazione del loro background come un'ulteriore dimensione dell'esperienza. Altri ancora si avvicinano al mondo attraverso riferimenti letterari o cinematografici che cercano di riprodurre nel proprio linguaggio.

Anita Aloisio è una scrittrice e regista che ha affrontato con successo una varietà di approcci diversi. La stessa Aloisio ha detto: "Uso la mia tecnica video-documentaria-etnografica per catturare tutte le emozioni, i momenti estemporanei, le reazioni dei personaggi, i diversi ambienti e i dialoghi da raccontare, cui fare riferimento in modo da collegarli alla mia esperienza di figlia di immigrati che vivono in Québec. Io uso le immagini e i dialoghi cui mi riferisco costantemente, ripetutamente e osservo come mi sento, cosa vedo ogni singola volta. Poi descrivo come mi sono sentita nel filmare ed essere ripresa. Ho descritto come le prospettive continuano a cambiare. È stato molto emotivo, toccante e catartico. Mi riferisco a una parte di questo percorso come a un processo transmemorico" (Aloisio 2021).

Nell'*abstract* che apre la sua tesi di Master [o Laurea magistrale], Aloisio delinea il soggetto della sua ricerca come "il complesso costrutto di identità sociali multi-stratificate interiorizzate dagli artisti italocanadesi (del Québec) e come si manifesta nelle loro opere d'arte". Il processo transmemorico inizia quando "gli artisti collegano la loro etnia italiana a una pratica creativa, per raggiungere un senso di equilibrio fra tradizioni familiari, identità personale e appartenenza. Lo sviluppo personale e artistico degli artisti è segnato da ricordi vissuti e impressi nella memoria" (Aloisio 2016).

Seguendo le premesse del suo studio, i documentari di Aloisio offrono ulteriori approfondimenti di questi meccanismi. Il suo primo film, *Straniera Come Donna – A Woman, a Stranger* (2002), è stato coprodotto con il Ministero dell'Immigrazione e la NFB (National Film Board) e, in rapporto diretto con la sua tesi, ha esplorato l'influenza esercitata dalle tradizioni culturali e sociali sulle donne di origine italiana in Québec. Lei, come altri registi di questo gruppo, è cresciuta nel doppio ambiente socioculturale e linguistico complesso che è il Québec. Le lotte di quella provincia per il mantenimento delle sue specificità culturali e linguistiche hanno talvolta portato all'adozione di una legislazione miope nel suo impegno nei confronti delle popolazioni immigrate.

Il suo secondo documentario, *Les enfants de la loi 101, Growing up with Bill 101* (2007), ha esaminato l'impatto del disegno di legge 101 del 1977 (*La charte de la langue française*), che riguarda la prima generazione di figli di immigrati come lei. La legge garantiva alla popolazione francofona del

Québec il diritto di vivere ed esprimersi in francese.[5] Come si può immaginare, fece molto scalpore; tuttavia è utilizzata nei dipartimenti di studi di numerose università del Québec

Il film-intervista *Creatori di italicità* (2017) è un meraviglioso documento sul lavoro di cinque registi italocanadesi nell'arco di 40 anni: Antonio D'Alfonso, Agata De Santis, Giulia Frati, Paul Tana e Nicola Zavaglia. Tutti loro hanno accumulato una produzione artistica impegnata in modo critico su questioni che oggi sono alla ribalta di indagini e controversie sociali, culturali e ideologiche.

Antonio D'Alfonso, scrittore, regista, traduttore, saggista, editore, rappresenta con le sue molteplici attività il grande potenziale che la variegata comunità italocanadese contiene. Con una lunga lista di pubblicazioni al suo attivo e, come fondatore di Guernica Edizioni, pioniere nel campo dell'editoria, D'Alfonso ha anche diretto tre lungometraggi, *Bruco* (2005), *Antigone* (2012), *Tata* (2019) e una serie di opere più brevi. Bruco ha ricevuto due premi al New York International Independent Film and Video Festival.

Scritto inizialmente come poesia, *Bruco* è un discorso sull'identità. Piuttosto che la ricerca di una definizione e consolidamento del concetto di identità, è un approccio labirintico e di distanziamento dalle sue possibilità. D'Alfonso, infatti, ha parlato del film come di una "personale lettura del mito del Minotauro" (D'Alfonso 2008). Inoltre, e contrariamente a come spesso si affronta la questione dell'identità etnica, D'Alfonso la fa emergere senza ricadere nella stanchezza di riferimenti e stereotipi: "molti si aspettavano che esplorassi il concetto di italicità. Certo, l'argomento è presente, ma non è lo sfruttamento stereotipico dell'emigrazione italiana. L'etnia non è acqua pellucida. Più ci si avvicina a una risposta, più il fiume diventa torbido. Questo film è anti-narcisistico. L'autoreferenzialità nel sociale è ambigua. Bruco è un uomo che cammina sulle sabbie mobili e l'alterità che lo interroga non porta al passato, ma altrove. La nostalgia è un'esperienza che non apprezzo particolarmente. L'etnicità è una scienza del futuro, i suoi percorsi sono vari e sinuosi" (D'Alfonso 2008).

Sinuosi e sensuali, potremmo aggiungere. Almeno il film sembra suggerire che ci può essere qualcosa di seducente in un'identità fluida. Ricordando la sua notte con Tony (Bruco), Valentine ricorda solo di aver "parlato del suo ultimo libro, *Man Without Identity* e poi presto mi ritrovai a letto con lui" (D'Alfonso 2005). Inoltre, la questione del linguaggio, fondamentale in tutte le opere di D'Alfonso, è il cuore di questo film. Mentre *Bruco* e *Antigone* fanno riferimenti evidenti alla mitologia classica, non sono adattamenti diretti di quelle opere classiche. Questi film riguardano l'identità, la lingua, la separazione e l'approssimazione culturale e quanto le relazioni umane possono o non possono essere influenzate da tutti questi fattori.

La conversazione di Bruco con il padre defunto accenna ai problemi della discendenza e dell'eredità culturale; la sua conversazione con Mario riguarda la comunicazione, le sue possibilità e impossibilità (D'Alfonso 2005). Mario sta scrivendo un libro "sulla morte del linguaggio", curioso di vedere "cosa succede alla cultura quando la lingua scompare" e come, con la morte della lingua "la cultura rimane la stessa, la comunità rimane la stessa", un concetto che D'Alfonso ha espresso nella sua enfatizzazione di una cultura italica piuttosto che italiana. Una cultura basata non sulla lingua, ma sulle sue diverse possibilità comunicative (D'Alfonso 2005, 11:27).

Antigone (2012), un adattamento dell'*Antigone* di Sofocle, affronta le questioni sollevate dall'opera originale: guerra, religione, famiglia, tradimento, amore. La rielaborazione di D'Alfonso aggiunge un colpo di scena che è di cruciale importanza e rilevanza per la sua produzione di artista: la sua versione dell'opera include una considerazione di come è attuata l'integrazione sociale. Questo aspetto del dramma viene elaborato attraverso l'uso di linguaggi diversi durante il film. Varie lingue si completano e si contrastano, si sostengono e si scontrano, e mettono a dura prova i limiti della comunicazione. Particolarmente affascinante in questo film è come ciò che potremmo chiamare linguaggi ambientali, quelli che sono inerenti al mezzo, ma spesso non commentati, come elementi visivi o musica, giocano un ruolo così importante nell'accrescere le lingue parlate. Ogni personaggio parla una lingua diversa, ma la comunicabilità del lavoro complessivo rimane intatta. Un discorso sull'anarchia culturale, sulle realtà multilingui, sull'enigma di assimilazione e integrazione? Sì, a tutto ciò. E una dichiarazione dell'importanza dell'immagine visiva come elemento e meccanismo integrativo.

Agata De Santis è una produttrice prolifica e responsabile della produzione, con molti successi al suo attivo. Attraverso la sua casa di produzione, Redhead Productions, ha realizzato una serie di documentari che esplorano la vita e l'attività della sua famiglia e della sua comunità. In particolare, *Mal'occhio* (2010) e *Terra Mia* (2018) si avvicinano a coloro che hanno tracciato la strada per generazioni come quella della De Santis. *Mal'occhio* è un'indagine su come questa antica pratica, adottata per proteggersi dallo "sguardo cattivo" (le maledizioni), continua tutt'oggi tra i membri della comunità italocanadese e ne segue le tracce tornando alla regione d'origine della sua famiglia in Italia. Sebbene alterata da varianti personali, questa usanza continua ad essere praticata come espressione della medicina vernacolare sia in Canada che in alcune zone d'Italia, per lo più tra le generazioni più anziane, ma non è del tutto cancellata anche tra quelle più giovani.

Terra Mia si apre con la regista che si rivolge a una giovane componente della sua famiglia, Milla, chiedendole le parole italiane per casa, farfalla e pulcino. Come narratrice del film, De Santis racconta brevemente la storia dell'immigrazione degli italiani e, come prima nata in Canada, suggerisce che la sua generazione è "il gruppo di transizione […] che si barcamena tra due mondi in conflitto. In uno parliamo italiano, adottiamo una varietà di tradizioni italiane anglicizzandole, ma conviviamo con genitori e parenti aggrappati alla patria che si sono lasciati alle spalle" (De Santis 2018, 1:35). E mentre la nuova generazione si afferma, De Santis chiede: "Quali implicazioni ha questo sull'intera comunità italiana? È arrivato il momento di rivalutare l'intero concetto di una comunità italocanadese a Montreal?" (De Santis 2018, 2:27).

In conversazione con Anita Aloisio e l'attore/comico Guido Grasso, De Santis esplora i modi con cui si è realizzato l'adattamento ai diversi ambienti culturali canadesi. Attraverso l'adeguamento a certe espressioni e atteggiamenti locali, gli italocanadesi si sono ritagliati un proprio posto nelle comunità di tutto il paese. Il documentario continua esplorando le modalità di adattamento al nuovo mondo da parte dei primi immigrati. Il lavoro in fabbrica cui gli uomini e le donne precedentemente abituati a lavorare solamente in campagna dovettero abituarsi; la difficoltà di inserimento linguistico nel nuovo ambiente di lavoro e i risultanti nuovi registri comunicativi emersi dalla fusione delle lingue regionali originali degli operai con il francese e l'inglese.

Il senso generale del film è che, mentre le generazioni più giovani si sono allontanate dalla loro terra di origine, i tentativi di fornire mezzi educativi attraverso una varietà di istituzioni e sforzi personali sono presenti e disponibili nelle comunità. In conclusione, De Santis pone domande pertinenti e condivise: può la comunità continuare così? Può ancora definirsi comunità italocanadese? Dalle sue interviste ed esplorazioni si evince una risposta affermativa. Ci sarà sempre una comunità italocanadese, ma sarà diversa; informata e condizionata da un più stretto rapporto con la più vasta comunità canadese. Il nuovo ibrido italocanadese continuerà a identificarsi con le sue radici portando allo stesso tempo nella propria vita influenze esterne. Infine, ci rimane un titolo, che è tanto ambiguo quanto definitivo. L'espressione *Terra Mia* si riferisce a un senso astratto di un'altra terra oppure a una nuova definizione di appartenenza alla terra in cui si vive?

Proprio come per l'approccio di Antonio D'Alfonso nel rappresentare la sua cultura italica in maniera indiretta, mediante le pratiche intraprese attraverso una fisicità italica, l'opera di Giulia Frati segue un approccio simile nel suo cinema. Avendo iniziato come direttrice della fotografia in una varietà di progetti, il suo primo documentario ha toccato questioni familiari. *Il giardino di Pupa* (*Pupa's Garden*, 2011) è un'intervista/dialogo intimo con sua nonna. Raccontando eventi dalla sua vita, Pupa mostra un grande senso di individualismo, energia, inventiva e indipendenza. Oltre a prendersi cura della figlia malata, Pupa ha salvato e riadattato una scarpata, un tempo usata come discarica, trasformandola in un rigoglioso giardino—rifugio per se stessa e per la sua comunità. Il ritratto intimo di sua nonna Pupa da parte di Frati è un'opera a più livelli, che tradisce la semplicità del titolo. Infatti, nonna Pupa, così importante durante la crescita della stessa regista, rappresenta il tipo di complessità di un rapporto genuino con il mondo e con gli altri. Il film ha vinto il Premio della Giuria al Festival ambientale di Portneuf in Canada.

Con il suo forte interesse per la costruzione di ponti creativi attraverso le coproduzioni e simili, il suo film *Echi da Istanbul* (Istanbul Echoes, Canada/Francia, 2017) esplora le lotte degli abitanti e venditori ambulanti di sezioni di Istanbul in cui è prevista una modernizzazione o, come si definisce in Nord America, 'gentrificazione'. Pur rappresentando una situazione specifica lontana dal Canada, queste pratiche sono punti di considerazione pertinenti, perché in passato hanno segnalato la disintegrazione dei quartieri "etnici" negli Stati Uniti e in Canada. Oggi, le forze del neoliberismo continuano a minare l'esistenza di comunità svantaggiate nel mondo. Frati si riconosce nelle lotte e nei traumi di chi ha dovuto ricostruire la propria vita, dopo essere stato sradicato a causa del dislocamento (Frati, 10:17).

Anche se i film di Giulia Frati non affrontano direttamente i "temi" italocanadesi, dobbiamo riconoscere che il suo obiettivo è diretto verso casi che riflettono simili situazioni complesse. Esprimendo il punto di vista di molti altri scrittori, registi e artisti italocanadesi, Frati chiarisce: "L'aspettativa nei confronti degli immigrati è che creino una storia di integrazione oppure una storia della terra da cui provengono. [...] Un immigrato che cerca di esplorare altri temi, quelli che non hanno nulla a che fare direttamente con la sua storia, [...] non rientra in quelle aspettative, né per la sua comunità né per la cultura in cui è venuto a vivere. [...] La mia priorità non è documentare la storia dell'immigrazione italocanadese né tentare di definirne l'identità o difenderla. Tuttavia, essendo quella che sono, queste cose si manifestano da sole a un certo livello" (Frati, 11:07).

Con una carriera decennale nel cinema, Paul Tana è stato definito da Filippo Salvatore come il "regista della presenza italiana a Montréal". In un articolo da cui è tratta questa affermazione, Salvatore colloca Tana all'interno dei dialoghi e delle contestazioni tra gli italiani e "'l'intellighentsia' quebecchese nazionalista che si stava aprendo alla diversità nei primi anni '80" (41). Dopo una serie di cortometraggi a metà degli anni '70, realizza il suo primo lungometraggio, *Les grands enfants* (1980), e nel 1985 collabora con Bruno Ramirez alla realizzazione di *Caffè Italia, Montréal*. Quest'ultimo è un documentario basato su *Les premiers Italiens de Montréal* di Ramirez, che ha ricevuto il premio Ernest-Ouimet-Molson per il miglior film del Québec.

Nel 1992, sempre con Ramirez, Salvatore realizza *La sarrasine*, un lungometraggio di fiction basato su una notizia giornalistica del 1904, relativa al rapporto spesso complicato tra immigrati italiani e canadesi francofoni a Montréal. Il film ha vinto il Premio Sardec per la migliore sceneggiatura e il premio *Société de développement des entreprises culturelles* (SODEC) per il miglior regista. Nel 1998, Tana e Ramirez scrivono *La déroute* insieme all'attore Tony Nardi, che di nuovo si concentra sulle lotte e le relazioni degli immigrati italiani nel loro nuovo contesto sociale e culturale. E, nel 2007, Tana ha coordinato un progetto congiunto tra l'École des médias, Cinémathèque Québécoise, *Il Corriere italiano* e ACPAV per salvare 30 anni di filmati scartati dal programma televisivo italiano *Teledomenica* di

Montréal. Questo ha portato alla realizzazione del documentario *Ricordati di noi*, il primo di una trilogia che comprende *Marguerita* (2015) e *Le figuier* (2018). Dal 2009 al 2012, Tana ha prodotto la già citata serie di monologhi filmati con Tony Nardi, *Due lettere… E continua* (*Two Letters… And Counting*). *Marguerita*, il secondo capitolo della trilogia *Ricordati di noi*, è un documentario su una vecchia e famosa panetteria di Montréal e il terzo film della trilogia, *Le figuier* (2018) usa la battaglia per piantare e mantenere un albero di fichi a Montréal per rappresentare la lotta per l'integrazione degli immigrati italiani. Tana ha insegnato cinema alla UQAM Scuola dei Media dal 1989.

Il film *Ricordati di noi* è un potente racconto di smarrimento, riscoperta e re-storying rievocazione al più alto livello. Ogni domenica, dal 1964 al 1994, il primo programma di lingua italiana di Montréal, *Teledomenica*, ha trasmesso alla comunità di immigrati in Québec i saluti registrati dall'Italia. Sfortunatamente, quando le bobine dei film sono state ritrovate nei primi anni 2000, erano state separate dal sonoro. Ciò ha fatto avviare un'altra ricerca, ma quando l'audio è stato finalmente localizzato, poiché le relative istruzioni non erano abbinate, il team si è trovato di fronte al compito monumentale di sincronizzare suoni e immagini. Per risolvere la situazione Tana ha iniziato a cercare qualcuno che sapesse leggere il labiale in italiano e l'ha trovato nella persona di Anna Valenziano.

Essendo nata non udente, Valenziano lesse il labiale durante tutto il film e aiutò Tana e il suo team a sincronizzare il suono con l'immagine. Questo procedimento divenne una sorta di ciò che Antonio D'Alfonso potrebbe definire "una triangolazione *et soudure des cultures*" o la possibilità di mediazione culturale. Originariamente inteso come commento sul rapporto tra culture francofone e non, in Québec, è davvero adattabile a una nozione di mediazione tra i termini delle culture e/im-migrate e quelli del loro luogo di origine (Caccia, 274).

Le immagini vintage così recuperate sono più di un ricordo sbiadito. La coincidenza di essere fuori sincrono con la loro colonna sonora diventa un'importante metafora, che fa del film e della loro scoperta una rilevante illustrazione del processo di rievocazione e richiamo, conferendo a quelle immagini un'espressione più piena di ciò che il procedimento iniziale che le ha generate potrebbe significare e ricostituisce il loro contesto storico.

Attraverso la riscoperta di Tana e soprattutto il suo *re-storying* dei materiali trovati (lo preferisco in questi casi alla *re-storation*), le comunità, che hanno partecipato alla loro produzione e che sono servite da testimoni di quel periodo storico, riacquistano prospettiva e significato. Certamente, la ricerca, la scoperta, il *re-storying* e la ripresentazione di queste immagini creano un collegamento con ciò che Gramsci definisce: "un'elaborazione critica è la consapevolezza di ciò che si è realmente, come risultato del processo storico avvenuto fino ad oggi" (vol. 2, 1363).

Tornando a *Ricordati di noi*, il programma di Alfredo Gagliardi, *Teledomenica* è riuscito ad adempiere al suo compito di creare un collegamento tra le due realtà della comunità italiana di Montréal passata e presente e ha istituito un 'pellegrinaggio' settimanale da e per quelle realtà. Con il passare del tempo, la distanza tra le due è ulteriormente cresciuta. Quello che restava era la testimonianza di quelle sequenze filmate, che erano rimaste sopite e senza voce per lungo tempo. Pellegrinaggio, testimonianza e i messaggi trans-temporali erano un tentativo di mantenere vive le relazioni e tracciare gli spazi che dovrebbero definire cultura, lingua e identità e potrebbero preservare un senso di comunità che, nonostante le realtà dell'e/immigrazione, rimarrebbe vincolato dalla distanza.

Progetti come questi emergono spesso come tentativi di consolidare gli spazi della cultura, della lingua e dell'identità, forse partendo dal presupposto che, senza di loro, scomparirebbe tutto. Dopo la conclusione del programma, sono svaniti gli scambi che aveva facilitato. I materiali che hanno fatto da testimoni a quella narrazione sono stati persi, separati e, in una svolta ironica sulle realtà della migrazione, hanno perso la loro voce. Il recupero della narrazione da parte di Tana rappresenta, nel modo più significativo, una parte di uno sforzo comune per ristabilire, attraverso la documentazione del procedimento, la sua testimonianza come elemento centrale del racconto/narrazione e il suo reportage (nel senso di traduzione) a un pubblico contemporaneo.

I film dello scrittore, montatore e regista Nicola Zavaglia sfidano gli spettatori a vedere oltre il proprio sguardo. Il suo lavoro è influenzato da un attento amore per i maestri del cinema italiano del secondo dopoguerra che lo ha aiutato a guardare oltre lo sguardo esterno di definizione che troppo spesso colpisce gli immigrati. Il suo primo film, *Un poeta in famiglia* (1978) è una meditazione sulla comunità italiana di Montréal attraverso gli occhi e le parole del poeta Vincenzo Albanese. Dopo aver incontrato il poeta, Zavaglia si meravigliò che la vita da immigrato potesse stimolare la creatività nonostante quello che Albanese vede come dolore e sofferenza: "Un immigrato nasce due volte... una volta nel luogo della sua nascita, e rinasce nel luogo dove emigra" (Zavaglia e Albanese, 5:08). Zavaglia racconta che "dove è cresciuto, nell'estremo est di Montréal, eravamo visti come poveracci. Alla fine, ti vedi con gli occhi degli altri" e quindi, aggiustando il nostro sguardo, possiamo ottenere una visione più chiara di chi siamo. Anche in questo caso, i film di registi come Fellini e Pasolini hanno contribuito a tale adeguamento.

Come spesso accade, il ritorno alla terra delle proprie origini genera intuizioni creative. Lungo le strade di Roma, Zavaglia ha trovato "un museo a cielo aperto e un mercato sterminato di frutta e verdura quale è Roma [...] dove avevano lavorato i maestri del cinema italiano [...] mi hanno insegnato a ripensare come si fanno i film e come scegliamo cosa vedere" (Zavaglia e Albanese, 13:24). Il risultato è stato che il regista ha iniziato a vedere le lotte della gente sotto una luce che sprigiona gratitudine, compassione e ottimismo.

Il documentario *Filo spinato e mandolini* (1997) racconta l'internamento degli italocanadesi durante la Seconda Guerra Mondiale. Il giorno in cui l'Italia entrò in guerra, il 10 giugno 1940, segna il giorno in cui il governo canadese considerò i 112.000 italocanadesi residenti nel paese come una minaccia alla sicurezza nazionale. Considerati simpatizzanti fascisti, furono rastrellati a migliaia; settecento di loro furono internati nel nord dell'Ontario al campo Petawawa e detenuti fino a tre anni. Nonostante questo, nessuna accusa fu mossa contro alcuno degli internati. Mentre il film sottolinea l'ingiustizia di un tale atto da parte del governo del Canada, rileva anche che gli ex internati non portano rancore per il modo in cui sono stati trattati dal paese che hanno scelto come loro patria.

Per evidenziare ulteriormente alcuni dei punti portati alla ribalta da altri registi citati in precedenza, il film di Zavaglia, *Sopra il mare che annega* (2017), presenta una storia affascinante di emigrazione, questa volta a causa delle attività naziste, sempre durante la Seconda Guerra Mondiale. Il film racconta come i rifugiati ebrei dell'Europa nazista trovarono un asilo inaspettato grazie alle azioni di Ho Feng Shan, il console cinese a Vienna. I visti di viaggio furono consegnati ai rifugiati e fu loro offerto un passaggio per Shanghai. Il film racconta la storia dal punto di vista dei rifugiati e del popolo cinese, che li accolse e tenne al sicuro, e si concentra sugli individui le cui storie, che servono da ispirazione, offrono spunti su situazioni migratorie e di rifugiati che continuano a costituire una parte importante del nostro mondo contemporaneo (Zavaglia).

In conclusione, vorrei affrontare il lavoro di altri due registi. Carlo Liconti e Patricia Fogliato rappresentano due diversi aspetti del cinema. Liconti è un regista prolifico con una carriera commerciale di successo. Fogliato è una regista che non fa più film, ma il cui lavoro ha lasciato un segno nel mondo dell'arte italocanadese.

Carlo Liconti emigrò a Toronto nel 1955. Frequentò la York University e la Ryerson University, dopo di che iniziò a fare film. Ha allestito lo studio di produzione Leader Media, che è diventato una delle principali agenzie pubblicitarie del Canada. Liconti ha prodotto e diretto i suoi primi lungometraggi *Concrete Angels* nel 1985, e *Brown Bread Sandwiches* nel 1987. Con una lunga lista di crediti a suo nome, Liconti è stato anche responsabile della creazione di una rete televisiva indipendente con sede a Toronto.

Concrete Angels è ambientato nel 1964 ed è incentrato su un gruppo di adolescenti in un quartiere operaio a Toronto. Quando una stazione radio annuncia una competizione tra band musicali i cui vincitori apriranno il concerto dei Beatles al Maple Leaf Gardens, i ragazzi del quartiere formano una band con lo scopo di vincere. Tony Nardi ha la parte di Sal, uno dei membri della band.

Brown Bread Sandwiches, ambientato nel 1957, apre una finestra sulla vita degli italiani immigrati in quella città. Il titolo si riferisce ai panini offerti sul treno, che i membri della famiglia appena arrivati dall'Italia trovano assolutamente disgustosi. Con un cast di attori che sono diventati abbastanza popolari oggi, questo film si concentra su una famiglia multi-generazionale, seguendo i loro alti e bassi, i loro conflitti di gelosie e competizione e lotte a casa e nella vita quotidiana nel mondo. Anche se il giovane Michelangelo è destinato a fare il testimone degli avvenimenti in famiglia, il suo ruolo non è esplicitamente centrale. Lo si vede a scuola, incapace di partecipare pienamente; appare affascinato dal gioco dell'hockey e sembra commentare soprattutto gli eventi che tendono al disfacimento della famiglia. "Finalmente una distrazione! Perché gli uomini sono affascinati dal seno?", mentre una delle donne della famiglia allatta il suo bambino; oppure... "la mia tecnica ha risparmiato a tutti noi un inutile imbarazzo", quando interrompe la zia che intrattiene il parroco in cantina. Lui, il ragazzino e i titoli intermittenti che preannunciano eventi e percorso del film (Il dislocamento è per sempre, La famiglia si disintegra, L'ultima cena, Tu dai molto per ottenere poco) agiscono come un coro greco svolgendo il ruolo di testimone così come ho scritto prima.

Oggi il film ha acquisito un'altra dimensione. Oltre a essere una storia di nuovi immigrati e delle loro lotte per integrarsi, *Brown Bread Sandwiches* ci ricorda anche la misoginia, la violenza contro le donne e le interazioni maschiliste, che fanno parte della lista di tratti stereotipati (purtroppo intrisi di realtà) che hanno definito la cultura dell'immigrazione italiana. Se a questi si aggiungono le donne iper-sessualizzate e infedeli, si chiude la parentesi su una parte degli ostacoli rappresentativi da superare. Tuttavia, anche in un tale ambiente, ci sono personaggi equilibrati tra gli uomini e le donne della famiglia, che continuano a fornire esempi più positivi alla giovinezza impressionabile di Michelangelo: i personaggi di Tony Nardi, Giancarlo Giannini e Lina Sastri forniscono tutti al ragazzo modelli più responsabili ed equilibrati.

Alla fine, le lotte in famiglia, dove sopravvive un minimo tentativo di mantenere una connessione con il passato, vengono minimizzate dalle lotte da affrontare nel mondo esterno. Il prezzo dell'assimilazione è denunciato abbastanza chiaramente nel contesto della fabbrica, che impiega molti individui provenienti dalla comunità degli immigrati italiani. In una scena in cui la caporeparto Mireille e Nick, il modellista italiano, hanno appena finito di fare sesso, Mireille affronta la questione:

> Voglio che tu sappia cosa devi fare. Devi fare una scelta. Devi scegliere il tuo presente al posto del tuo passato. Se rimani con quello che hai, non avrai niente. Sì, avrai tutte quelle cose che tutti dicono essere buone, ma alla fine non significano niente. Sono tutte bugie, dette per tenerti al tuo posto, per sempre. Con me avrai tutto ciò di cui avrai bisogno, ma il prezzo è molto alto e sai di cosa si tratta. Devi rinunciare a tutto. La tua famiglia, tua moglie, i tuoi figli. Devi cambiare. Il futuro è quello che importa. Dimenticherai tutte quelle cose che ritieni così preziose e sarai come me. Siamo stati sempre fatti l'uno per l'altra. (Liconti)

Una scena successiva rivela che Nick ha scelto "il suo presente al posto del suo passato" e, come risultato, è stato nominato responsabile di piano.

Quando, interpellato da alcune delle lavoratrici, che erano ben consapevoli della relazione di Nick con la caporeparto, lui le ribatte dicendo, "Sai qual è il tuo problema di *displaced person*? Non sai cosa lasciar andare e quando lasciarlo andare. Devi lottare per tutto ciò che ottieni nella vita. Devi scegliere con attenzione e farai un vero affare".

In scene come questa, Liconti pone le basi di un sistema di assimilazione e cancellazione della diversità che non può che attrarre anche chi lotta contro le sue imposizioni.

Mentre le cose in famiglia peggiorano progressivamente, Michelangelo decide di migliorare la sua vita inseguendo l'unica cosa che sembra avergli dato un senso di speranza: la signorina Walsh, la sua insegnante. Sentendo che ha lasciato la scuola ed è andata via con il nuovo marito, Michelangelo decide di fuggire dalla sua casa caotica. Fa le valigie e comincia la ricerca dell'oggetto della sua infatuazione, finché sua madre non lo raggiunge alla stazione dei treni, lo rassicura e lo riporta a casa.

Nonostante il fatto che abbiamo di recente acquisito consapevolezza di alcuni difetti e pregiudizi culturali, il film di Liconti è presentato attraverso un registro che diverte e offre una lezione da tenere presente per quanto riguarda il prezzo dell'integrazione e il modo in cui impariamo a interpretare il successo e la strada per raggiungerlo.

Lasciatasi alle spalle il cinema, Patricia Fogliato si è ritrovata nel suo lavoro di insegnante ai giovani emarginati a rischio, riconducibile al suo "senso opprimente di essere un'outsider, allontanata dal circuito commerciale e dalla maggioranza" (Fogliato 2021). La Fogliato sottolinea che "la stragrande maggioranza del mio lavoro di regista affronta il tema dell'immigrazione, che ovviamente viene dal mio background. Sono nata a Toronto, ma i miei genitori e i miei nonni furono profondamente influenzati dall'esperienza dell'immigrazione in Canada, così come molte altre persone. Il senso di dislocamento è davvero al centro di tutto ciò che mi interessava esplorare in modo creativo" (Fogliato 2021).

Sebbene questo sentimento emerga nella maggior parte dei film che Fogliato ha diretto, scritto o addirittura prodotto, ciò è espresso più chiaramente dagli scrittori e dagli artisti che ha intervistato nel suo film del 1995, *Enigmatico*. L'aspetto affascinante di questo film è che svela la diversità interna a un gruppo che è per lo più definito per convenienza, internamente ed esternamente, come unico e inequivocabilmente omogeneo. Gli intervistati, Antonio D'Alfonso, Mary Di Michele, Vince Mancuso,

Marco Micone, Vincenzo Pietropaolo, Nino Ricci e Filippo Salvatore offrono uno sguardo su questa realtà contraddittoria. I contrasti linguistici, sociali e ideologici sono reali e la loro influenza scorre profonda, al punto che spesso anche collaborazioni e dialogo sono ostacolati da tali differenze. Eppure, questa è in generale la realtà canadese di cui gli italocanadesi sono una parte attiva.

Se si volesse trovare una comunanza o un punto di convergenza per tutti questi artisti e cineasti, ciò potrebbe essere che non si rivolgono in modo esplicito, diretto e ossessivo, né si concentrano singolarmente sulla definizione di un'identità italocanadese. Guardando i loro lavori, diventa evidente come l'identità non sia qualcosa che può essere chiaramente riassunta o rappresentata in maniera diretta. Ogni opera fornisce una componente di qualcosa che era originariamente diversa e continua a cambiare ed evolversi costantemente. L'identità, come la cultura, per essere veramente significativa, non può rimanere statica. E così, questi film e queste opere d'arte formano un corpo pulsante di elementi storicamente radicati che, per come sono costruiti, influenzano e alterano le immagini e le identità rappresentate. Essi vengono ulteriormente ricomposti attraverso gli sguardi diversi di chi li vede.

Per intenderci, nei loro nuovi contesti spaziali e temporali, l'arte, la fotografia e i film non sono solo documenti, ma rappresentano i modi in cui il loro contenuto è inserito in un contesto evoluto, una rivisitazione del familiare. Mentre le opere di alcuni di questi artisti sono forse più direttamente legate alla materialità del ricordo e del *re-storying*, esse nondimeno propongono un modo simile di significare storicità, transizione e trasformazione. Immagini filmiche e fotografiche, rese evidenti nella loro singolarità in quanto vengono "notate" all'interno di un più vasto affollato paesaggio, vengono recuperate, ripresentate, registrate, riproposte e proiettate attraverso il presente, avviando una concomitante acquisizione di profondità storica e strati di significato al di là della superficie della loro apparenza.

Questi artisti diventano intellettuali pubblici per la necessità del momento storico. Si muovono all'interno di una sfera pubblica in continua espansione in cui la "saldatura" (*soudure*) di Antonio D'Alfonso non è così statica, ma piuttosto rappresentativa di un'unione di tratti comuni che incoraggia il dialogo e lo scambio, ma deve restare mobile poiché anche questi ultimi si collocano all'interno di specifici e diversi contesti culturali.

Utilizzando le coordinate delle proprie culture (già attive per negoziare spazio all'interno dei loro contesti culturali distinti in Canada), coloro che ho citato qui si sforzano di generare e rinnovare un immaginario culturale e una rete in relazione alle culture egemoniche dei loro luoghi di residenza e alle suggestioni normative di italianità.[6]

Infine, per i processi interattivi che questi artisti avviano, il loro lavoro fornisce una dimensione temporale per l'orientamento del presente. Si tratta di un processo di storicizzazione che fa delle loro opere non soltanto semplici espressioni di una singolare visione artistica, ma quella di un ri-membrare, ri-raccogliere e ri-raccontare esperienze, momenti, associazioni e, naturalmente, in questo caso, non solo materiali dispersi, ma anche identità e relazioni dimenticate.

Note

[1] Alcuni dei saggi in questo libro affrontano direttamente l'impatto e l'effetto delle rappresentazioni visive di personaggi in film, televisione e lungometraggi animati che presumibilmente rappresentano tratti culturali e somatici italiani. La mia consapevolezza e sensibilità a tali rappresentazioni è diventata molto più acuta con la nascita dei miei figli.

[2] Rimando il lettore al mio volume.

[3] L'idea di creare quella che sarebbe diventata l'Associazione degli scrittori italocanadesi (AICW) fu discussa e portata a compimento in quel convegno da alcuni dei suoi partecipanti, vale a dire Dino Minni, Joseph Pivato, Anna Foschi, Antonio D'Alfonso, e Pasquale Verdicchio.

[4] Ibid. Catalogue copy. https://www.guernicaeditions.com/title/9781550716900

[5] Vedi il "Préambule", *La charte de la langue française.*

[6] A ciò, in parte, Antonio D'Alfonso ha risposto con il termine allargato e con il concetto di *corsivo* che non necessita di permessi linguistici o burocratici per veicolare appartenenza e associazione culturale.

Opere citate

Aloisio, Anita. 2021. Comunicazione privata con Pasquale Verdicchio, July 25.

Aloisio, Anita. 2017. *Creatori di italicità.* https://www.youtube.com/watch?v=A0WQzqL03Qg.

Aloisio, Anita. 2016. *The Transmemoric Process: The Journey of Italian-Québécois Artists.* https://spectrum.library.concordia.ca/981072/.

Anderson, Benedict. 1991. *Imagined Communities: reflections on the origin and spread of nationalism.* Verso.

Caccia, Fulvio. 1985. "Babel, ou le soudeur." In *Sous le signe du Phénix.* Montréal: Guernica.

Chibis, Anya. 2019. *Sculptor Julie Campagna.* Vimeo: https://vimeo.com/304946227.

D'Alfonso, Antonio. 2005. Bruco. "An episode." 8:33 https://youtu.be/Libb0kpXqiI.

D'Alfonso, Antonio. 2005. Bruco. https://youtu.be/5DHCI_IVk_o @ 15:13.

D'Alfonso, Antonio. 2008. "Bruco, the Film." In *Accenti: The Magazine with an Italian Accent.* August 15. https://accenti.ca/bruco-the-film/.

De Santis, Agata. 2018. *Terra mia.* Montréal: Redhead Productions. 1.35.

De Santis, Agata. *Redhead Productions.* https://www.redheadproductions.com.

Descola, Philippe. 2010. *Diversità di natura, diversità di cultura.* Piccoli saggi, 8. Book Time. Milano: Bayard Editions.

Fogliato, Patricia. 1995. *Enigmatico*. Enigmatico Films/NFB.

Fogliato, Patrizia. 2021. Personal communication. June 6.

Frati, Giulia. 2017. In Anita Aloisio. *Creatori italicità.* https://www.youtube.com/watch?v=A0W QzqL03Qg. 10:17"

Gramsci, Antonio. 1975. *Quaderni del carcere*, a cura di Valentino Gerratana. Torino: Einaudi.

"Biography" in Guido Molinari Foundation, https://fondationguidomolinari.org/en/the-artist-and-his-art/illustrated-biography.

Hall, Stuart. 2019. *Essential Essays, vol. 2: Identity and Diaspora.* Edited by David Morley. Duke University.

https://www.poweringpossibilities.net/blog/we-learn-best-through-pictures. Consultato il 6/28/2021.

Hullet, Danièle e Jean-Marie Straub. 1998. *Sicilia!* Production Straub-Huillet, Centre National de la Cinematographie. Alia Film. Istituto Luce.

Jurgen, Stella. 2019. Stella Jurgen interviews Vince Mancuso, on Stella's Studio, Rogers cable, channel 672, Cameos TV. https://youtu.be/tuao2ZK74CI.

La charte de la langue française. 1997. http://www.legisquebec.gouv.qc.ca/fr/document/lc/c-11.

Laub, Dori. 1992. *"Bearing Witness, or the Vicissitudes of Listening."* In Shoshana Felman e Dori Laub, *Testimony: Crises of Witnessing in Literature, Psychoanalysis, and History.* New York: Routledge.

Liconti, Carlo. 1989. *Brown Bread Sandwiches.* Toronto: Eagle Pictures.

"Les artistes du metro de Montréal: Mario Merola" in *Métro*, 10 December 2005:9.https://www.metrodeMontréal.com/art/merola/index.html.

Mancuso, Vince. Large paintings from 1990-1992. https://vincemancuso.com/projects/oO8q1q.

"Mario Merola — Le metro de Montréal." https://www.metrodeMontréal.com/art/merola/index.html.

Molino Signorini, Franca. 2001. "The Duty and Risk of Testimony: Primo Levi as Keeper of Memory." In *Memory and Mastery: Primo Levi as Writer and Witness*, a cura di Roberta S. Kremer. SUNY series in Modern Jewish Literature and Culture. New York: State University of New York Press.

Nardi, Tony. 2013. *Two Letters ... And Counting!* Essential Drama Series 34. Toronto: Guernica.

Pasolini, Pier Paolo. 1972 (1995). "Il cinema di poesia" in Empirismo eretico. Garzanti, Gli Elefanti, Milano (mia traduzione).

Pietropaolo, Vincenzo, Catherine Frazee, Wayne Johnston. 2010. *Invisible No More: A Photographic Chronicle of the Lives of People with Intellectual Disabilities.* Rutgers University Press.

Pietropaolo, Vincenzo, Cecelia Elisabeth Burke Lawless. 2002. *Making Home in Havana.* Rutgers University Press.

Pietropaolo, Vincenzo. 1999. *Celebration of Resistance: Ontario's Days of Action.* Introduction by Catherine MacLeod. Toronto: Between the Lines.

Pietropaolo, Vincenzo. 2000. *Canadians at Work / Canadiens au travail.* Introductory essay by Sam Gindin. Toronto: Canadian Auto Workers.

Pietropaolo, Vincenzo. 2000. *Kensington.* Text by Jean Cochrane. Erin, Ontario: Boston Mills Press.

Pietropaolo, Vincenzo. 2006. *Not Paved with Gold: Italian-Canadian Immigrants in the 1970s.* Preface by Nino Ricci. Toronto: Between the Lines.

Pietropaolo, Vincenzo. 2009. *Harvest Pilgrims: Mexican and Caribbean Migrant Farm Workers in Canada.* Toronto: Between the Lines.

Repo, Satu. 1973. "The Photographs of Vincenzo Pietropaolo." *This Magazine.*

Said, Edward. 1996. *Representations of the Intellectual: The 1993 Reith Lectures.* New York: Vintage.

Said, Edward. 2003. *Orientalism.* 25th Anniversary Edition, with a New Preface by the Author. NY: VintageBooks.

Salvatore, Filippo. 2015. "Paul Tana, regista della presenza italiana a Montréal." In *Oltreoceano. Ascoltami congli occhi. Scritture migranti e cinema nelle Americhe*, a cura di Silvano Serafin e Alessandra Ferraro, 9:41-48.

Sandals, Leah. 2013. "From Cutting-Edge to Razor-Edge: Why the Platiciens Matter." In *Canadianart*, Features/March 7, 2013. https://canadianart.ca/features/why-the-plasticiens-matter-mnbaq.

Tana, Paul. 2008. *Le Figuier*. Montréal. https://youtu.be/pePyOw0XWV4.

"The Immigration Story of Vincenzo Pietropaolo (Italian immigrant)." https://pier21.ca/content/the-immigration-story-of-vincenzo-pietropaolo-italian-immigrant.

Verdicchio, Pasquale. 1996. *Devils in Paradise: Writing in Post-emigrant Cultures*. Toronto: Guernica.

Vittorini, Elio. 2012 (1941). *Conversazione in Sicilia*. Introduzione e note di Giovanni Falaschi, Nota al testo di Sergio Pautasso. Illustrazioni di Renato Guttuso. Milano: Rizzoli.

Zavaglia, Nicola e Vincenzo Albanese. 2017. In Anita Aloisio, *Creatori italicità*. 5:08.

Zavaglia, Nicola. 2018. *Above the Drowning Sea*. Cast list. https://abovethedrowningsea.comwitnesses/.

INDICE DEI NOMI

AUTORI

Poeta, romanziere, saggista, traduttore, ANTONIO D'ALFONSO ha pubblicato più di cinquanta libri (comprese le traduzioni) e ha realizzato cinque lungometraggi. È il fondatore delle Edizioni Guernica che ha diretto per trentatré anni prima di passare a nuovi proprietari nel 2010. Per i suoi scritti, ha vinto il premio Trillium, il premio Bressani. Il suo film Bruco ha vinto il New York Independent Film Award. Ha conseguito un dottorato di ricerca presso l'Università di Toronto. Nel 2016, ha ricevuto un dottorato onorario dalla Athabasca University. Il suo nuovo film, TATA (Daddy), è uscito a luglio 2020. *L'uomo a due teste: Collected Poems 1970-2020* è stato pubblicato nel luglio 2020. Ha iniziato su YouTube una serie di Conversazioni con artisti e produttori. I suoi saggi di *In Italics: In Defense of Ethnicity* (1996), *Gambling With Failure* (2005), e *Poetica del plurilinguismo* (2015) offrono una prospettiva unica sulle identità decentrate. I suoi libri sono stati tradotti in francese, italiano, estone e portoghese.

LUISA DEL GIUDICE, PhD è nata a Terracina, Italia, emigrata a Toronto, Canada nel 1956, e vive a Los Angeles dal 1981. È una studiosa indipendente, ha insegnato alla UCLA, come Visiting Professor all'Università di Addis Abeba, in Etiopia, ed è stata fondatrice-direttrice dell'organizzazione no-profit di ricerca educativa e comunitaria, IOHI–Italian Oral History Institute a Los Angeles. Ha pubblicato numerosi libri e saggi e tenuto numerose conferenze; è conosciuta a livello internazionale per il suo lavoro sull'etnologia, il folklore e la storia orale italiana e della diaspora italiana, e ha prodotto molti programmi pubblici innovativi a Los Angeles. Nelle sue molteplici attività come accademica, folclorista pubblica, e attivista della comunità, ha colmato con successo diversi ruoli pubblici. Tra le recenti pubblicazioni che ha curato e a cui ha contribuito si segnalano: *Sabato Rodia's Towers in Watts: Art, Migrations, Development* (Fordham University Press), e *On Second Thought: Learned Women Reflect on Profession, Community, Purpose* (University of Utah University Press); *Triangulations Within the Italy-Canada-USA Borderlands* (Bordighera Press); *Street Music and Narrative Traditions*, a cura di Sergio Bonanzinga, Luisa Del Giudice, Thomas A. McKean, Palermo: Museo Pasqualino (www.luisadg.org). Nel 2008 è stata nominata Honorary Fellow dell'American Folklore Society e Cavaliere dalla Repubblica Italiana.

GIOVANNA P. DEL NEGRO è professoressa associata di Studi di genere alla Memorial University, interessata alla politica e all'estetica della performance. La sua ricerca esamina come le questioni di genere, etnia, classe, bianchezza e queerness si manifestano nella cultura espressiva, dalle narrazioni di esperienze personali alla *stand-up comedy* femminile, al drag cabaret, a YouTube, e al cinema. Fra i suoi libri si notino, *Looking Through My Mother's Eyes: Life Stories of Nine Italian*

Immigrant Women in Canada (Guernica Press 1997, 2003) e *The Passeggiata and Popular Culture in an Italian Town: Folklore and the Performance of Modernity* (McGill-Queens University Press, 2005, 2006), che ha ricevuto il premio Ellis Köngäs-Maranda dall'American Folklore Society. È coautrice di *Identity and Everyday Life* (2005) ed ex co-redattrice del *Journal of American Folklore*. Le sue recenti pubblicazioni includono "Never Canadian Enough: Chronic Otherness and Working-Class Cosmopolitanism in the Experience of an Italian Academic" (2021) e "Intersecting Di-mensions of Nonna Maria's Cantina Canadese" (2021). Attualmente sta scrivendo un libro sulle rappresentazioni della nonna nella cultura popolare e nella diaspora italiana. Ha anche condotto programmi radiofonici in lingua francese, ha lavorato con associazioni femministe italiane immigrate, società del patrimonio, organizzato festival culturali, e fa parte del consiglio della Persistence Theater Company.

SILVANA MANGIONE ha conseguito la laurea in Giurisprudenza dell'Alma Mater Studiorum Bononiensis–Università di Bologna con una tesi sulla Convenzione europea dei diritti dell'uomo, e un diploma in regia della RAI con l'Antoniano di Bologna. Autrice di: "Viva l'Italia! (...o no?)" sull'emigrazione italiana; e di studi sulle Lobby USA per il Comitato Economico e Sociale della CEE; per il programma ITENETS dell'OIL; per RAI International sui Media al servizio delle comunità in USA; Ghost writer in italiano e inglese delle biografie di un famoso cardiologo e un pluripremiato Pastry Chef italoamericano; Traduttrice di autori italocanadesi per Cosmo Iannone Editore con il Canada Council for the Arts: *Riti di infertilità* di Mary Melfi; *Impala* di Carol Fioramore David; *Scarpe Italiane* di F. G. Paci; *In corsivo italico* di Antonio D'Alfonso; e italoamericani: *Importato dall'Italia* di Fred Gardaphé; Autrice di articoli di economia e cultura per giornali italiani e americani, fra cui *Il Sole 24ore*, *International Business Week*, *Agorà*, *Dramma*, *il Mattino*, etc.; Docente di: "Comunicazione Istituzionale e Public Speaking" per il programma UE "Torno subito", e per i corsi di alta formazione "Marketing & Communication-Made in & by Italy", di LearnItaly USA a New York; per il "Progetto COGIM-Corso di comunicazione e giornalismo multimediale" a Montevideo; e per il "Progetto EU-SIC/Università La Sapienza di Roma a New York", etc.; Coordinatrice Accademica di un Istituto internazionale di Studi Superiori convenzionato con Università di Pisa, Mercy College NY, Long Island University NY (1980-88); Consulente di PR a enti pubblici e privati per iniziative linguistiche, culturali, economiche e commerciali; Relatrice a numerose Conferenze e Tavole rotonde su: Emigrazione, Promozione della lingua italiana, Cultura di ritorno, Diritti di cittadinanza, etc. Fra molti altri, nel 2017 ha ricevuto il Premio "Una vita per l'italiano" dell'Università Ca' Foscari di Venezia.

DANIELA SANZONE, PhD (abd), è giornalista professionista, con una forte passione per la scrittura e la didattica. Attualmente insegna italiano a bambini e adulti, lavora come traduttrice e interprete per aziende che producono opere d'arte immersive e collabora con l'ICFF, Italian Contemporary Film Festival. È inoltre vicepresidente del Com.It.Es. di Toronto. Negli anni scorsi ha insegnato come assistente alla York University, nei dipartimenti di Communication Studies e Social Science. Daniela è stata anche critica cinematografica e ha lavorato tra l'altro per la RAI, l'ANSA, il Manifesto e Cinecittà News. A Toronto ha lavorato per il Corriere Canadese ed è stata reporter e conduttrice del telegiornale di Omni Television, canale multiculturale canadese, per cui ha anche prodotto e condotto un programma quotidiano di interviste e approfondimenti culturali e sociali. Tra le pubblicazioni, il romanzo *La guerra secondo Michele* (Pagine, Roma), ispirato a una storia vera, e la curatela *Strofe sfiziose di Carlo Ludovico Bragaglia*, edito da All'insegna del pesce d'oro di Vanni Scheiwiller. Tra le pubblicazioni accademiche, il capitolo "Italian Canadian Media: From Representation to Integration," in Daniel Ahadi, Sherry Yu, Ahmed Al-Rawi (eds.) *The Handbook of Ethnic Media in Canada*, in corso di pubblicazione by McGill-Queen's University Press; l'articolo "From Mass Immigration to Professional Workers – A Portrait of the Present Italian 'Comunità' in Ontario", in *Italian Canadiana*, Frank Iacobucci Centre for Italian Studies, University of Toronto, Vol.26-29 (2012-2015); e le critiche letterarie "The Global Intercultural Communication Reader", *Canadian Journal of Communication*, Vol. 40 N. 4 (2015), e "Global Media Ethics: Problems and Perspective", *Canadian Journal of Communication,* Vol. 39 N.3 (2014). Per la sua attività di giornalista e scrittrice, ha vinto il premio Personalità Europea, che le è stato consegnato in Campidoglio, a Roma.

ANTHONY JULIAN TAMBURRI è preside del John D. Calandra Italian American Institute (Queens College, CUNY) e Distinguished Professor of European Languages and Literatures. Già Presidente dell'Italian American Studies Association e dell'American Association of Teachers of Italian, si concentra su cinema, letteratura e semiotica, ed è autore di diversi libri e numerosi saggi. I suoi libri includono: *Of Saltimbanchi and Incendiari: Aldo Palazzeschi and Avant-Gardism in Italy* (1990), *To Hyphenate or not to Hyphenate* (1991), *A Semiotic of Ethnicity: In (Re)cognition of the Italian/American Writer* (1998), *Italian/American Short Films & Videos: A Semiotic Reading* (2002), *Una semiotica della ri-lettura: Guido Gozzano, Aldo Palazzeschi, Italo Calvino* (2003), *Narrare altrove: diverse segnalazioni letterarie* (2007), *Re-viewing Italian Americana: Generalities and Specificities on Cinema* (2011), *Re-reading Italian Americana: Specificities and Generalities on Literature and Criticism* (2014), *Un biculturalismo negato: La scrittura "italiana" negli Stati Uniti* (2018), *Signing Italian/American Cinema: A More Focused Look* (2021), e *The Columbus Affair: Imperatives for an Italian/American Agenda*

(2021).Tra le curatele si notino, *From the Margin: Writings in Italian Americana* (1991/2000) e *Diversity in Italian Studies* (2020). È produttore esecutivo e conduttore del programma televisivo del Calandra Institute, *Italics*, in collaborazione con CUNY TV. Inoltre, scrive una rubrica per *La Voce di New York*, intitolata "La diaspora italiana".

PASQUALE VERDICCHIO (Napoli, 1954), Professore emerito presso il Dipartimento di Letteratura della University of California, San Diego, dove dal 1986 al 2021 ha tenuto corsi di letteratura, cinema, cultural studies ed environmental literature. Ha pubblicato poesia, saggistica e traduzioni di scrittori italiani (tra i quali Gramsci, Pasolini, Zanzotto, Caproni, Merini e Lamarque) presso la Guernica Editions e altre case editrici. La sua raccolta di poesia *This Nothing's Place* riceve il Bressani Prize nel 2010. Nel 2015 gli è stato conferito il premio Muir Fellowship dal Muir College, UCSD. Tra le sue pubblicazioni di saggistica si notino: *Bound by Distance: Rethinking Nationalism Through the Italian Diaspora* (2017/1997); *Looters, Photographers, and Thieves: Topics in Italian Photographic Culture in the Nineteenth and Twentieth Centuries* (2011); *Ecocritical Approaches to Italian Culture and Literature: The Denatured Wild* (2016); with Laura E. Ruberto, *Pasquale Stiso's "True Story" and Other Works: A Critical Introduction and Bilingual Edition* (2021). *Only You* (2021) è il suo ultimo libro di poesia; e nel 2020 Guermica Editions pubblica *Pasquale Verdicchio: Essays on His Works*.

www.ingramcontent.com/pod-product-compliance
Lightning Source LLC
Chambersburg PA
CBHW080645270326
41928CB00017B/3195